HEYNE BIOGRAPHIEN

In der Reihe »Heyne Biographien« sind bereits erschienen:

1 Sieburg, Napoleon
2 Blunt, Ludwig II. König von Bayern
3 Gutman, Richard Wagner
4 Fraser, Maria – Königin der Schotten
5 Corti, Die Rothschilds
6 Lekachman, John Maynard Keynes
7 de Beer, Hannibal
8 Peters, Lou Andreas-Salomé
9 Eyck, Bismarck und das Deutsche Reich
10 Crankshaw, Maria Theresia
11 Sieburg, Robespierre
12 Gooch, Friedrich der Große
13 Oldenbourg, Katharina die Große
14 Heuss, Robert Bosch
15 Maser, Adolf Hitler
16 Castelot, Maria Antoinette
17 Pahlen, Johann Strauß
18 Brown, Der heilige Augustinus
19 de Madariaga, Kolumbus
20 Brion, Die Medici
21 Noyes, Voltaire
22 Jacob, Mozart
23 Shub, Lenin
24 Sieburg, Chateaubriand
25 Benoist-Méchin, Kleopatra
26 Cowles, Wilhelm II.
27 Hug, Schubert
28 Williams, Elisabeth I. von England
29 Guth, Mazarin
30 Clark, Albert Einstein
31 Fay, Ludwig XVI.
32 Maurois, Balzac
33 Auernheimer, Metternich
34 Lewis, Ludwig XIV.
35 Grant, Caesar
36 Wessling, Beethoven
37 Lavater-Sloman, Jeanne d'Arc
38 Wadepuhl, Heinrich Heine
39 Raddatz, Karl Marx
40 Corti, Elisabeth v. Österreich
41 Fox, Alexander der Große
42 Troyat, Tolstoi
43 Horst, Friedrich II. d. Staufer
44 Héritier, Katharina v. Medici
45 Manchester, Krupp
46 O'Connell, Richelieu
47 Jordan, George Sand
48 Payne, Stalin
49 Siegmund-Schultze, Johann Sebastian Bach
50 Charles-Roux, Coco Chanel
51 Ritzel, Lessing
52 Henderson, Prinz Eugen
53 Grant, Nero
54 Madelin, Fouché
55 Pisa, Schopenhauer
56 Drewitz, Bettine von Arnim
57 Wessling, Franz Liszt
58 Parkinson, Blücher
59 Brinitzer, G. C. Lichtenberg
60 Stern, C. G. Jung

Benno von Wiese

EDUARD MÖRIKE

Ein romantischer Dichter

Wilhelm Heyne Verlag
München

Printed in Germany 1979
Zeittafel und Bibliographie wurden erarbeitet
von Dr. Hubert Fritz
Umschlagbild: Archiv für Kunst und Geschichte, Berlin
Bildnachweis: Archiv für Kunst und Geschichte, Berlin
Umschlaggestaltung: Atelier Heinrichs, München
Gesamtherstellung: Presse-Druck Augsburg

ISBN 3-453-55061-7

Meiner Frau Ilse

zugeeignet

VORWORT

Am 6. Juni 1875 hat Friedrich Theodor Vischer am Grabe seines Freundes Eduard Mörike einen Nachruf gesprochen. „Aber es gibt eine Gemeinde“, heißt es dort – „und nur in der Vergleichung mit der breiten Masse ist sie klein –, eine stille Gemeinde, die sich labt und entzückt an deinen wunderbaren, hellen, seligen Träumen und die hohe Wahrheit schaut in diesen Träumen. Es gibt eine Gemeinde, die den Dichter nicht nach rednerischen Worten schätzt, die den feineren Wohllaut trinkt, der aus ursprünglichem Naturgefühl der Sprache quillt. Und sie wird wachsen, diese Gemeinde, sich erweitern zu Kreis um Kreis, Bund um Bund wird sich bilden von Einverstandenen in deinem Verständnis, und du wirst ihnen nicht ferne sein.“

Die Prophezeiung Vischers hat sich erfüllt. Dennoch lassen sich die Worte des Gedenkens selbst 75 Jahre später im gleichen Sinne wiederholen. Hat nicht auch Detlev von Liliencrons bitterer Spruch „An Eduard Mörike“ recht behalten?

„Weil du ein wirklicher Dichter warst, so hast du den Vorzug,
Daß dich der Deutsche nicht kennt – grüße dein Volk aus der Gruft!“

Dieses Buch bekennt sich zur Mörike-Gemeinde. Es glaubt, daß sie nicht eine Sache der Vergangenheit, sondern immer noch der Zukunft ist. Es will Mörike nicht geschichtlich abtun, sondern sein den Deutschen bis heute unbekanntes Gesicht von neuem sichtbar machen. Wissenschaftliche Methoden und Erkenntnisse sind hierbei nur Hilfsmittel gewesen. Der Autor hofft, daß der unbefangene Leser nirgends an sie erinnert wird. Denn die Absicht dieses Buches ist weder gelehrte Forschung noch volkstümliche Lebensgeschichte. Was hier vorgelegt wird, ist aus der Liebe zu Eduard Mörike und aus der genauen Kenntnis seines Werkes erwachsen. Fast nirgends in der Überlieferung des deutschen Schrifttums findet man so reine Dichtung wieder, ohne jedes Hinzutun. Nur als Dienst am dichterischen Wort und als nichts anderes will dieses Buch verstanden sein. Wenn es gelingt, dem Leser Eduard Mörike neu aufzuschließen und die heilenden Kräfte zu zeigen, die auch für uns Heutige noch aus dieser stillen Quelle fließen, dann hat es sein Ziel erreicht.

Daher habe ich auf wissenschaftliche Hinweise und Anmerkungen verzichtet. Der Kenner der Mörike-Literatur sieht auch so, welchen Weg ich eingeschlagen habe und wie er sich von anderen unterscheidet. Einige Autoren sind im ersten Kapitel genannt. Hier sei nur noch ergänzend hingewiesen auf die kluge Heidelberger Dissertation von Marcella Burger „Die Gegenständlichkeit in Mörikes lyrischem Verhalten" (1945), die die Wendung von der Stimmungslyrik zum „Dinggedicht" und den antiken Einfluß ergiebig herausarbeitet; auf die Auslegung von Mörikes „Gesang zu zweien in der Nacht" durch Wilhelm Schneider in „Gedicht und Gedanke" (Halle 1942); auf Rudolf Ibel „Weltschau der Dichter" (II. Bd., Hamburg 1948) und auf die Deutung der Mozart-Novelle durch H. Pongs in „Das Bild in der Dichtung" (II. Bd., Marburg 1939). Die beigefügte Zeittafel und das Verzeichnis der Personen und Werke sollen die Benutzung des Buches erleichtern.

Die Datierungen der Gedichte sind im Text selbst angegeben. Für die Bearbeitung der Register habe ich Frl. Dr. phil. Eva Schaper zu danken.

Den nachfolgenden Seiten seien einige Verse des alten Mörike aus der Nachlese seiner Gedichte vorangestellt:

Wie ein Pfeil entfleucht die Zeit,
Immer wechselt Lust und Leid,
Liebe währt in Ewigkeit.

Münster in Westfalen,

Benno von Wiese

VORWORT ZUR TASCHENBUCHAUSGABE

Über 25 Jahre sind vergangen, seit mein „Eduard Mörike“ im Rainer Wunderlich Verlag Tübingen erschienen ist. Heute ist er längst vergriffen. Eine unveränderte Neuauflage, wie sie mir jetzt als Taschenbuch vom Verlag Heyne angeboten wurde, bedarf einer kurzen Begründung. Ich weiß natürlich, daß die Mörike-Forschung in diesem Vierteljahrhundert inzwischen weitergegangen ist. Aber das von mir vorgelegte Buch gehört nicht nur in diesen Prozeß der geschichtlichen Aneignung Mörikes hinein und hat als solches seine Wirkung gehabt; es ist ebenso ein sehr persönliches Dokument, und ich habe mich bereits im Vorwort von 1950 dazu bekannt, daß es aus der Liebe zu Eduard Mörike entstanden ist. Heute würde ich aus der Distanz des Alters vielleicht nüchterner und kritischer über Mörike schreiben, nicht mehr so „schön“, vielleicht „zu schön“, wie ein kluger Rezensent bereits damals vermerkte. Das freilich wäre dann ein völlig neues und anderes Buch geworden. Dazu konnte ich mich nicht entschließen. Aber meine Liebe zu Mörike, die mir wichtiger ist als wissenschaftliche Kontroversen, hat die Zeit überdauert, und sie gibt mir den Mut, diesen „Eduard Mörike“ noch einmal herauszugeben, zumal er durch sein Erscheinen als Taschenbuch jetzt vielleicht mehr Menschen erreichen kann, als es damals möglich war.

Von einem Liebhaber, der zugleich Literaturwissenschaftler ist, geschrieben, wendet sich dieses Buch in erster Linie an ein weiteres Leserpublikum und nicht so sehr an die Fachwissenschaft. Die geschichtliche Situation von 1979 ist eine ganz andere als die von 1950. Was hat sich geändert? Warum ist Mörike damals wichtig gewesen, und warum ist er es heute? Nach den furchtbaren Erschütterungen der Kriegs- und Nachkriegszeit war Mörike für mich und für seine wachsende Lesergemeinde eine Quelle des Trostes, nicht etwa, weil er sich, wie er vorher oft mißverstanden wurde, in ein poetisch verklärtes Idyll geflüchtet hätte, sondern, weil die poetische Idylle erst Mörikes Antwort auf die schweren seelischen Gefährdungen war, die er zu durchleiden hatte. Gerade der tragische Hintergrund der dadamaligen Epoche lehrte uns auch die dunklen Seiten Mörikes zu sehen und zu lieben. Jedoch erst der Doppelklang des Düsteren und des Heiteren, von Verstörung bis an die Grenze des Wahnsinns und von spielendem Humor gehört zum Bild des ganzen Mörike, wie ich es meinen Lesern zu geben versuchte.

Heute leben wir nach einer lang anhaltenden Zeit der Restauration in einem merkwürdigen Zwielicht von gesellschaftlicher und wirtschaftlicher Sicherheit auf der einen und von schwer faßbarer Bedrohung durch eine technokratisierte und politisierte Umwelt auf der anderen Seite. Das Verhältnis zu unserer literarischen Überlieferung hat im Deutschland der zwei Staaten sehr verschiedene, oft zwiespältige Formen angenommen. Gewiß: Dichter wie Gerhart Hauptmann, Rainer Maria Rilke, Hugo von Hofmannsthal, Stefan George und Heinrich Heine sind in den letzten Jahren in mehr oder weniger rauschenden Jubiläen und wissenschaftlichen Kolloquien nicht ohne Beachtung geblieben. Aber das Verhältnis der Zeitgenossen zu ihnen hatte trotzdem oft etwas Gestörtes und Krampfhaftes. Eine dauerhafte Spur schien nicht zurückzubleiben. Als es am 4. Juni 1975 Mörikes 100jährigen Todestag zu feiern galt, da geschah es fast unbemerkt und auf eine nahezu heimliche Weise. Ich sage das nicht etwa mit Bedauern. Wahrscheinlich war es die genau angemessene Weise, sich erneut an ihn zu erinnern. Mörike paßt auf keinen Kothurn, in keine Walhalla und in keine Siegesallee. Ist er aber vergessen worden? Hat er einer von Perfektion und Durchrationalisierung bestimmten Welt nichts mehr zu sagen? Als „progresssiven" Dichter wird man ihn kaum herausstellen können. Auch als konservatives Museumsrelikt oder als schwäbischer Lokaldichter ist er nicht recht zu gebrauchen. Für „Ideologiekritik" und gesellschaftliches „Hinterfragen" gibt er nur wenig her. Ob man es nun wahrhaben will oder nicht, er ist nichts als ein Dichter, ohne sich darauf etwas einzubilden, aber erstaunlicherweise erweist sich gerade an ihm und immer wieder an ihm, daß dies ein unzerstörbarer Wert bleibt. Ein solches Dichtertum ist nicht durch eine Schar von „Worturhebern" zu ersetzen. Weil das so ist und mein Buch sich gerade damit beschäftigt, wird man Mörike auch heute weiter lesen und lieben, und darin sehe ich zugleich eine bescheidene Rechtfertigung meiner Bemühungen um ihn, die es mir erlaubt, das 1950 Niedergeschriebene auch 1979 in gleicher Weise zu wiederholen.

Ob die Mörike-Gemeinde heute größer oder kleiner geworden ist, weiß ich nicht. Sie ist nicht an quantitative Ausbreitung gebunden, aber es wird sie trotzdem immer geben. Sie ist nicht etwa eine Elite, auch keine weltliche Sekte, auch keine demokratische Bildungsinstitution. Sie existiert nur aus der von allen Ideologien freien Verbundenheit mit diesem Dichter, und darin hat sie ebenso privaten wie öffentlichen Charakter. Solange überhaupt noch auf das Wort der Dichter gehört wird, darf Mörike nicht fehlen. Er braucht keinen rauschenden Ruhm; er appelliert nicht an den Lärm des Tages oder an den Zwist der Parteien, er ist aber auch nicht etwa „zeitlos". Seine unverwechselbare stille Stimme, die oft ganz aus der nachbarlichen Nähe, dann aber auch wieder wie aus einer unbegreiflichen Tiefe zu kommen scheint, die uns wie ein Kobold neckt, aber auch das Geheimste, das Gewaltlose offenbart, verlangt von uns nur genau hinzuhören, und hinter allen Masken dieses schwäbischen Landpfarrers kommt immer wieder der „lächelnde Ariel" zum Vorschein, so wie ihn so bereits Isolde Kurz beschrieben hat.

So mag dieses Buch nochmals von ihm erzählen und sein Werk aufzuschließen versuchen. Es hat seinen Zweck erfüllt, wenn es den Zugang zu Mörike weiter offen hält und dem Dichter des Landes Orplid neue Leser gewinnt, seien es alte oder junge.

Daß Mörike für uns nach wie vor lebendig und aus unserem Bewußtsein nicht auszulöschen ist, beweist auch die reichhaltige Weiterentwicklung der Mörike-

Forschung. Nur wenige fragmentarische Hinweise seien hier angeführt. Siegbert S. Prawer gab in seinem Buch „Mörike und seine Leser“ (Stuttgart 1960) die ersten Umrisse zu einer Wirkungsgeschichte, Gerhard Storz hat die Analyse Mörikescher Dichtungen weiter differenziert (Stuttgart 1967), und auf diesem Wege ist ihm zuletzt Renate von Heydebrand mit ihrem umfangreichen Buch „Eduard Mörikes Gedichtwerk. Beschreibung und Deutung der Formvielfalt und ihre Entwicklung“, Stuttgart 1972 gefolgt. Mit Mörikes Erzählungen hat sich Horst Steinmetz, Stuttgart 1969, beschäftigt, und ich müßte eigentlich auf die dort vorgetragene Polemik gegen meine eigene Deutung antworten. Doch dazu ist hier nicht der richtige Platz, und ich sehe auch keinen Grund dafür, meine Auffassung der Mozart-Novelle zu korrigieren. Hingewiesen sei auch auf das von Victor Doerksen herausgegebene Sammelwerk „Eduard Mörike“, das in der Wissenschaftlichen Buchgesellschaft 1975 erschienen ist und einen Querschnitt durch die Mörike-Rezeption der letzten Jahrzehnte zu geben versucht. Nicht zuletzt ist auch die Mörike-Edition weiter gediehen. Die schönen Ausgaben bei Hanser und Winkler standen mir damals noch nicht zur Verfügung, ganz zu schweigen von der neuen historisch kritischen Gesamtausgabe der Werke und Briefe, Stuttgart 1967 ff., die freilich immer noch sehr in ihren Anfängen steckt.

Ich danke dem Heyne Verlag, daß er mein eigenes Buch neu herausbringt und wünsche diesem Unternehmen ein gutes Gelingen.

Benno von Wiese

DER DICHTER

Eduard Mörike ist in unsere Überlieferung als eine liebenswürdige, abseitig stille, im Kern seines Wesens durchaus lyrische Gestalt eingegangen, die aus den Kräften ihrer schwäbischen Landschaft lebte: ein protestantisch-württembergischer Dichter-Pfarrer, der zwar auch manche Enttäuschung erfahren hat, aber es doch verstand, sich mit anmutiger Lebenskunst in eine harmonische Idylle einzuspinnen, ganz seinen Liebhabereien hingegeben, im regen Briefwechsel mit seinen literarischen und persönlichen Freunden; ein Leben mit wenig Arbeit, viel Müßiggang, aber auch viel Hypochondrie und Krankheit und ab und zu einigen unsterblichen Versen und Geschichten. Dieses mit der Zeit einförmig gewordene Mörike-Bild enthält gewiß manche zutreffenden Züge, aber es hat in seiner Vordergründigkeit bis heute nur allzuoft die schwermütige Gefährdung dieses Dichters verdeckt. Das vollendete Gedicht wurde ihm nicht nur als ein freundliches Geschenk der Himmlischen zuteil, sondern er mußte es mit einer Bedrohung der Seele bezahlen, die uns seinen „goldenen" Humor und seine traulichen Verse biedermeierlicher Behaglichkeit von einer ganz anderen Seite beleuchtet. Dringt man ernsthafter in sein Wesen und seine Dichtung ein, statt sich vorzeitig mit dem langweiligen und gedankenlosen Zerrbild des sinnigen und innigen Dichters der „schwäbischen Schule“ am Rande der Romantik zu begnügen, der verwunderlicherweise so unvergleichlich schöne Verse schreiben konnte, so wächst seine Gestalt ins Einmalige, Rätselhafte, Vielschichtige, kaum mehr Ausdeutbare. Niemand wird den Erzschwaben verkennen, aber doch ist die Abstempelung zum Heimatdichter eine der schlimmsten Einengungen, die Mörike erleiden mußte. Denn er gehört nicht nur Schwaben, zum Ruhme Schwabens sei es gesagt, sondern der gesamten deutschen Dichtung, ja der Weltliteratur. Niemand wird abstreiten dürfen, daß Mörike etwas Einfaches, ja Kindliches hat, das ihn von den „problematischen“ Naturen, den „Zerrissenen“, den überaus Gescheiten, deren das 19. und 20. Jahrhundert, auch unter den Dichtern, mehr als genug hat, erheblich unterscheidet. Aber allzu leicht führt diese Feststellung dazu, sich dem Verwickelten und Verletzbaren seines Wesens zu verschließen. Die Seele selbst, auch ohne Einmischung des philosophierenden Gedankens, ist vielfältig und hintergründig, noch „ein Spiel von jedem Druck der Luft“, wie es Mörike einmal in seinen Briefen aus Goethes „Faust“ anführt. Niemand wird das Echte und Ursprüngliche in Mörikes Dichtung ableugnen wollen, aber diese Echtheit ist nicht simpel, sie wird zum Geheimnis eines schichtenreichen Innern, wenn man die Masken kennengelernt hat, hinter die sich Mörike versteckt, und durch die hindurch er sich erst mitteilt. Bis auf ganz wenige Ausnahmen – Friedrich Gundolfs Aufsatz über Mörike in seinem Buch „Romantiker“, Albrecht Goes' Studie, Wolf von Niebelschütz' Reden und Wilhelm Weischedels Einleitung zu seiner Mörike-Ausgabe gehören dazu – hat man es sich nicht nur in volkstümlichen Darstellungen, sondern auch in der Forschung mit diesem Dichter zu leicht gemacht. Man empfahl ihn gleichsam für den Hausgebrauch, belächelte sein Pfarrhausidyll und übersah dabei völlig, daß die Wurzeln dieses Dichtertums in eine Tiefe hinabreichen, wo an uns die Frage gestellt wird, was Dichtersein überhaupt in unserer späten, abendländischen Welt bedeutet. Gerade weil Mörike nur und ausschließlich als Dichter gelebt hat, so daß daneben nichts anderes mehr Platz hatte, nicht die Philosophie und kaum noch der christliche Glaube, meinte man, es sich leisten zu können, ihn nicht ganz ernst zu nehmen. Wir jedoch gehen von der Überzeugung aus, daß dieses reine und in seiner Reinheit fast unberührbare Dichtertum für uns auch heute noch ein nicht begriffener Bereich ist und vielleicht auch immer bleiben wird. Will man sich ihm nähern, so muß die Frage nach Sinn und Grenze des dichterischen Menschentums, wie es uns in Mörike begegnet, eindeutig gestellt werden.

Denn Mörike lebte an jener Grenzscheide, wo das Bewußtsein der „Moderne", das Wort einmal in einem weiten Sinne verstanden, von der Bedrohung des Menschen durch Welt und Schicksal und widergöttliche Mächte schon in einem Maße lebendig war wie kaum zuvor. Aber die Dichtung vermochte die der Seele bereits entgleitende Wirklichkeit noch einmal zurückzuholen und dem Menschen damit eine Geborgenheit zu geben, die wir heute meist nicht mehr besitzen und die Mörike uns voraus hat. Im Augenblickshaften seines Wesens, im Bewußtsein der wie ein Pfeil entfliehenden Zeit, in der Angst vor der Überfülle der Erscheinungen, in dem Zwielicht von Traum und Wahrheit, in der Bedrohung durch das allzu Willkürliche und Phantastische gehört Mörike in eine Welt hinein, für welche die üblichen geistesgeschichtlichen Formeln wie „Klassik" und „Romantik", „Biedermeier" und „Realismus" nicht ausreichen. In der Lösung, die er fand, und die in fast beängstigender Ausschließlichkeit nur die Lösung des Dichters war, aber im Bodenlosen einen neuen Grund, im Ruhelosen eine neue Befriedung brachte, scheint er mit den Besten seines Jahrhunderts verknüpft: mit Goethes Erfahrung der Gott-Natur, dem romantischen Zurückgreifen auf Quellen und Ursprünge, der biedermeierlichen Hingabe an das Kleine und Unscheinbare, der realistischen Hinwendung zur Wirklichkeit der Dinge um ihrer selbst willen. Dennoch unterscheidet ihn von seinem Zeitalter, daß er seine Antworten auf die beginnende Anarchie der Seele nur als Dichter gefunden hat, ohne sich durch philosophische Spekulationen beirren zu lassen, ohne die geringste Neigung zu den „politischen" Strömungen seines Jahrhunderts, ohne Zugeständnis an die außerdichterischen Mächte, die immer mehr das Gesicht des 19. Jahrhunderts mitgestalteten und auch die Dichter oft in eine Haltung der „Restauration", der „Bewahrung", des konservativen Widerstands gegen den Zeitgeist hineingedrängt haben, soweit sie nicht umstürzlerisch mit ihm zusammengehen wollten. Mörike schien daneben bescheiden und unscheinbar, er sprach nur das „Gefühl der Zustände" aus, wie es sein Freund Friedrich Theodor Vischer einmal ausgedrückt hat. Seine Poesie hat etwas Absichtsloses und entzieht sich allen zeitgebundenen Maßstäben. Er selber konnte heiter und unbeschwert darüber spotten:

Mein Wappen ist nicht adelig,
Mein Leben nicht untadelig,
Und was da wert sei mein Gedicht,
Fürwahr, das weiß ich selber nicht.

Aber Vischer hat mit Recht das Geheimnis seines Genius gefeiert, dessen Wurzeln „in den dunklen Urschoß der Dinge, in unbegriffne Tiefen reichen". „Daher sieht er, wo uns die Augen versagen, und daher ist uns oft, als weilen wir andern nur am Rande des Kreises, während er in den Mittelpunkt blickt, er, der Liebling, der Vertraute des Weltgeistes." Vischer, der Mitlebende und Freund, versteht hier mehr von Mörike als die vielen nachfolgenden angeblichen Mörike-Kenner, die sich durch seine Maske des Philisters und des Biedermanns täuschen ließen und das Geheimnisvolle und Elementare verkannten, das unter der liebenswürdigen Oberfläche dieses Lebens sein geisterreiches Spiel trieb. Aber auch die wissenschaftliche Deutung ist an dem Eigentümlichen dieser Dichtung oft vorbeigegangen, weil sie Mörike allzusehr von dem Erbe aus sah, das hier noch einmal verwaltet wurde, und ihn damit, wenn auch oft unfreiwillig, in die Rolle des Spätlings, des Epigonen, hineingezwungen hat. Seine Erbschaft bleibt freilich unverkennbar: Goethesche Beseelung der Natur durch die Kräfte des menschlichen Herzens, traumhafte Phantasie der Romantik, Naivität der „schwäbischen Schule" und rein menschliche Anmut des griechischen Altertums. Rudolf Lohbauer hat Mörike einen Sohn Goethes „aus geheimnisvoller, wilder Ehe" genannt. Das Gemeinsame zwischen Goethe und ihm ist, besonders in der Lyrik, unverkennbar: die Bindung an den sinnlichen Augenblick, die Freude am Sehen, die Abneigung gegen alles Zerfließende und Verschwimmende, die Nähe zum Volksliedhaften und zugleich zum Antiken, der untrügliche Sinn für das Echte, bei gleichzeitiger Abwehr alles Verkrampften, Unduldsamen und empfindsam Schwelgerischen. Mit Recht hat Albrecht Goes von dem Schimmernd-Durchsichtigen, dem Bergwasserartigen in Goethes Werk gesprochen, das, neben Stifter, keinen besseren Nachfahren als Mörike gefunden hat. Auch der Roman „Maler Nolten“ gehört noch in diese Verwaltung Goetheschen Erbes hinein. Aber wir werden später zu zeigen haben, wie vieles Mörike dennoch von Goethe unterscheidet, und wie nicht nur seine Lyrik, sondern gerade auch der Roman in mancher Hinsicht einen Gegenpol zur Goetheschen Dichtung bildet. Es ist ein unzulängliches Verfahren, wenn man diese anderen Züge Mörikes nur aus der Romantik und dem Biedermeier herleitet. Eine rein geschichtliche Betrachtung seiner Gestalt und seines Werkes läßt ihn allzu leicht als ein Sammelbecken verschiedener „Einflüsse“ erscheinen und verkennt das nicht mehr Ableitbare, das völlig Einmalige seiner Persönlichkeit, die auf das Vergangene zurückdeutet, das Kommende vorwegnimmt und dennoch im Kern sich allen Einordnungen entzieht, so daß gerade an ihr die Fragwürdigkeit der bloßen Epochenbegriffe sichtbar wird. Eine Dichtung wie die Mörikes läßt sich nicht in Teile zerschneiden, die dann säuberlich mit dem jeweiligen Etikett versehen werden.

Es ist die Absicht dieses Buches, Mörike als Gesamterscheinung von neuem sichtbar zu machen und das Vielgesichtige und Schichtenreiche seines Wesens zu spiegeln. Jedes der nachfolgenden Kapitel will ein Bild des ganzen Mörike geben, jedoch immer von einem bestimmten Blickpunkt aus. Aber erst alle Teile zusammen ergeben in einer fortschreitenden Darstellung, die sich wechselnd ergänzt, die „Summe seiner Existenz“, in der Entfaltung des besonderen Lebens seine ewige Mitte. Die geschichtlichen Zusammenhänge, in denen Mörike steht und auf die er selber wieder einwirkt, sind nur am Rande angedeutet, da diese Darstellung keine Biographie sein will, sondern den Versuch unternimmt, Mörikes Wesen von verschiedenen Gesichtspunkten aus, gleichsam in mehreren Spiegeln, aufzufangen, ihn so darzustellen, wie er uns im ständigen vertrauten und liebevollen Umgang mit seinem Werk und seinen Briefen begegnet. Die Einmaligkeit *dieses* Dichters soll gezeigt werden. Im Hintergrunde steht dabei freilich die Frage nach den Möglichkeiten und Grenzen des dichterischen Menschen überhaupt. Mörike findet, inmitten eines bereits zwiespältig gewordenen modernen Lebensbewußtseins, durch das dichterische Kunstwerk Einheit und Harmonie von neuem wieder, nicht wie Schelling und Hegel auf dem Wege einer Philosophie des Schönen, sondern im Bergenden des dichterischen Werkes, also durch die Sprache selbst. Für uns Heutige ist eine solche Lebensbewältigung etwas Erregendes, das noch in keiner Weise „geschichtlich" abgetan ist. Denn was nur die Dichtung, nicht aber Philosophie oder Weltanschauung, vermag, ist vielleicht nirgends so tröstlich sichtbar geworden wie bei Mörike. Alle Gefahren der Moderne, die in Mörikes Seele schon lebendig waren, werden noch einmal durch das Heilende und Erwärmende der Dichtung gebannt. Der preisgegebene und von Schicksal, Angst und elementaren Mächten bis an die Grenze des Todes bedrängte Mensch kann Unruhe und Leiden im Schönen verwinden. Denn die Dichtung gibt ihn der Natur und damit dem Bleibenden zurück. Selten ist dieser Vorgang so überzeugend sichtbar geworden wie bei Mörike. Man könnte noch Hölderlin nennen. Aber hier sprengt die Dichtung schon ihre Grenzen, mündet in die Religion und macht das Schöne zum Nachbarn des Tragischen. Auch Mörike hat Ähnliches geahnt, aber im Ganzen sich stiller mit dem Wirklichen ausgesöhnt und fragloser mit der Dichtung beschieden.

Mörikes Leben ist oft beschrieben worden, am ausführlichsten in der breit angelegten Biographie von Harry Maync.

Es ist ein Lebenslauf ohne jede äußere Dramatik. Mörike, der am 8. September 1804 in Ludwigsburg geboren wurde, ein Jahr vor Schillers Tod und Hölderlins Umnachtung, ist ein Nachfahre der zweiten romantischen Generation, der Arnim, Brentano und Görres, die um die Zeit seiner Geburt bereits literarisch hervorgetreten waren. Schon mit diesem Geburtsjahr mag es zusammenhängen, daß die Literaturgeschichte Mörike später so oft als eine Art Anhängsel behandelt hat. Denn der Generation nach gehört Mörike zu den sogenannten Jungdeutschen – Heinrich Heine war zwar sieben Jahre älter als er, aber die Geburtsjahre von Ludolf Wienbarg, dem Verfasser der programmatischen „Ästhetischen Feldzüge", von Karl Gutzkow, von Heinrich Laube und Ferdinand Freiligrath (1802, 1811, 1806, 1810) liegen in unmittelbarer Nähe. Verglichen aber mit den revolutionären Bestrebungen der Jungdeutschen erscheint Mörike als Epigone der Klassik und Romantik oder bestenfalls als ein abseitiger Schwabe, zumal er nicht die geringste Neigung hatte, seinem dichterischen Auftreten den in die Augen fallenden Glanz einer „Sendung" zu geben. Sein Leben wächst in der Stille. Sein Vater, ein Landarzt, hatte eine Pfarrerstochter geheiratet, und aus dieser Ehe waren zahlreiche Kinder hervorgegangen. Sorgen um die Geschwister, aber auch besonders innige Beziehungen zu ihnen, vor allem später zu der Schwester Klärchen, Todesfälle in der Familie, wie der frühe Tod des Vaters oder des jüngsten Bruders, haben Mörikes zur Verzärtelung neigende Natur von Jugend an in eine träumerische Bahn gelenkt, die nicht immer frei von Wehleidigkeit war. Feuerwerk und Mummenschanz, Mozart-Tanz und höfisches Spiel, wie es die Mutter aus Herzog Karl Eugens Zeiten berichtete, bedeuteten für das phantasievolle Kind eine unmittelbar gegenwärtige Wirklichkeit. Am liebsten aber zog er sich auf den Dachboden zurück, um dort bei einer Kerze die Nacht zu erwarten. Schon als Kind war er im Kreise seiner Geschwister der Märchenerzähler, der bald von den Volksmärchen der Brüder Grimm zu eigenen Geschichten überging, in denen zwei Astlöcher in der Wand ihm als die Tore zu den guten und den bösen Geistern galten. Dieses fabulierende Kind, „leidenschaftlich schwingend und hingegeben, doch außerstande zu halten und zu binden, ein Kind voll gluhsamer Unersättlichkeit" – so hat es Friedrich Gundolf in seinen „Romantikern" beschrieben – liebt kein Planen, keine Nachdrücklichkeit, und ist mehr zur Leidenschaft und zum Spiel als zu amtlichem und häuslichem Ernst geneigt, schon mit der Schule wenig befreundet, so wie später mit Amt und Beruf. Alles Wiederkehrende, Beamtete, Pflichtmäßige wird von Mörike mit lässiger und heiterer Wehmut oder mit einem leise bekümmerten Lächeln behandelt, ist für ihn ein Anlaß zu poetischen Schnurren und zierlichen Schnörkeln. Wenn er später eine Predigt entwerfen oder ein amtliches Schreiben aufsetzen mußte, kamen nur allzuoft wie von selbst phantastische Zeichnungen auf das Blatt, mit denen er sich die Zeit vertrieb, – und die Arbeit blieb liegen. Mörike hat eine unüberwindliche Abneigung gegen jedes „ich muß": ein „nachlässiger" Schüler, ein wenig verläßlicher Pfarrer, der sich zuweilen seine Predigten vom Freunde Hartlaub ausleiht, ein fragwürdiger Ehemann, ein schuldenreicher Haushalter. Aber wie bezaubernd ist er, wo er aus der Gnade, dem Überschuß, wo er aus der Magie des Spieles heraus leben durfte. Das sind die großen Augenblicke seines stets liebevollen Herzens. Seine Fähigkeit zu spielen, greift auf alles über. Auch noch das Spießbürgertum, das Philisterium wird dem unbekümmerten Kind zum Gegenstand unerschöpflicher Neugier. Es ist sehr bezeichnend, daß der immer irgendwo abenteuernde Mörike in Mozart eine ihm gemäße Gestalt verherrlicht hat.

Die Schulzeugnisse reden davon, daß er bei „gutartigem Charakter" „von mangelnder Aufmerksamkeit" gewesen sei, im Fleiß nicht „zweckmäßig genug", mit einem Wort „nachlässig". Das Urteil der Lehrer wird keineswegs falsch gewesen sein. Der Tod des Vaters und ein Scharlachfieber hinterlassen jene dauernde Bängnis und Verzärtelung in seinem Wesen, aber auch eine ungewöhnliche Wahrnehmungshelle und seelische Empfänglichkeit. So entwickeln sich die zarten, schönen und gefährlichen Anlagen seines Wesens. Hartlaub, der Urfreund, hat einmal über die erste Bekanntschaft mit Mörike berichtet: „Mit hundert Scherzen erfreute und unterhielt er den Haufen um sich her. Jedoch nichts Gewöhnliches kam aus seinem Munde. Den heitersten Sonnenschein verbreitete sein Wesen, in dem es jedem sogleich wohl wurde." Mörike war ein Genie der Freundschaft, nicht nur in seinen Beziehungen zu Hartlaub, sondern auch zu den anderen Jugendfreunden wie zu Mährlen, Bauer, F. Th. Vischer, später zu David Friedrich Strauß, Justinus Kerner, Hermann Kurz und im Alter noch zu Moritz von Schwind und Theodor Storm. Freundschaften sind das, was „das Leben so süß und sicher macht". „Der beste Trost, der uns bleibt, sind unsere Freunde", schreibt Mörike noch mit fast siebzig Jahren. Aber seinen Freundschaften bleiben auch die tragischen Abbrüche und die mühsamen späten Aussöhnungen nicht erspart. Auch in der Freundschaft war Mörikes Begabung die unmittelbare Hingabe an den Augenblick, nicht aber das Binden und das Halten. In den Briefen an seine Freunde ist er wie ein

Zauberer, der jedesmal einen neuen, gerade für diesen Freund geeigneten Ton anzuschlagen versteht. Aber oft verstummen diese Briefe plötzlich, ganz ohne Grund, nicht nur wochen- und monatelang, sondern auch jahrelang. F. Th. Vischer hat einmal später in einer solchen schwierigen Krise liebevoll-eindringlich auf Mörikes Schwächen hingewiesen. In seinem Brief vom 21. Dezember 1847 heißt es: „Auch die Freundschaft hat ihre formellen Pflichten, ihr Sollen – – – Sieh, hier sitzt zwischen uns ein von Anfang an unserer Freundschaft gefährlicher Gegensatz der Naturen. Du liebtest von jeher die Formel: ‚es ging halt nicht; es war ein Knopf davor; es war wie verhext'. Ich zürne diesem Standpunkt, ja ich hasse diese Übertragung des Rechtes der zufälligen Stimmung, das der Dichter ausspricht, auf die realen Verhältnisse des Lebens, auf das ernste Band der Freundschaft, das uns armen Sterblichen in der argen Welt bleiben und uns nicht verlassen soll, wenn alles andre, Glück, Gesundheit, Gold und Liebe, trügt, lügt und höhnt. Du hassest diesen Standpunkt des Sollens, hältst ihn für pedantisch, für ordonnanzmäßig, und wahrlich, das Urgefühl des Soldaten und die Willkür des Launischen, der sich gehen läßt, können sich schärfer nicht gegenüberstehen als hierin unsere Naturen. Ich hielt unsere Freundschaft für zerrissen im Moment des wärmsten, des vertraulichsten Austausches, ich sprach offen gegen andre Freunde meinen ganzen Unwillen über Dich, über diese herbe Täuschung, die ich als volle Treulosigkeit nahm, mit starken Worten aus." Treulos war Mörike nicht, aber unzuverlässig – bald glühend aufgeschlossen, bald scheu sich in das eigene Innere verkriechend, unfähig, in solchen Zeiten die Freundschaft auch als Aufgabe der Treue zu pflegen. Eine der ersten Jugendfreundschaften gilt dem ungewöhnlichen, aber verwilderten Wilhelm Waiblinger, der ihm Shakespeare, Jean Paul und Novalis nahebringt, zu denen dann die Bildungseinflüsse von Goethe, Tieck, Brentano und Hölty treten. Auch Schiller fehlt nicht ganz – das ergreifende Gedicht „*Auf das Grab von Schillers Mutter*“ (1835) ist ein Zeugnis seiner Schillerverehrung. Die Beziehung zu Waiblinger mußte nach wenigen Jahren der Verbundenheit abreißen. Waiblinger war der Frühreifere, vielleicht auch der Leidenschaftlichere, der Mörike mit einer gewissen Gewaltsamkeit in seine neue Bildungswelt hinüberriß, zugleich aber auch von ihm als Gefahr für sein eigenes Wesen empfunden wurde. In einem wahrscheinlich nicht fortgesandten Abschiedsbrief schreibt er an Waiblinger: „Allein es ist meine alte Erfahrung (und das hätte ich auch jetzt nicht sollen übersehen), daß ich die Poesie im Umgang mit keinem zweiten teilen kann, der ihre Unruhe und Leiden um sich verbreiten muß, statt daß er sie rein in sich verwindet, oder, wenn sonst keine Auskunft ist, auf einem (nur scheinbar) entfernteren Weg sich mit ihr ins Gleichgewicht setzt“ (Brief vom 8. April 1825). Der junge Mörike hat hier in einer merkwürdig klaren Eingebung das innere Gesetz seines Wesens erkannt und gegen die genialische Unruhe Waiblingers abgegrenzt. Mörike konnte die Zwiespältigkeiten und Gefährdungen seiner Seele nur durch die Poesie ertragen, und nichts schien ihm gefährlicher, als Unruhe und Leiden auch noch in die Dichtung hinüberzunehmen und damit auch sie zwiespältig zu machen. Das unterscheidet Mörike sehr deutlich vom „Jungen Deutschland“ und von dem „Weltschmerz“ seiner Generation, die die Krankheit des Jahrhunderts, den Pessimismus, zu einem literarischen Manifest gemacht hat, und die es verstand, auch noch die Verzweiflung auf eine todessüchtige

Weise zu genießen, von der Generation der Lenau, Heine, Byron, Musset und Leopardi.

Aber kehren wir zu Mörikes Lebensgeschichte zurück. Da ist zunächst von den Liebesschicksalen zu berichten. Mörikes erste Liebe war seine Base, Klärchen Neuffer, ein Pfarrerstöchterchen vom Lande, die ihm bald den Abschied gegeben und zu ihrer beider Glück einen anderen geheiratet hat. Was wir von ihr wissen, lebt in Mörikes Gedicht „*Erinnerung*“ (1822) weiter. Auf das Uracher Seminar, der Idylle im Tal mit dem Anmutigen und heiter Großartigen seiner Landschaft folgte Ende 1822 das Tübinger Stift. Die wichtigste Begebenheit der Jahre 1823/24 war die Begegnung mit Maria Meyer, der Peregrina seiner Dichtung. Aber wir wissen nur wenig über diese seltsamen Liebeswirren, die so gar nicht zu dem Lebenslauf eines künftigen Pfarrers passen wollen. Was ist schon damit gewonnen, wenn die geschichtlichen Zeugnisse darauf hindeuten, daß sie ein seelisch krankhaft veranlagtes Mädchen gewesen sein muß, das zu liederlichen Verhältnissen neigte, vielleicht somnambule Züge trug, mit einer merkwürdigen Mischung von religiösem und sinnlichem Verlangen. Sie trat als begehrtes Schenkmädchen in einer Studentenkneipe auf, soll der Überlieferung nach sehr schön gewesen sein, zog auf abenteuerliche Weise im Lande umher, und man vermutet, daß sie später im Gefolge einer religiösen Schwärmerin jener Zeit, der Frau von Krüdener, gesehen wurde. Mörike hat sie leidenschaftlich geliebt, die Beziehung muß durch Untreue des Mädchens zerrissen worden sein, und als Maria später verlassen und verzweifelt zurückkehrte, um die Fäden neu mit ihm zu knüpfen, hat er sich standhaft geweigert, sie noch einmal zu treffen. Ein moralisches und zugleich wundersüchtiges Zeitalter mag diese so aus aller bürgerlichen Ordnung herausfallende Begegnung als besonders fragwürdig, aber auch als besonders anziehend empfunden haben. Friedrich Gundolf hat sie „einen romantischen Spuk mitten in dem Tübingischen Knasteridyll“ genannt. Viele Züge des Mörikeschen Wesens spiegeln sich in dieser Liebeserschütterung, die ihn bis zur Gefahr der Selbstauflösung bedrohte: sein Mitleid, sein Gezogensein zum Elementaren und Schaudervollen, seine Sehnsucht nach magischem Glück, seine Sinnlichkeit, aber ebenfalls das süß Beklemmende und Mysteriöse, das gläsern Zerbrechliche seines Liebens. Auch der 1832 zum ersten Male erschienene Roman „Maler Nolten“, in den so mancherlei aus dem eigenen Leben eingegangen ist, hat hier seine eigentliche Wurzel. In der Bedrohung durch die Liebe und ihre Hintergründigkeit wächst zugleich mit der dichterischen Gestaltung der Wille zur Selbstbewahrung, der bereits aus dem Brief an Waiblinger spricht und der Schmerz und Leiden des Lebens im Schönen aufhebt.

Die Peregrinaerschütterung und die gemeinsam mit dem Freunde Ludwig Bauer erfundene märchenhafte Sagenwelt Orplid mit ihren sylphischen und elfischen Mächten und ihrem mythischen Nachtgeist, noch jenseits alles Bienengesumms und Faltergeschaukels der Mörikeschen Idylle, das sind die bestimmenden Erlebnisse der Tübinger Zeit. Es folgt dann der Tod des Lieblingsbruders, der ihm nahegeht, es folgen die langen Jahre der Vikarszeit, bei der Mörike seit 1826 von Pfarre zu Pfarre wandert und den Druck des Amtsdaseins, aber auch die Bindung an die kirchliche Autorität so schwer erträgt, daß er immer wieder ausbrechen möchte. Jedoch es kommt nur zu einer vorübergehenden Tätigkeit im Franckhschen Verlag in Stuttgart (1828). Da Mörike indes unfähig ist, regelmäßig Zeitschriftenbeiträge zu liefern, kehrt er bald wieder ins Pfarrhaus zurück und söhnt sich mit dessen Mühsalen aus. 1829 verlobt er sich mit der Pfarrerstochter Luise Rau, und den Jahren der Brautschaft verdanken wir jene Liebesbriefe, die zu den schönsten der deutschen Dichtungsgeschichte gehören. „Ich verdoppele unwillkürlich meine Schritte, voll von dem Gefühl, daß ich einer von den Ganz-Glücklichen sei", so schreibt am 4. Dezember 1829 der Pfarrverweser Eduard Mörike an die Pfarrerstochter in Grötzingen, zur Zeit in Plattenhardt auf den Fildern. Aber der durch die Gefährdung der Peregrinazeit hindurchgegangene, im Wesenskern ganz unbürgerliche Mörike und das brave, gute, nach einem gesicherten Leben strebende Mädchen waren nicht für einander bestimmt. Nach Jahren der Brautschaft löst sich die Verlobung (Ende 1833), weil Mörike sich nicht genügend um eine feste Stelle kümmerte und weil die Braut diese Lebensuntauglichkeit am Ende nicht länger ertrug. Es sind die gleichen Jahre, in denen die erste Fassung des Romans „Maler Nolten" entstanden ist. 1827 stirbt die Lieblingsschwester Luise. Endlich kommt im Mai 1834 die Ernennung zum Pfarrer in Cleversulzbach, und hier lebt Mörike nun bis 1843 seine vielleicht glücklichsten Jahre, in denen sich der mimosenhaft Empfindliche einkapseln durfte in ein Leben mit Malerei, Kalligraphie, Lichtgießerei, Münz- und Steinsammlung, Gartenzucht, Lektüre und Musik, Korrespondenzen und Versen: ein eingeschränktes Dasein an der Seite von Mutter und Schwester mit Zitronenfaltern und Sommerblumen, mit Obst- und Rosensegen und möglichst wenig Predigten, aber ganz erfüllt von der Freiheit des Herzens und der Wärme des Humors. Manchmal wird noch der „Rabausch" erwartet, der Hausgeist des alten Pfarrers, der nach Mörikes fester Überzeugung nächtlich als „alter Maulwurf“ mit seinem Geklopf und Geseufze umhergeht. Um dem Geist auf die Spur zu kommen, über den er meditierende Berichte an den Freund Justinus Kerner, der für okkulte Dinge besonders aufgeschlossen ist, schreibt, hat Mörike einmal sogar den Fußboden aufbrechen lassen – allerdings ohne Erfolg. 1841 stirbt die Mutter, und Mörike ist trostlos und verzweifelt über diesen Verlust. Nach neun Jahren Pfarramt läßt er sich bereits pensionieren, weil seine Pfarrkinder nicht immer nur seinen Vikar hören wollen, und weil die Unlust am Beruf durch Krankheit und widrigen Klatsch zu groß geworden ist. 1843, noch nicht vierzig Jahre alt, zieht er nach Schwäbisch-Hall, arm, aber nicht unglücklich, die beengenden Lebensumstände durch Spiel und Traum verklärend. Bald jedoch zwingt ihn ein rheumatisches Leiden, den Wohnsitz zu wechseln. Bad Mergentheim wird gewählt, wo die wahrscheinlich mehr seelisch als organisch bedingte Erkrankung seiner lahmen Beine eine überraschende Heilung findet. Dort begegnet ihm Margarethe von Speeth, eine katholische Offizierstochter, mit der er sich verlobt. Nach langer Brautzeit folgt 1851 die Ehe. Aber die Beziehung zu dritt, Bruder, Schwester und Frau – in Mörikes Briefen kehrt die Wendung „geliebte Schwestern beide“ immer wieder –, barg so manche verborgene Schwierigkeiten, die erst allmählich zu offenem und leidvollem Ausbruch kamen. Zunächst ging durch die Freundschaft mit Hartlaub, der wohl nicht nur aus konfessionellen Gründen Mörikes neuer Liebesbindung mit Bedenken gegenüberstand, ein böser Riß, unter dem die beiden Freunde schwer gelitten haben. Später waren es dann Konflikte zwischen der Schwester Klärchen und der Frau, religiöse Gegensätze, häuslicher Kleinkrieg und Verschiedenheit in den Temperamenten, die seine Ehe verbitterten, so daß es am Ende zu einer Trennung ohne Scheidung kam. Von den beiden Töchtern blieb die eine bei der Mutter, die andere beim Vater. Von 1855 bis 1866 war Mörike als Professor für Literaturgeschichte am Stuttgarter Katharinenstift tätig. Isolde Kurz, die Tochter des Freundes, erzählt über diesen Lebensabschnitt Mörikes eine jener drolligen Geschichten, die er über sich selbst zum besten gab. Als Mörike zu seinen jugendlichen Zuhörerinnen einmal über Goethes Iphigenie sprach, mußte er, gerade beim Vortrag des Monologs „Heraus in eure Schatten“, vom Bedürfnis nach seinem Schnupftuch getrieben, rückwärts nach der Tasche greifen. Dabei zog er etwas Weißes, Langes heraus und führte es zur Nase, wobei ihm die ungewohnte Rauheit und Härte des Stoffes auffiel. Aber unbeirrt im Sprechen fortfahrend, wollte er das Tuch wieder in die Tasche stecken, doch nun schien es ihm wie verhext; er stopfte und stopfte und konnte nicht damit zu Ende kommen, je mehr er hineinschob, desto länger wurde es, bis er zuletzt den Kampf aufgab und das Tuch hängen ließ. Als er es nach einiger Zeit von neuem langte, kam es ebenso lang aus der Tasche wieder heraus und nun sah er – o Schrecken! –, daß es eine Fenstergardine war, was er bearbeitet hatte. „Aber denken Sie sich“, setzte er am Schluß der Geschichte mit Befriedigung hinzu, „ein ganzer Saal voll mutwilliger junger Mädchen und auch nicht eine, die zu ihres Lehrers Nöten den Mund verzog. Sie saßen sämtlich in heroischer Fassung da, als ob sie nichts gesehen hätten!“ Dennoch wurde Mörike auch die eine Stunde, die er wöchentlich hier zu geben hatte, ein Geringstes an Arbeitsverpflichtung, am Ende zu viel, so daß er sich immer menschenscheuer vergrub und ein tief bekümmertes Alter verlebte, von Ehezwisten,

Krankheit und Todesfällen verdüstert. Auch die Schaffenskraft war nach dem holden und schalkhaften Märchen „*Das Stuttgarter Hutzelmännlein*“ (1852) und nach Mörikes schönster Dichtung, der Novelle „*Mozart auf der Reise nach Prag*“ (1855), erloschen. Nur noch in dem *Erinna-Gedicht* von 1863 hören wir seine wie aus einem nächtlichen Urgrund aufsteigende Stimme. Dem wachsenden Ruhm ist der alte Mörike, der allein gelassen sein wollte, mehr und mehr ausgewichen, aber auch der an Mißklängen so reichen Alterszeit, in der Mörike mit ermatteter Kraft sein Jugendwerk, den „Maler Nolten“, noch einmal umzuformen suchte, ohne jedoch damit zum Abschluß zu gelangen, fehlt es nicht an Harmonien in seinen Freundschaften, wie mit dem wieder versöhnten Hermann Kurz und dann mit Ernst Moritz von Schwind, der die Mörikeschen Märchen illustriert hat. Isolde Kurz verdanken wir die schöne Schilderung des alten Mörike, die in das Geheimnis seines Wesens hineinblickt: „Während wir so im Grünen auf Bänken und Stühlen um einen verwitterten Holztisch saßen, und ich mir die Physiognomie des Dichters beim Sprechen betrachtete, kam über mich die wunderliche, aber unabweisliche Vorstellung, daß dieser große Kopf eines schwäbischen Landpfarrers mit den etwas schlaffen Zügen und den stehenden grämlichen Falten nur eine scherzhafte oder schützende Maske sei, unter der jeden Augenblick ein feiner jugendlicher Griechenkopf oder ein lächelnder Ariel zum Vorschein kommen könnte.“ Wenn Mörike im Gespräch „geheimnisvolle Töne anschlug, so gingen sie aus dem Feierlichen leicht ins Spielende über, und man fühlte, daß er selbst die Grenze nicht festhielt“ (Isolde Kurz, Das Leben meines Vaters. S. 81). Von seinem siebzigsten Geburtstag, den er in tiefer Abgeschiedenheit feierte, wird überliefert, daß er spät abends von einem vollen Musikakkord aufwachte, der zum Fenster hereinkam, ein herrlicher Harfenton schien es zu sein. „Wo ist die Musik?“ rief er aus. Aber niemand außer ihm hatte sie gehört. Darauf sagte er: „Es bedeutet mich. Das ist mein letzter Geburtstag.“ Es war sein letzter. Am 4. Juni 1875 morgens ist er verschieden, „sanft, fast unmerklich“, „aber nach qualvollen Schmerzen“, wie der Bericht sagt, auch das noch einer jener Widersprüche, an denen dieses scheinbar einfache und ereignislose, aber doch so gefüllte Leben reich gewesen ist.

Vielleicht überrascht es den Kenner der Mörikeschen Dichtung, hier von Widersprüchen zu hören. Ist nicht Mörike der große Dichter der Idylle gewesen, jener dichterischen Gattung, die von Hippel über Jean Paul bis zu Mörike reicht? Von ihr hat Wilhelm Dilthey gesagt: „Das Gemüt findet ein warmes Nest in einer Wirklichkeit, deren Einschränkung ihm kongenial ist“. Hat nicht Mörike selbst von seiner Fähigkeit gesprochen, „jeder Lage die größtmögliche Summe reinen Glücks abzugewinnen“? „Das Fleckchen Sonne“, so meint er in dem Brief an Ottilie von Goethe vom 7. Februar 1848, „das dem Vogel die Ecke seines Käfigs wärmt, wer weiß, ob's ihn nicht inniger ergötzt, als die Fülle in der Freiheit draußen täte.“ Gehört Mörike nicht in jene geistige Welt an der Grenze von Romantik und Biedermeier, neben Eichendorff der einzige Romantiker, der die Welt völlig in Poesie zu verzaubern vermochte, so daß David Friedrich Strauß über ihn sagen konnte, „er nehme eine Handvoll Dreck vom Boden auf, und ein Vöglein fliege heraus“. Mörike muß ein Ding nur nennen, so meint Gundolf, und es erklingt. Immer ist er ein Spieler und Zauberer, und der Weltstoff wird ihm von selbst zum Gedicht. So gesehen scheint er eine durchaus einheitliche Gestalt, Idylliker durch und durch, Meister des rhythmischen Gedichtes, dessen Werke oft noch stärker als bei Goethe aus dem Geist der Musik heraus geschaffen sind. Nun gehört zweifellos das Idyll entscheidend zu Mörikes Wesen. Die Welt des Alltags, das Winkeldasein, der Hausrat und die Amtsplagen, der tägliche Ärger, Armut, Kummer und Enge seines mühseligen Lebens als Pfarrer, das Philisterium schwäbischer Biedermeierei werden zu einem verwunschenen Märchenreich. Die Voraussetzung zu solcher deutschen Idylle, ob es nun Jean Paul, Mörike oder Raabe ist, liegt in dem Gegensatz von Lebensnot und Seelenfülle, von Bedrängnis der äußeren Lage und Reichtum der inneren Empfindung. Wenn die deutsche Klassik die Eingeschränktheit des Bürgertums unbeachtet ließ, um statt dessen in einem Weltbürgertum des Geistes die idealen und typischen Formen des Menschentums, die anschaulichen Gestalten der Menschheit zu verwirklichen, so suchte sich die romantische und realistische Idylle in das Kleine, Bedingte, von außen Beschränkte mit innerer Freiheit einzuleben. Hier wurzelt jene biedermeierliche Andacht zum Kleinen und Unbedeutenden, jene hegende Liebe zu den unscheinbaren Dingen, zur Stummheit der Kreatur und jener volkstümliche Humor, der die bescheidene Daseinsform der Bauern und Bürger, der Schulmeister und Landgeistlichen mit erwärmender Liebe, mit menschlicher Tiefe und poetischem Zauber erfüllt hat. Jean Paul, einer der größten Idylliker der deutschen Dichtung und zugleich Humorist von Gottes Gnaden, hat im Vorwort zum „Quintus Fixlein" einmal drei Wege geschildert, auf denen der Mensch glücklicher werden kann. „Der erste ist, so weit über das Gewölke des Lebens herauszudringen, daß man die ganze äußere Welt unter seinen Füßen wie ein eingeschrumpftes Kindergärtchen liegen sieht. Der zweite ist, gerade herabzufallen ins Gärtchen und da sich so einheimisch in eine Furche einzunisten, daß, wenn man aus seinem warmen Lerchennest heraussieht, man ebenfalls keine Wolfsgruben, Beinhäuser und Stangen, sondern nur Ähren erblickt, deren jede für den Nestvogel ein Baum und ein Sonnen- und Regenschirm ist. Der dritte endlich, den ich für den schwersten und klügsten halte, ist der, mit den beiden andern zu wechseln." Der zweite Weg ist der zur Idylle, der Weltflucht in ein warmes, kleines Nest. Denn die Himmelfahrt des ersten Weges ist, wie Jean Paul weiter ausführt, „nur für den geflügelten Teil des Menschengeschlechtes, für den kleinsten. Was kann sie die armen Kanzleiverwandten angehen, deren Seele oft nicht einmal Flügeldecken hat, geschweige etwas darunter – oder die gebundenen Menschen mit den besten Bauch-, Rücken- und Ohrenfloßfedern, die im Fischkasten des Staates stille stehen und nicht schwimmen sollen, weil schon der am Ufer langgekettete Kasten oder Staat im Namen der Fische schwimmt? Was soll ich dem stehenden oder schreibenden Heere beladener Staats-, Hausknechte, Kornschreiber, Kanzlisten aller Departements für einen Weg, hier selig zu werden, zeigen? Bloß meinen zweiten; und das ist der, ein zusammengesetztes Mikroskop zu nehmen und damit zu ersehen, daß der Tropfen Burgunder eigentlich ein rotes Meer, der Schmetterlingsstaub Pfauengefieder, der Schimmel ein blühendes Feld und der Sand ein Juwelenhaufen ist". „Verachte das Leben, um es zu genießen. Besichtige die Nachbarschaft dieses Lebens, jedes Stubenbrett, jede Ecke, und quartiere dich zusammenkriechend in die letzte und häusliche Wendung deines Schneckenhauses ein."

Das ist gewiß keine kämpferische Auseinandersetzung mit der Welt, auch kein Versuch, ewig gültige Ideen in unserem irdischen Dasein durchzusetzen. Es ist eben keine heroische, sondern eine idyllische Haltung. Wie Anatole France, so ziehen Jean Paul und seine Nachfahren den Bratspieß dem Schwerte vor. Idealischer Aufschwung und idyllische Genügsamkeit wechseln miteinander. Der Held soll auf dem Weg des genialischen Glücks in das häusliche einbiegen. Die Idylle Jean Pauls lebt aus dem Gegensatz von unbefangener Freiheit des Gemütes und endlichem Verstand, von idealischer Fülle und trostloser Enge, von Narrheit und Weisheit unseres Menschentums, von Vergänglichkeit aller irdischen Dinge und der himmlischen Ahnung des Dichters vom Paradies. Glücklicher sein wollen heißt, die Menschen lieben dürfen, auch noch das Eingeschränkte genießen, das Unerträgliche unseres irdischen Daseins von der Wärme des Gemüts aus wieder lebenswert machen.

Auch Mörike kennt diese Bescheidung der Idylle und den Trieb der Seele zum Glück. Bezeichnenderweise sind fast alle seine Märchen Glücksmärchen. Aber die Gegensätze sind viel gemilderter als bei Jean Paul, Poesie und Wirklichkeit gehen unmerklicher ineinander über. Mörike nimmt die Nachtigall wie die Küchenschabe, die Flöte wie die Tabakspfeife mit der gleichen träumerischen Empfänglichkeit auf. Romantische Verzauberung und sinnliche Wirklichkeitsnähe sind nicht unversöhnlich. Weil er zwischen Romantik und Biedermeier steht und an beiden Teil hat, vermag er ohne Bruch märchenselig und wirklichkeitsfroh zugleich zu sein. Aber seine gesamte Erscheinung ist damit nicht ausreichend gedeutet. Weder die Peregrina-Lieder noch der „Nolten“, ja selbst „Mozart auf der Reise nach Prag“ und das späte Erinna-Gedicht lassen sich von hier aus verstehen, ebensowenig die seherischen Blicke in die nächtlichen Bezirke des Mythos und in den dunklen Urgrund der Natur. Der Gegenpol zur Idylle aber heißt Dämonie und Tragik. Ja, die Verwandlung des Lebens und der Dichtung in Idylle, in ein glückliches, in sich selbst beschlossenes Dasein mit einer guten, eingrenzenden Ordnung, das Festhalten am Maß und am holden Bescheiden ist erst die Antwort auf die entgrenzenden und entfesselnden Mächte, die den Menschen mit Auflösung und Tod bedrohen, und die kaum ein Dichter so ursprünglich in ihrer Bodenlosigkeit wahrgenommen hat wie Mörike. Nicht weil er das Tragische nicht gekannt hätte, ist er Idylliker, sondern weil es ihm nur zu vertraut war. Es heißt das Wesen des großen Humors mißdeuten, bei Mörike wie bei Jean Paul, wenn man nicht zu durchschauen vermag, daß der wahre Humor mit biedermeierlicher Vereinsgemütlichkeit überhaupt nichts zu tun hat: das göttergleiche Lachen beginnt erst in einer Zone, wo das Tragische schon wieder durchschritten ist. Mörike rührte an die dunklen Verhängnisse, die das Idyll zerstören, an den Schauder des Daseins, an die Selbstauflösung des Wahnsinns, an den Abgrund des Nichts. Nur weil er um den Schmerz unseres irdischen Daseins wußte, konnte er den Zauber der Beschränkung so verklären. Auch noch das Philisterium wird zu einer freiwilligen Zuflucht eines unabhängigen und den Widernissen des Lebens überlegenen Geistes, der gerade in dieser Einengung das innere Gesetz seines Wesens bewahren konnte, die spielende Freiheit seines Dichtertums, wenn er nicht am Abgründigen seiner Seele zerbrechen wollte. So aber wird Mörike mit einem Male zwiegesichtig, ein Mensch, der eine dem eigenen Bewußtsein schon fast entrückte Maske angenommen hat, der sich durch die Widersprüche des Lebens hindurchspielt, noch ein Artverwandter der europäischen „Dekadenz“ des 19. Jahrhunderts, der Baudelaire und Poe, von überfeinerter Reizbarkeit, verspielt, verwegen und allzu empfänglich, ein Künstler der Empfindungen auf den „Spitzen des Gefühls“, ein Dichter, hinter dem das Urgesicht des Sehers sich verbirgt, gefährdet bis zur Selbstauflösung und bis zum Genuß solcher Selbstauflösung. Dies alles, die Dekadenz mit ihren verbotenen, gefährlichen und zerstörerischen Reizen, die Neigung, aus den Ordnungen ins Ungeordnete und Bohèmehafte zu entweichen, die Sehnsucht nach den seltsamen Erlebnissen, den trunkenen Wundern und den überschwänglichen Gefühlen, wird nur noch gebannt durch diesen letzten Selbstschutz der Biedermeieridylle, durch das Bedürfnis nach Ruhe, Bescheiden und Maß. Die allzu gefährdete Seele verhüllt sich liebenswürdig vor ihrer Umwelt, weil sie viel zu scheu, viel zu verletzbar ist, um das Dasein zu ertragen, und weil sie ein Übermaß von Möglichkeiten und Gefahren in sich trägt. So ist die biedermeierliche Idylle eine Selbstbewahrung vor dem Dämonischen gewesen, das Mörike als eine Sprengkraft in sich wußte, und zugleich auch ein Schutz vor all den auflösenden Strömungen des 19. Jahrhunderts, die manchem anderen Dichter zum Verhängnis wurden.

Aber auch dieses Gegenspiel von Tragik und Idylle, von Dämonischem und Philiströsem sagt für uns noch nicht alles aus. Den Schlüssel zum Verständnis Mörikes gewinnen wir nur, wenn wir sein Verhältnis zum Schönen und zur Kunst zu begreifen suchen. Die Poesie allein verhilft Mörike dazu, Schmerz und Leiden „rein in sich zu verwinden“. Allen Zauber und alles Glück des Menschendaseins erlebt er in der Schönheit. Wenn das Dasein in Wahnsinn sich bereits aufzulösen droht, so findet es sich im Schönen der Natur, der Liebe, der Kunst noch einmal wieder und gewinnt dadurch die uranfängliche Einheit allen Lebens zurück. Das Schöne aber wirkt für den Dichter in der Sprache, und so ist Sprache, in Dichtung verwandelt, der Raum, in dem der Mensch noch geborgen, noch „zu Hause" ist. In diesem Mitten-Innesein der dichtenden, nicht der denkenden Sprache hat Mörikes Gestalt etwas Kindliches, kindlich in dem Doppelsinn der glückhaften Spielbegabung, die nach keiner Rechtfertigung fragt, wie der Wehrlosigkeit, der Preisgegebenheit an das Leben. Selbst das Sittliche und das Religiöse werden in die Freiheit des Spiels hineingenommen und bekommen dadurch fast etwas Anrüchiges. Nur darum wurde dies so selten bemerkt, weil man nicht hinter die mit so viel Traulichkeit gespielte Maske zu sehen vermochte. Die Innigkeit dieses Fühlens, die Gutmütigkeit der Späße, die seraphische Holdheit der zarten Gespinste ist von der Gefahr einer geheimen Hybris bedroht, die in dieser Hingabe an das Spiel am Werke ist. Mörike lebte in seiner tiefsten Schicht im Mysteriösen, im Geisterhaften. Er möchte die herrlichsten und reinsten Augenblicke des Daseins für immer festhalten, aber er kann es nicht, weil auch er kein Geist, sondern nur ein Mensch ist. Überall, wo sich ihm das Glück versagt, wo es rasch vorbeifliegt und nicht verweilt, schlägt sein Verhalten in kranke Ängstlichkeit um, er wird beengt und gehetzt, er fühlt Mitleid mit sich selbst, wird hypochondrisch und von Gram zermürbt. Mit dem Erlöschen seiner Schaffenskraft im Alter scheint er nur noch ein tief bekümmerter Schatten seiner selbst, weil er nur in der Seligkeit des Schönen zu leben vermochte, in dem reinen Gelingen des Künstlers und nirgends sonst. Ohne Musik und Zauber des Wortes ist er hilflos und gebrechlich. In seiner

Antwort auf eine ihm von Vischer übersandte ästhetische Schrift schreibt er am 13. Dezember 1837: „Ich fand mich überall von einer aura divina der Kunst umgeben, die einen törichterweise mit einem seligen Trotz gegen Gott und Welt erfüllt, eben als hätte man das Reich des Schönen von Anbeginn selber gemacht und gegründet." Hier ist Mörikes letzte Gefahr ausgesprochen, der „selige Trotz", der aus der göttlichen Glorie der Kunst entspringt, weil das Reich des Schönen als ein Selbstgemachtes, ein Selbstdurchspieltes, ein Selbstgegründetes erscheint. Nicht als ob es Mörike an Demut gefehlt hätte! Er selber spricht einmal zu seiner Schwester Luise über die „Wonne einer himmlischen, unbedingten Erniedrigung seiner selbst". Demut als ästhetische Rolle ist aber ebenso gefährlich wie der selige Trotz, der aus der Schöpferlust am Schönen entspringt. Mörike konnte nicht halten und nicht binden, oder, wenn er es doch vermochte, dann nur in der Kunst. Darin liegt seine Bedrohung und seine Gnade. Wenn er im seligen Trotz des Schönen eine in sich selbst ruhende Welt erbaut, so wirkt das wie eine Absage an die lähmenden Verpflichtungen und die beschwerenden Gesetze unserer irdischen Wirklichkeit. Wenn der Kern des Menschen sich in reines Spiel verwandelt hat und nur noch die Selbstbewahrung des Künstlers in der Maske eines biedermeierlichen Pfarrhausidylls möglich ist, so scheint das eine Vorwegnahme des ausgehenden Jahrhunderts zu sein, in der sich der künstlerische Narzismus, das verliebte Versteckspiel des Künstlers mit sich selbst, bereits ankündigt. Aber Mörike ist diesen Weg dennoch nicht gegangen. Im Gegensatz zu Eichendorff, bei dem der gleiche Seelenton immer erhalten bleibt, macht er eine Entwicklung durch. Zum eigentlich „Geschichtlichen" freilich hat Mörike niemals ein Verhältnis gehabt. Für ihn gab es nur Natur, nicht aber Geschichte. Seine Entwicklung aber führt von den Verlockungen der ästhetischen Freiheit fort zu einer ehrfürchtigen Anerkennung des Schönen in Natur und Dingen, die nur der reinen Hingabe sich öffnet. Nicht nur die Einwirkung Goethes, sondern auch die der Antike, vor allem der hellenistischen Lyrik, haben Mörike davor bewahrt, Maß und Mitte zu verlieren. Daß es ihm gelang, mit der Traumkraft der Seele den Weg in das Sein zurückzufinden, daß er dem von Heimatlosigkeit bedrohten Menschen die Wirklichkeit in der Gestalt des Schönen noch einmal zu schenken vermochte – darin sehen wir den unzerstörbaren Wert seines Werks und zugleich die Rechtfertigung unserer eigenen Bemühungen um dieses Werk. „Was aber schön ist, selig scheint es in ihm selbst.“

DIE NATUR

An einem Wintermorgen, vor Sonnenaufgang.

O flaumenleichte Zeit der dunkeln Frühe!
Welch neue Welt bewegest du in mir?
Was ist's, daß ich auf einmal nun in dir
Von sanfter Wollust meines Daseins glühe?

Einem Kristall gleicht meine Seele nun,
Den noch kein falscher Strahl des Lichts getroffen;
Zu fluten scheint mein Geist, er scheint zu ruhn,
Dem Eindruck naher Wunderkräfte offen,
Die aus dem klaren Gürtel blauer Luft
Zuletzt ein Zauberwort vor meine Sinne ruft.

Bei hellen Augen glaub' ich doch zu schwanken;
Ich schließe sie, daß nicht der Traum entweiche.
Seh' ich hinab in lichte Feenreiche?
Wer hat den bunten Schwarm von Bildern und Gedanken
Zur Pforte meines Herzens hergeladen,
Die glänzend sich in diesem Busen baden,
Goldfarb'gen Fischlein gleich im Gartenteiche?

Ich höre bald der Hirtenflöte Klänge,
Wie um die Krippe jener Wundernacht,
Bald weinbekränzter Jugend Lustgesänge;
Wer hat das friedenselige Gedränge
In meine traurigen Wände hergebracht?

Und welch Gefühl entzückter Stärke,
Indem mein Sinn sich frisch zur Ferne lenkt!
Vom ersten Mark des heut'gen Tags getränkt,
Fühl' ich mir Mut zu jedem frommen Werke.
Die Seele fliegt, soweit der Himmel reicht,
Der Genius jauchzt in mir! Doch sage,
Warum wird jetzt der Blick von Wehmut feucht?
Ist's ein verloren Glück, was mich erweicht?
Ist es ein werdendes, was ich im Herzen trage?
– Hinweg, mein Geist! hier gilt kein Stillestehn:
Es ist ein Augenblick, und alles wird verwehn!

Dort, sieh! am Horizont lüpft sich der Vorhang schon!
Es träumt der Tag, nun sei die Nacht entflohn;
Die Purpurlippe, die geschlossen lag,
Haucht, halb geöffnet, süße Atemzüge:
Auf einmal blitzt das Aug', und, wie ein Gott, der Tag
Beginnt im Sprung die königlichen Flüge!

Das Gedicht, das wir an den Eingang unserer Darstellung setzen, ist in Mörikes Frühzeit, im Jahre 1825, entstanden. „O flaumenleichte Zeit der dunkeln Frühe!" Was die erste Zeile herbeiruft, bleibt in geheimnisvoller Unbestimmtheit, aber doch voll zarter, sinnlicher Tönung. Die Eingebung des Gedichtes wird von außen geweckt, Raum und Zeit gehen ineinander über und deuten wechselseitig aufeinander hin. Das Flaumenleichte und Dunkle, die Empfindung eines Wintermorgens, verbindet sich mit dem Bewußtsein des einmaligen, gedrängten und schon vom Verwehen bedrohten Augenblickes. Damit ist der Ton des ganzen Gedichts gegeben: „Es ist ein Augenblick, und alles wird verwehn!" So ist die voll erlebte Gegenwart dadurch, daß sie bewußt wird, auch schon Übergang: das ganz Gegenwärtige entgleitet unentrinnbar.

Bereits nach der Eingangszeile wendet sich das Gedicht nach innen. Der noch nicht vom Tag getäuschte Mensch antwortet auf die dunkle winterliche Frühe, die ihn anrührt:

Einem Kristall gleicht meine Seele nun,
Den noch kein falscher Strahl des Lichts getroffen.

Vom „Kristall der Seele", vom zugleich flutenden und ruhenden Geist, wird mit geschlossenen Augen das vor die Sinne gerufene *Zauberwort* erfahren. Natur wandelt sich im Schauen der Seele in die Vision des Traumes. Der Traum aber ist ein Hinabsehen in „lichte Feenreiche", ein „bunter Schwarm von Bildern und Gedanken". Diese flutende Bilderwelt offenbart sich fast mehr im Klang als im Bild: Klang der Hirtenflöte um die Krippe der Wundernacht, Lustgesänge weinbekränzter Jugend. Die träumende Phantasie greift ins Vergangene zurück, Erinnerung wird Gegenwart. Aus der Fülle des heraufgerufenen friedvollen Glückes wächst das beseligende Vorgreifen des „Genius" in die Zukunft, der „Mut zu jedem frohen Werke". Beides aber, die Erinnerung und das entzückte Vorgefühl der Zukunft, sind „vom ersten Mark des heut'gen Tags getränkt", haben also ihre Bild- und Tonkraft aus dem einen Augenblick der „dunkeln Frühe" empfangen. Wichtiger noch als die Zukunft ist die Vergangenheit. Denn das Jauchzen im Zukünftigen wird von der Wehmut des Vergangenen übertönt. Vergeblich sucht die Seele das Glück der Vergangenheit festzuhalten und in die Zukunft hinüberzunehmen. Es scheint in der Schwebe zu bleiben, ob das Herz hier vom verlorenen oder vom werdenden Glück bewegt wird. Aber da ihm Stillestehen versagt ist, und der Augenblick des höchsten Glückes zugleich nur der Übergang des „Verwehens" ist, begegnet das werdende Glück immer auch schon als ein erinnertes und damit als ein verlorenes.

Was nur halb-bewußt, dämmernd in der Seele lag und im Zauberwort der Vision vor die Sinne gerufen wurde, ist mit dem Bewußtwerden auch schon vorüber. Aber dieses Vorüber ist nicht nur ein Vorgang der menschlichen Seele, sondern auch der Natur, wenn nunmehr der erwachende Tag, wie ein Gott, im Sprung die königlichen Flüge beginnt.

Fast kann es so scheinen, als ob hier nur traumhaft miteinander verknüpfte Bilder durch den verwehenden Augenblick der „flaumenleichten Zeit der dunkeln Frühe" in der Seele des Dichters geweckt werden. Die Stimmung des Gedichtes wächst aus dem einmaligen Zusammenklingen von Außen und Innen. Aber das genügt noch nicht, um das Gedicht zu verstehen. Eine „neue Welt" wird in der Seele durch die Begegnung mit diesem einen Augenblick der Natur bewegt. Das ist nicht nur Stimmungslyrik, sondern auch Zauberdichtung, Magie. Im erinnernden Wachtraum verwandelt sich die Welt. Das ganze Leben – Vergangenheit, Gegenwart und Zukunft – steigt mit dem einen Augenblick der dunklen Frühe an einem Wintermorgen herauf. Bis ins Unbewußte reicht dieser einmalige Wachtraum. Die Seele ist den „nahen Wunderkräften" offen, alle sinnlichen Bilder sind ihr zugleich himmlische Offenbarung. Solche Welt des Traums ist vergegenwärtigte Erinnerung, ganz unmittelbar, aber als Erinnerung auch schon dahinschwindend.

In diesem Jugendgedicht liegt das Schwergewicht noch ganz auf dem Traum. Der Traum ist nicht weniger, sondern mehr als die Wirklichkeit. Aber die Wirklichkeit selbst ist es, die den Traum erst entbindet. Das wunderbare, in der Erinnerung offenbar gewordene Geheimnis des Traums kann nirgends von der „dunkeln Frühe" abgelöst werden, die allein der Seele die dichtende Kraft schenkt, im Sichtbaren das Unsichtbare mitzuvernehmen. Wenn dann am Ende der Dichter aus der mit geschlossenen Augen erlebten Vision der Seele in die Natur zurückkehrt, so ist nunmehr auch diese verwandelt und begegnet als der träumende und erwachende Tag, der zur Gestalt, zum Gott geworden ist.

Vergleichen wir mit diesem Gedicht ein anderes aus Mörikes Spätzeit, „*Die schöne Buche*", 1842 entstanden, um Spannweite und Entwicklung seiner Lyrik zu ermessen:

Ganz verborgen im Wald kenn' ich ein Plätzchen, da stehet
Eine Buche, man sieht schöner im Bilde sie nicht.
Rein und glatt, in gediegenem Wuchs erhebt sie sich einzeln,
Keiner der Nachbarn rührt ihr an den seidenen Schmuck.
Rings, so weit sein Gezweig' der stattliche Baum ausbreitet,
Grünet der Rasen, das Aug' still zu erquicken, umher;
Gleich nach allen Seiten umzirkt er den Stamm in der Mitte;
Kunstlos schuf die Natur selber dies liebliche Rund.
Zartes Gebüsch umkränzet es erst; hochstämmige Bäume,
Folgend in dichtem Gedräng, wehren dem himmlischen Blau.
Neben der dunkleren Fülle des Eichbaums wieget die Birke
Ihr jungfräuliches Haupt schüchtern im goldenen Licht.

Nur wo, verdeckt vom Felsen, der Fußsteig jäh sich hinabschlingt,
Lässet die Hellung mich ahnen das offene Feld.
– Als ich unlängst einsam, von neuen Gestalten des Sommers
Ab dem Pfade gelockt, dort im Gebüsch mich verlor;
Führt' ein freundlicher Geist, des Hains auflauschende Gottheit,
Hier mich zum erstenmal, plötzlich, den Staunenden, ein.
Welch Entzücken! Es war um die hohe Stunde des Mittags,
Lautlos alles, es schwieg selber der Vogel im Laub.
Und ich zauderte noch, auf den zierlichen Teppich zu treten;
Festlich empfing er den Fuß, leise beschritt ich ihn nur.
Jetzo, gelehnt an den Stamm (er trägt sein breites Gewölbe
Nicht zu hoch) ließ ich rundum die Augen ergehn,
Wo den beschatteten Kreis die feurig strahlende Sonne,
Fast gleich messend umher, säumte mit blendendem Rand.
Aber ich stand und rührte mich nicht; dämonischer Stille,
Unergründlicher Ruh' lauschte mein innerer Sinn.
Eingeschlossen mit dir in diesen sonnigen Zauber-
Gürtel, o Einsamkeit, fühlt' ich und dachte nur dich!

Bereits die antik stilisierende Form schafft einen Abstand zwischen dem kunstvollen Gebilde des Gedichtes und dem betrachtenden Menschen. Von bloßer Erlebnis- und Stimmungslyrik dürfen wir hier auf keinen Fall mehr reden. Denn die Natur hat ihre vom Menschen unabhängige Wirklichkeit und ruht unbegreiflich in sich selbst. Der Dichter scheint sich damit zu bescheiden, nur noch wahrzunehmen und zu beschreiben. Aber das in der sinnlichen Anschauung Erblickte: die verborgen einsam für sich stehende Buche, das liebliche Rund des Rasens, das umkränzende zarte Gebüsch und die im dichten Gedräng nachfolgenden hochstämmigen Bäume, die dunkle Fülle des Eichbaums, die jungfräuliche Birke gewinnen in der hohen Stunde des Mittags einen Zauber, der die Natur als unergründlich und unausdeutbar enthüllt. Mittelpunkt aber ist die im Walde verborgene, für sich allein inmitten des grünen Rasens stehende Buche, die in ihrer Einsamkeit das Wunder des Einmaligen verkörpert und doch aus dem Raum nicht herausgenommen werden darf, von dem sie ihr geheimes Leben empfängt. Diese Buche ist nicht im Sinne Goethes ein Typus, sondern ein unwiederholbares Wesen, dessen Eigentümlichkeit nur in einem bestimmten Raum und in einem herausgehobenen Augenblick sichtbar wird. Es ist die hohe Stunde des Mittags, der „dämonischen Stille". Solche Ruhe der Natur geht über jedes menschliche Stillewerden hinaus. Gerade in der beschreibenden und nur auf das Wirkliche bedachten dichterischen Aussage wird der „sonnige Zauber-Gürtel" dieser Einsamkeit zu einem Geheimnis, das nur der Natur und nicht der Seele gehört. Aber der Dichter lebt diesen offenbaren und dennoch verborgenen Augenblick mit, er erfährt sich selbst als „eingeschlossen" in dieser Einsamkeit. Im Fühlen und Denken ist er ganz ausgefüllt von dem einen übermenschlichen Augenblick dieser Begegnung mit der Buche in der hohen Stunde des Mittags. An ihr und nur an ihr geht ihm das Wunder des Seins auf.

Dem Frühgedicht und dem Spätgedicht ist es gemeinsam, daß die dichterische Eingebung an einem ganz gegenwärtigen Augenblick der Natur sich entzündet. Aber in dem ersten Gedicht wandelt sich dieser Augenblick in einen Traum der Seele, in dem zweiten träumt die Wirklichkeit sich selbst und offenbart sich damit zugleich. Der Dichter bleibt „eingeschlossen" in diesen Zauberkreis, aber er läßt ihn auch in seinem Abstand zum Menschen. Solcher freiwillige Verzicht gibt ihm zugleich Schutz vor dem Andrängenden und Übermächtigen der Natur. Das Frühgedicht ruft mit der Gegenwart eine Welt erinnerter Vergangenheit herauf; das Spätgedicht erzählt von einem vergangenen Erlebnis, aber doch so, daß die ewige Gegenwart der Natur damit beschworen wird, die keine Erinnerung kennt und noch jenseits alles traumhaften Verfließens und Vorübergehens steht.

Natur ist für Mörike nicht ein vom Menschen losgelöster „Gegenstand", den man bewundern und lieben, besingen und verherrlichen kann. Was als Natur begegnet, bleibt unmittelbar, an den Augenblick gebunden. Nur in reiner Hingabe, in entrückter Versunkenheit kann es vernommen werden. Diese Begegnung geschieht durch das „Geistgefühlsorgan" der Seele. Manchmal nennt Mörike das auch „Geist" oder „Herz". Natur wird im stillen Innehalten empfunden, aber nicht eigentlich gedeutet. Es ist, als sprächen die Dinge sich selbst aus. Die Natur steht nicht, wie bei Goethe, in einer Verwandlung, bei der die Stufen ihres Wachstums geistige Gesetze verkörpern. Nicht dem ordnenden Sinn, sondern der entrückten Versunkenheit öffnet sich die Welt. Mörike verzichtet auf jede gedankliche Deutung. Alles, was er zu sagen hat, sagt er einmalig, in Bild und Klang der Einbildungskraft. Natur kann die Vergangenheit der Seele spiegeln oder unverwandelt ihre Gegenwart überdauern; immer aber schenkt sie sich der Seele nur im Jetzt, das in seiner Mächtigkeit Grauen und Seligkeit zugleich umschließt. Wohl setzt die Mörikesche Lyrik, geschichtlich gesehen, die romantische Beseelung und geistige Ausdeutung der Natur voraus. Aber nicht der menschliche Geist lotet die Tiefen der Natur aus. Mörike spürt vielmehr, daß „hinter jedem sichtbaren Dinge, es sei das, was es wolle – ein Holz, ein Stein, oder der

Hahn und Knopf auf dem Turme –, ein Unsichtbares steckt, das sein eignes, in sich verborgenes Leben andächtig abgeschlossen hegt". Nur in der mühelosen Hingabe an das eigne Leben der Dinge findet die Seele das richtige „Maß". Nur so bleibt ihr das „gesunde, helläugige Leben" erhalten, ohne daß sie dem Übermächtigen erliegt.

Die gedämpfte Stille, die lautlose Musik der Mörikeschen Lyrik, die die Natur in die Seele des Dichters einströmen läßt, tritt uns eindringlich in den beiden bekannten Frühlingsgedichten „*Im Frühling*" (1828) und „*Er ist's*" (1829) entgegen. „Hier lieg' ich auf dem Frühlingshügel". So beginnt das Gedicht „Im Frühling". Schon die erste Zeile schafft einen augenblickshaften und anschaulichen Rahmen. Doch sogleich wird mit einer einzigen kühnen Wendung das traumhafte Ineinander von Seelenvorgang und Naturgeschehen vollzogen: „Die Wolke wird mein Flügel". Das ist nicht ein bloßes Sinnbild, das der menschlichen Sehnsucht Vergleiche aus der Natur unterlegt, sondern die seelische Bewegung der Sehnsucht und das Geschehen der Natur: Wolke, fliegender Vogel, wandelnder Fluß sind auf unergründliche Weise das Gleiche und sagen sich gegenseitig aus. So wie die Wolke Flügel der Seele ist, so ist das Gemüt offenstehende Sonnenblume. Das ganze Gedicht durchströmt die sehnende Bewegung nach oben, eine Bereitschaft, in der Sehnsucht gestillt zu werden. Je mehr Wolke, Fluß, Sonne in die Seele eindringen, um so beruhigender breitet sich die Stille aus. Die Sinne scheinen einzuschlafen und bleiben doch lauschend, empfangend. Das Herz aber greift in der wehmütig widerspruchsvoll gemischten Stimmung aus Lust und Klage auf das Vergangene und Ursprüngliche zurück: „alte, unnennbare Tage". Am Ende schwingt das Gedicht in dem Gleichgewicht der

Seele von Sehnsucht und Erinnerung, das eins ist mit dem Gleichgewicht des Frühlings von unbestimmtem Vorwärtsdrängen und holder Wiederkehr. Das „Maß“ ist erreicht, Seele und Natur erfahren den höchsten Augenblick des Einsseins in aller Trennung.

In dem Gedicht „*Er ist's*“ geht Mörike den umgekehrten Weg. Wohl wächst das Gedicht nach seiner eigenen Aussage im „Maler Nolten“ aus der „zärtlich aufgeregten Stimmung, womit die neue Jahreszeit den Menschen heimzusuchen pflegt“. Aber die dichterische Gestaltung läßt die Stimmung nur mitschwingen und beginnt mit dem magischen, das Wirkliche ins Überwirkliche steigernden Bild vom „blauen Band“, das der Frühling durch die Lüfte flattern läßt. Hier ist der Frühling als handelndes Wesen gegenwärtig, aber ganz vom Vorgang aus empfunden. Bild und Bedeutung sind eins. Die sinnlich-übersinnliche Gegenwart des Frühlings ist mit den Augen der Seele geschaut. Erst jetzt folgt das Unbestimmte des zarten, immer gewisser werdenden Herannahens. Es beginnt im Sinnlichen, in den „süßen, wohlbekannten Düften“, wird aber von Zeile zu Zeile immer seraphischer und löst sich am Ende in die Geistigkeit der reinen Musik auf. Diese Musik aber *ist* der Frühling. Ein auch sonst oft wiederkehrender Zug Mörikescher Naturbeseelung und -beschwörung wird hier deutlich. Jede sinnliche Aussage ist zugleich eine seelische. Erst wo das Seelische nur das Geringste an Stoff braucht, um sich einzukörpern – selbst dieser Ausdruck will uns fast als zu roh erscheinen – zeigt sich die Anmut der Seele ganz. Aber es gibt auch keine von allem Körperlichen getrennte Seele. So wie das Sichtbare immer auf ein Unsichtbares hindeutet, das sein „verborgenes Leben andächtig abgeschlossen hegt“, so kann auch das Unsichtbare immer nur im vertrauten Umgang mit dem Sichtbaren wahrgenommen werden. Das gibt Mörikes Dichtung ihren magischen Charakter. Denn Magie ist Zwischenreich, wo das Unsichtbare noch sinnlich, das Sinnliche aber schon geisterhaft geworden ist. Erst so entsteht das Gewaltlose dieser Lyrik, in der Geisterstimmen zu sprechen scheinen und dennoch alles sich so darstellt, wie es aus sich selbst heraus ist: Frühling, Nacht, Frühe, Blume und Baum. Das ins Unbewußte hinabreichende Wachsen des Frühlings, in dem sich alles begegnet und im zärtlichen Gleichklang antwortet, ist zugleich ein Vernehmen der Seele, ein Hinhorchen auf das leise Kommende, auf das Elementare und Pflanzenhafte, das dem Dichter erst in der versunkenen Wahrnehmung des „leisen Harfentons" zum vollen Bewußtsein gelangt.

Lassen sich Mensch und Natur für Mörike überhaupt trennen? Der Mensch in der Natur ist entrückt und mitten-inne zugleich, hineingenommen in die Stille, gelöst und angespannt, „in feierlicher Erwartung der Dinge, die nun kommen sollen", wie es einmal im „Maler Nolten" heißt. In den Anfängen Mörikes überwiegt die Magie der Seele, der die Natur erst im Wachtraum zuwächst. In der Spätzeit überwiegt die uns in den wirklichen Dingen anredende Magie des Seins, die die Seele zum demütigen Hinnehmen nötigt und der Unbeständigkeit ihrer inneren Bewegung ein beständig bleibendes Maß setzt.

Bisher begegnete uns die Natur in einer glücklichen Übereinstimmung mit den Kräften der Seele. Das Gedicht „An einem Wintermorgen, vor Sonnenaufgang" lenkte den verwehenden, von Stimmung durchtränkten Augenblick der dunklen Frühe im Traum der Seele nach innen. Das Gedicht „Im Frühling" begann mit der sehnenden Bewegung des Dichters, die mit der Bewegung der Natur eins wurde und so Stillung und Gleichgewicht fand. Das Gedicht „Er ist's“ beschwor die sinnlich-übersinnliche Gegenwart des Frühlings in seinem allmählichen Herannahen und in der lautlosen Geistigkeit seiner Musik. Überall war die Teilhabe des Menschen an der Natur fraglos und beglückend, sei es im Wachtraum der Seele, in der Bewegung der Sehnsucht oder in dem Hinhören auf den Frühling. Erst an den Gedichten „*Besuch in Urach*“ (1827) und „*Mein Fluß*“ (1828) können wir eine andere Seite der Mörikeschen Begegnung von Seele und Natur beobachten. Mensch und Natur treten hier spannungsvoll einander gegenüber. Der „Besuch in Urach“ schildert die halb traumhafte Rückkehr in eine von Erinnerungen durchtränkte Landschaft:

Besonnte Felsen, alte Wolkenstühle!
Auf Wäldern schwer, wo kaum der Mittag lichtet.

Auch noch das Geringste kündet dem Herzen „halbvergeßne Dinge“. In der Seele der Natur sucht der Zurückgekehrte seine eigene, schon verlorene Seele der Kindheit wiederzufinden. In diesem verwirrenden Gegeneinander von Einst und Jetzt wird das Vertraute traumhaft, der Traum aber zur ehemals gelebten Wahrheit. Dem Gefangensein des Menschen in der Zeit steht das Immer-Dauernde der Natur gegenüber, die keinen „Schmerz der Zeiten“ kennt. Die Natur kreist in ihrem eigenen „Rätsel“. Auch wo sie ihr „übermenschliches Schweigen“ bricht und ihr „Geist“ sich selbst darzustellen scheint, handelt es sich um einen einsamen, „verwaisten“ Vorgang, von dem der Mensch ausgeschlossen bleibt:

O, hier ist's, wo Natur den Schleier reißt!
Sie bricht einmal ihr übermenschlich Schweigen!
Laut mit sich selber redend, will ihr Geist,
Sich selbst vernehmend, sich ihm selber zeigen.
– Doch ach, sie bleibt, mehr als der Mensch, verwaist,
Darf nicht aus ihrem eigenen Rätsel steigen!

Die Seele flieht aus dem Übermächtigen der Natur, aus dem „üpp'gen Schattengrund voll großer Pracht, die drükkend mich erschüttert", zu den süßen Zauberschalen der Erinnerung: entzückend und qualvoll zugleich. Aber der „gute Knabe" von einst ist zum gespenstischen Doppelgänger geworden, der sich nicht mehr von der im Hier und Jetzt lebenden Seele greifen läßt, sondern schattenhaft entschwindet. Bleibt kein Trost? Ist das in dieser Landschaft einst Gelebte für immer entschwunden? Vermag der matte Finger nur noch ins Gras zu schreiben: „Hin ist die Lust! Hab' alles seinen Lauf"? Aber in solcher Ungeborgenheit, wo die Natur sich dem Menschen, in ihrem eigenen Geister-Rätsel kreisend, entzieht, und die Seele sich selbst fremd geworden ist, gibt der reinigende Einbruch des Gewitters dem Dichter wieder neue Spannkraft. Ist nicht das Gewitter wie eine kosmische Verdichtung der geballten Spannungen von Seele und Natur? Gerade dadurch bedeutet es auch die Wende, die zu des Lebens „andrer Schwelle", zu der „tiefsten Kräfte stillem Herd", zu der „Liebe Wundernest" zurückführt. Erst jetzt findet die Seele das Bewahrende dieser Landschaft für immer. Segnend wird ihr „Engel" den weiteren Lebensweg begleiten. „Schwelle", „Herd", „Liebe", bewahrte Vergangenheit ist das Uracher Tal. Auch der Wandernde, Scheidende, Unbehauste darf hier noch zu Hause sein.

Wie im „Besuch in Urach“ schildert auch das Gedicht „*Mein Fluß*“ nicht allgemein die Natur, sondern das, was mir angehört, was mir zuströmt. Welche Überschwenglichkeit des Daseins, wenn der Fluß mir Brust und Wange küßt und mit „Liebesschauerlust“ und „jauchzendem Gesange“ kühlt! Das ist *mein* Fluß, Mörikes Fluß, ein Wesen mit einer Himmelsseele, dem der Dichter sich mit „Geist und Sinn“ eintauchend hingibt und dessen unergründliche, Wasser und Himmel in eines zusammenfassende „vertiefte Bläue“ nur in der Unersättlichkeit menschlicher Liebe ein Sinnbild findet. Aber gerade im Zusammenklang der hingegebenen Seele mit diesem anschwellenden und mit „Grausen“ übergießenden Element wächst die Natur über den Menschen hinaus und verweigert den angebotenen Tausch: „Mein Leben um das deine“. Der Fluß wird zu einem eigenen, vom Menschen unabhängigen Wesen, das ein „seltsam Märchen“ mit sich umträgt und sich müht, das Unaussprechliche zu sagen. Er bedarf nicht der menschlichen Hingabe, weil er sein Glück *allein* trägt und sich die Pracht der Sonne und die Ruh’ des Mondes auf seiner Welle wiegen. Natur wandelt sich in ein Märchen, das sich zugleich offenbart und verschweigt. Daran teilzunehmen ist für den Menschen nicht nur beseligend, sondern auch dämonisch, da sich die Kommunion im „Grausen“ vollzieht, ebenso wonnevoll berückend und hold befremdend wie die Unersättlichkeit menschlicher Liebe. Natur ist für Mörike nicht allein das Bergende, in dem der Mensch zu Hause ist, sondern auch das Unbegriffene, Rätselhafte, das die opfernde Hingabe des Menschen zurückweist.

So wie aber Natur nicht nur schützend, sondern auch gefährdend ist, so ist auch Erinnerung nicht nur das in die Gegenwart hineingenommene Glück der Vergangenheit, sondern auch der Inbegriff entzückter Qualen, durch die dem Menschen die Vergänglichkeit alles Daseins bewußt wird. Wohl sucht er gerade im Räumlichen der Natur den überdauernden Trost für das stets entschwindende Dasein in der Zeit. Aber dieser Trost bleibt auch trügerisch, weil das Räumliche, besonders für den jungen Mörike, in die Vergänglichkeit der Zeit hineingezogen ist. Dennoch kann der Mensch nur im Raum und in der Zeit zu Hause sein. Wo er die höchsten Möglichkeiten seiner Seele verwirklichen will, ist er immer auf das Wirkliche angewiesen. „Sein Inneres bespiegelt die Welt wie die Sonne einen Becher goldnen Weins", heißt es über Volker im „Maler Nolten".

Erinnerung also ist zweideutig. Sie ruft nicht nur die heiligen Orte des einst gelebten Lebens herauf, nicht nur den Traum, der zum Weltgrund zauberisch vorstößt. Sie bedeutet auch unwiederbringlichen Verlust. Etwas seltsam Bannendes aber geht von aller Vergangenheit aus, „vergangene Zeit, die lächelnd mich verwirrt". Sie ist nicht nur Glück, sondern auch Leid, weil „nichts bleibt und kein Moment des Genügens uns standhalten kann". Damit aber wandelt sich die Vision des Traums in Schein. Das Paradies der Erinnerung wird zum verlornen Paradies. Der Traum verwischt mit einem Male das wirkliche und echte Bild, die Gegenwart entgleitet. Der Traum wird zur Täuschung, weil er vom Wirklichen absondert, zur Qual des „energischen Wahnsinns", zum „Nebel", aus dem der Dichter sich herauslösen möchte. Ihm haftet das Halbwache und zugleich Preisgegebene mit seiner Mischung von Lust und Leid an. Das Gedicht „*Rückblick*" spiegelt dieses Ineinander von Glück und Wehmut der Erinnerung:

Bei jeder Wendung deiner Lebensbahn,
Auch wenn sie Glück verheißend sich erweitert
Und du verlierst, um Größres zu gewinnen:
– Betroffen stehst du plötzlich still, den Blick
Gedankenvoll auf das Vergangne heftend;
Die Wehmut lehnt an deine Schulter sich
Und wiederholt in deine Seele dir,
Wie lieblich alles war, und daß es nun
Damit vorbei auf immer sei, auf immer!

Es ist das Leiden an der Vergänglichkeit, das allem gläubig Bewahrten noch den bittren Stachel des unwiederbringlichen Dahinschwindens gibt.

Du magst eilen, o himmlischer Frühling, oder verweilen,
Immer dem trunkenen Sinn fliehst du, ein Wunder, vorbei.
(Im Park)

Vor dem Einbruch des Zerstörerischen der Vergänglichkeit in das Beglückende des erfüllten Augenblicks suchte Mörike Schutz bei den alltäglichen und wirklichen Dingen. Wo die Gegenwart in ihrer Fülle übermächtig, die Erinnerung immer schon wehmütiger Abschied ist, die Zukunft aber als dunkle Ahnung des Endes vor der Seele wetterleuchtet, da bleibt nur die innere „Diät", das Festhalten am Maß in der Beschränkung auf das Greifbare und Immer-Wiederkehrende. „In der Mitte liegt holdes Bescheiden." Mörikes im Alter wachsendes Bedürfnis nach den verläßlichen Dingen hängt mit der Urangst seines Wesens zusammen, sich an die Übermächtigkeit des Seins zu verlieren und völlig preiszugeben. Angst ist bei ihm nie das Gefühl der Weltlosigkeit. Sie erwächst vielmehr aus einem Zuviel an Welt, aus der Not, dem

Andrang der Erscheinungen nicht länger gewachsen zu sein. Der Augenblick bestürmt die Seele so mächtig, daß sich der Dichter in ihn aufzulösen droht. Daher ist das Gegenteil der Angst das Maß, das allein das Gleichgewicht in der Seele wieder herzustellen vermag. Das kleine Gedicht „*In der Frühe*“ (1828) geht von dem Zustand der schlaflos verstörten, zwischen Zweifel und Nachtgespenstern hin und her geworfenen Seele aus. Ihr begegnet, im rhythmischen Wechsel, das Wachwerden der Morgenglocken, die alle Angst beschwichtigen. Bis in den langen O-Klang des Wortes hinein verkörpert sich in den Morgenglocken Frömmigkeit und Befriedung. Nur so kann die Seele nach dem gleichgewichtslosen Auf und Ab der Nacht sich auf den Tag einstimmen und der Freude öffnen. In dem Gedicht „*Der Genesene an die Hoffnung*“ (1838) ist dem tödlich grauenden Morgen, dem hoffnungslos Unabwendbaren, das der Angst verfallen läßt, die rettende Kraft der Hoffnung entgegengesetzt, die den wieder zum Kind gewordenen Menschen ohne Schmerzen in ihren Arm zieht.

Die Angst wächst bei Mörike aus dem Zeiterlebnis. Nicht nur das Zuviel des Augenblicks, auch das Grauen der Vergänglichkeit und das Unbestimmte und auf das Ende Zulaufende der Zukunft werden als Angst erfahren. In solcher Angst ist immer schon die vorwegnehmende Ahnung des Todes verborgen. Das Schwankende in Mörikes Seelenzuständen hängt mit dem Augenblicksverhafteten seines Wesens zusammen. Das Innere ließ sich immer wieder „wie ein Handschuh“ umwenden. Daher ist er ständig von der Gefahr bedroht, daß sich sein Leben ins Punkthafte verliert. Auch seine religiösen Gedichte entspringen meist aus dieser Wurzel. Sie sind Klagen über die Wandelbarkeit seines Herzens, über das

Unbeständige seines Wesens und suchen Schutz vor der Angst, dem Herzen nicht trauen zu dürfen, unter dem „erbarmungsvollen Kreuz“ (vgl. zum Beispiel das Gedicht „*Wo find' ich Trost?*“). Aber das Christliche tritt bei Mörike doch deutlich zurück. Der Gegenspieler der Angst ist für ihn nicht so sehr das Kreuz als die Forderung des Maßes, das Festhalten an dem „sonnenerwärmten“ Kern des Lebens. Angst ist nur durch die Geborgenheit in der Natur und durch das Sicheinstimmen der Seele auf die Wirklichkeit zu überwinden. Der junge Mörike möchte das Leiden an der Vergänglichkeit noch in die Magie des Traumes auflösen. Aber gerade der Traum ist oft nur eine verkleidete Angst, in der das Unbewußte der Seele seine eigne Sprache spricht, weil es die der Wirklichkeit noch nicht versteht. Daher sucht Mörike in seiner Spätzeit den Schutz in dem Bleibenden der Dinge, in der heiligen und leibhaften Gegenwart der Natur und des Schönen. Wo dennoch das allzu empfängliche Gemüt das Zuviel an Wonne und Pein nicht mehr erträgt, der betrachtende Abstand des Alters aber noch nicht erreicht ist, da setzt eine Gegenbewegung der Seele ein wie in dem ergreifenden Gedicht „*Verborgenheit*“ (1832), das auf die Welt völlig zu verzichten scheint:

Laß, o Welt, o laß mich sein!
Locket nicht mit Liebesgaben,
Laßt dies Herz alleine haben
Seine Wonne, seine Pein!

Was ich traure, weiß ich nicht,
Es ist unbekanntes Wehe;
Immerdar durch Tränen sehe
Ich der Sonne liebes Licht.

Oft bin ich mir kaum bewußt,
Und die helle Freude zücket
Durch die Schwere, so mich drücket
Wonniglich in meiner Brust.

Laß, o Welt, o laß mich sein!
Locket nicht mit Liebesgaben,
Laßt dies Herz alleine haben
Seine Wonne, seine Pein!

Dieser Verzicht ist das Gegenteil einer rein asketischen Haltung. Er entspringt nicht aus Haß gegen die Welt, sondern aus einem Übermaß an Liebe. Vor der geliebten Überfülle, dem Andrängenden und halb Bewußten, vor dem wehrlosen holden Hingegebensein an die so widerspruchsvoll zwiespältigen Stimmungen, vor dem Glück des Augenblicks, in dem immer schon der Schmerz des Abschieds mit erlitten wird, kann nur noch die Selbstbewahrung der Einsamkeit schützen. Nicht dem Zuviel an Unglück gilt die Angst, sondern dem Zuviel an Glück, das dem Schmerz verwandt bleibt. Dann schlägt die Begnadung durch die Natur in die Furcht um, sich selbst in dem Unfaßbaren solchen Überganges von Wonne und Leid preiszugeben. Wer sich den Stimmen der Natur so hinzugeben vermochte wie Mörike, brauchte um so mehr die Sicherheit, das eigne „Herz" in der Fülle des Lebens nicht zu verlieren. Denn nur im „Herzen" gibt es für Mörike Gewißheit. Darin stimmt er mit dem sonst so andersartigen Heinrich von Kleist überein. Wenn das lang gewohnte Glück sich versagt, wenn die gnadenreichen Götter höhnisch den Rücken kehren, bleibt, wie im Gedicht „*Trost*" (1837), das sich still fassende Herz allein übrig. Kein Schicksal von außen kann das lang Vertraute dieser Innerlichkeit zerstören:

Und ich sprach zu meinem Herzen:
„Laß uns fest zusammenhalten!
Denn wir kennen uns einander,
Wie ihr Nest die Schwalbe kennet,
Wie die Zither kennt der Sänger,
Wie sich Schwert und Schild erkennen,
Schild und Schwert einander lieben.
Solch ein Paar, wer scheidet es?“

Als ich dieses Wort gesprochen,
Hüpfte mir das Herz im Busen,
Das noch erst geweinet hatte.

Einsamkeit und Innerlichkeit müssen als Gegengewichte zu Mörikes Unersättlichkeit verstanden werden. Der Zauber, mit dem die Natur ihn immer wieder von neuem anrührte, war zu groß, um ständig ertragen zu werden. Zuweilen wird er, wie im Gedicht „*September-Morgen*“ (1827), als traumhafte Ahnung erfahren, die erst, „wenn der Schleier fällt“, „unverstellt“ zum Durchbruch gelangt. Auch in der späteren Lyrik, die auf die verwandelnde Traumkraft der Seele zugunsten des Schlichten und Alltäglichen verzichtet, leuchtet die Welt noch in den gleichen goldnen und purpurnen Farben. In dem Gedicht „*Auf einer Wanderung*“ (1845) ist es ein freundliches Städtchen, das der Dichter beschreibt. Seine Straßen liegen im roten Abendschein. Ein Gesang ertönt aus einem offenen Fenster oberhalb des reichsten Blumenflors. Aber dennoch, wie märchenhaft alles, wie durchsichtig im zärtlichen, dichterischen Wort, nur noch Verkörperung des göttlichen „Elements“ im Zauber eines musik- und farbengesättigten Abends!

Und e i n e Stimme scheint ein Nachtigallenchor,
Daß die Blüten beben,
Daß die Lüfte leben,
Daß in höherem Rot die Rosen leuchten vor.

Die liebende Kraft der „Muse“ schaut den Dingen bis auf den Grund. Sie allein vermag jene betörende Trunkenheit zu schenken, in der sich alles steigert, alles leuchtet, alles verwandelt.

Ach hier, wie liegt die Welt so licht!
Der Himmel wogt in purpurnem Gewühle,
Rückwärts die Stadt in goldnem Rauch;
Wie rauscht der Erlenbach, wie rauscht im Grund die Mühle!
Ich bin wie trunken, irrgeführt –
O Muse, du hast mein Herz berührt
Mit deinem Liebeshauch!

In der taumelnden Bewegung des Rhythmus' und der ungleichen Länge der Verszeilen spiegelt sich die Verzauberung der Seele im Einschwingen in eine ganz wirkliche und zugleich ganz märchenhafte Welt.

In dieser vom Geist durchdrungenen Natur, die ununterbrochen in das lebendige Wort der Dichtung eingeht, steckt eine verborgene *Mythologie*, wenn auch Mörike die glaubensmäßige Bindung fehlt, die der Mythos ursprünglich verlangt. Die Mythologie wurzelt in seinem Dichtertum, sie bleibt dem Märchen und der Magie benachbart, eine Welt zwischen Sein und Schein, zwischen Wirklichkeit und Phantasie. Auch den Schein nennt Mörike noch eine „reizend-gemischte Wahrheit“ (Brief an Mährlen vom 7. Mai 1829). Im Mythischen sucht er die Harmonie zwischen dem Erhabenen und dem Spielerischen, eine Ausdrucksform für das „geistige Kreisen zwischen Ernst und Scherz“ (an Mährlen, 21. Mai 1832). Daher haftet der Mythologie bei Mörike oft etwas Spielerisches und Unverbindliches an. Aber sie ist doch mehr als bloße Willkür der dichterischen Laune. Gerade dort, wo Mörike sich nicht nur an die Überlieferung anschließt oder sie märchenselig weiterdichtet, sondern in der reinen Hingabe an die Natur seinen eigensten Ton findet, wird seine Lyrik in einem schwer zu beschreibenden Sinne „mythisch“. Seele, Welt und Dinge sprechen sich selbst aus. Es ist so, als ob sie ihr inneres Leben mitteilten, und der Dichter in seinem versunkenen Hinhören nur die Wahrheit heraufholte, die im Sein unerkannt schlummert. Das ist ein gedämpfter, ein leiser Vorgang. In einem merkwürdigen Schweben, einem seltsamen Zwielicht, einer „lichten Dämmerung“ scheint alles gehalten. Aber diese in die Dunkelheit eintauchende Stimme Mörikes, die zum „Abgrund der Betrachtung“ steigt und sich selbst im Ganzen der Natur wiederfindet, wird dann mit einem Male weissagend, Uroffenbarung durch das Wort der Dichtung. In solchen Augenblicken erhebt sie sich zur mythischen Sprache, die alle „Stimmungslyrik“ weit hinter sich gelassen hat. Das Sein der Natur und das Wort des Dichters sind auf rätselhafte Weise das gleiche. Das einzelne Bild lebt ganz aus sich selbst, und doch kann es stellvertretend für alles Wirkliche stehen. Was der Dichter in der Eingebung der Phantasie geschaffen hat, sieht aus, als ob es sich selbst gedichtet hätte: ein den Menschen entrücktes Selbstgespräch der Natur. Gelangt die Dichtung hier nicht an ihre äußerste Grenze, wo die vom verworrenen Auf und Ab bedrohte Seele, der der Boden unter den Füßen entgleitet, wieder hineingenommen ist in die Wahrheit der Natur, die ihr im verhüllenden und enthüllenden Gewande der Sprache und des Schönen noch einmal geschenkt wird?

Freilich nicht überall, nicht immer vermag der „alte große Träumer", wie Wilhelm Raabe Mörike genannt hat, zum mythischen Grund des Seins zu gelangen, der sich nie der Gewalt, sondern immer nur dem Leisen zu eigen gibt. Manches ist humanistisches Bildungsgut, geistreicher Blickpunkt des Betrachters, schmuckhafte Allegorie wie in den Jugendgedichten „*Die Herbstfeier*" (1823), „*Die Elemente*" (1824) und „*Tag und Nacht*" (1823). Die beiden ersten Gedichte zeigen noch eine deutliche, sonst bei Mörike nicht eben häufige Einwirkung Schillers. Damit mag es zusammenhängen, daß besonders das Gedicht „Die Elemente" zur Gedankendichtung hinstrebt, die Mörike sonst fern liegt. Hier ist er auf einem ihm fremden Wege. Die Verse bleiben unklar und verschwommen. Natur wird nicht unmittelbar erfahren, sondern naturphilosophisch gedeutet, und der Zwiespalt von Elementarem und Geistigem, also eine gedankliche Frage, in dichterischer Bildersprache umkreist. Die tödliche Macht des Elementaren verkörpert Mörike im Sinnbild des Riesen, der im Auftrag eines Gottes, dennoch fast gegen seinen eigenen Willen, das zerstörerische Werk verrichtet. Das Elementare soll als Dienendes an einer göttlichen Ordnung aufgefaßt werden und dadurch einen tieferen Sinn erhalten. Zwar wird der Gedanke einer solchen Versöhnung, das „Band geheimer Eintracht" in das „Einst" der Zukunft hinausgeschoben, aber die Grundidee dieses Gedichtes bleibt der Einklang des „Schreckens in der Natur" mit der ewigen Klarheit und Schönheit des göttlichen Geistes. Offensichtlich will hier Mörike mit Hilfe mythologisch eingekleideter Bilder die romantische Einheit von Geist und Natur, noch jenseits allen Zwiespaltes, verherrlichen.

Das Gedicht „*Die Herbstfeier*" bringt in der Verkleidung eines Bacchusfestes eine der Antike verwandte Daseinsfreude, aber nicht ins Rauschhafte gesteigert, sondern als Warten auf das Wunder, als zauberbanges Stillewerden im liebevoll gehegten Umkreis des durch Musik, Wein und Liebe verklärten Menschenlebens. „Erdenleben, laß dich hegen, uns ist wohl in deinem Arm!" Hinter dem – wenn auch gedämpften – Schwung des mythologisierenden Bacchusgedichtes spürt man überall das idyllische Weltgefühl Mörikes, der ein gelöstes und herzlich unbefangenes Verhältnis zur Natur in dieser nicht ganz angemessenen Ausdrucksform aussprechen möchte. Aber wieviel schwebende, mühelose Musik durchklingt bereits die Schlußzeile: „Und der Kiel, mit Flüstern, schwebe durch die mondbeglänzte Bahn". Nicht das Gedankliche, sondern das Musikalische und Bildhafte ist Mörikes Stärke. Auch in dem Gedicht „*Tag und Nacht*" bleibt der Vorgang völlig anschaulich. Aber die beiden Gestalten des schlanken und schönen Mohrenknaben und seines von Bergeshöhen in das Tal tretenden Liebchens, die sich nie begegnen und doch ahnend voneinander wissen, haben zu viel spielerisch schmückende Züge, um als Mythos gelten zu können. Phantasievoll und geistreich deuten die Bilder des Dichters auf das ewig Getrennte und doch Versöhnte in der Natur hin, ohne daß Tag und Nacht sich aus sich selbst heraus schaudervoll aussagen. Der Reiz des Gedichtes liegt in der allegorischen Einkleidung, in dem liebevollen, aber zugleich noch „witzigen" Einfall, der das naturgesetzliche Verhältnis von Tag und Nacht in die Stimmung einer zärtlich-unglücklichen Liebe umschmilzt.

Wie sehr solche Gedichte hinter der echten mythischen Aussage zurückbleiben, zeigt der Vergleich mit einem Gedicht, das noch ganz aus den Eindrücken der Sinne herauswächst, aber in dem doch schon die Natur völlig ihr eignes, geisterhaftes Leben entfaltet. Wie über einem nächtigen Grunde erklingt die schwerelose, entrückte Musik von Mörikes „*Gesang zu zweien in der Nacht*“ (1825).

Sie *Wie süß der Nachtwind nun die Wiese streift*
Und klingend jetzt den jungen Hain durchläuft!
Da noch der freche Tag verstummt,
Hört man der Erdenkräfte flüsterndes Gedränge,
Das aufwärts in die zärtlichen Gesänge
Der rein gestimmten Lüfte summt.

Er *Vernehm' ich doch die wunderbarsten Stimmen,*
Vom lauen Wind wollüstig hingeschleift,
Indes, mit ungewissem Licht gestreift,
Der Himmel selber scheinet hinzuschwimmen.

Sie *Wie ein Gewebe zuckt die Luft manchmal,*
Durchsichtiger und heller aufzuwehen;
Dazwischen hört man weiche Töne gehen
Von sel'gen Feen, die im blauen Saal
Zum Sphärenklang,
Und fleißig mit Gesang,
Silberne Spindeln hin und wieder drehen.

Er *O holde Nacht, du gehst mit leisem Tritt*
Auf schwarzem Samt, der nur am Tage grünet,
Und luftig schwirrender Musik bedienet

Sich nun dein Fuß zum leichten Schritt,
Womit du Stund' um Stunde missest,
Dich lieblich in Dir selbst vergissest –
Du schwärmst, es schwärmt der Schöpfung Seele mit!

Für die Entstehungsgeschichte dieses Gedichtes ist das Selbstgespräch in Mörikes dramatischem Jugendfragment „*Spillner*" sehr aufschlußreich. Der Eingebung geht das spukhafte Nachklingen eines nächtlichen Traumes und ein immer noch traumhafter Zustand voraus: Klingen im Ohr, „als drücke irgendein Zauber auf mein Gehirn", Summen im Kopf, hellsehendes Auslaufen der Gedanken in „die dünnsten Spitzen", beklemmende Geisterfurcht. In dieser mit Selbstauflösung bedrohenden Entrückung ruft das plötzliche Schlagen einer Wachtel die Seele in die Natur zurück und schenkt ihr eine „nie gefühlte Frömmigkeit, Inbrunst, gesund helläugigt Leben". Erst jetzt vermag sie sich auf die Natur gleichsam einzustimmen, die „ganz anderen Klänge" zu vernehmen, „das Zittern der Luft, das so eigen ist, wenn die Nacht die ersten Berührungen des Morgens spürt". Unwillkürlich formt sich in solcher Glücksstunde ein Teil des hier noch nicht zum Zwiegesang gestalteten Gedichtes. Das Bezeichnende an dem Vorgang der Eingebung ist das Ineinander von Traum und Wirklichkeit. Der Traum spiegelt den unbewußten Abgrund der Angst. Der Mensch löst sich auf, seine inneren Zustände werden verworren. Die Wirklichkeit aber in der rettenden Gestalt der Wachtel gibt der Seele wiederum Halt und Heimat, so daß sie in solchem Frommsein nunmehr auch das Traumhafte der Natur – Klänge, Zittern der Luft im Übergang von Nacht und Morgen – geisterhaft wahrnimmt und von hier aus zur Formung des Gedichtes gelangt.

Bedrohung der Seele durch die Angst ist Bedrohung durch das Scheinhafte und Unwirkliche. Wenn aber die Natur sich dem Dichter gibt, hat er an ihrem mythischen Dasein Anteil. Gesättigt mit den Stimmen des Außen und Innen wächst ihm traumhaft und doch wirklich das Gedicht zu, das seine Seele von der Angst befreit.

Erst später, im Anschluß an die Orplid-Dichtung, werden die Verse zum Wechselgesang zweier, bis auf das Zarteste aufeinander abgestimmten Liebenden. Beide sind trunken vom Zauber der Nacht, deren Geheimnis im Zusammenklang der liebenden Stimmen offenbar wird. Das ist zwar nirgends ausdrücklich gesagt, aber es läßt sich aus dem zärtlich-schwelgerischen Einklang heraushören. Der Mann nimmt die vom Ohr als Klang und Musik erlebte Welt der Frau auf, führt sie durch das Auge ins männlich Bewußtere und Abstand Gewinnende weiter, um dann mit der Antwort der Frau wieder in den Ursprungsbereich der Töne, in Gesang und Sphärenklang zurückgeholt zu werden. Am Ende antwortet er mit dem plastischen Bild, das sich von der fließenden und schmelzenden Bewegung der ersten drei Strophen eindringlich absetzt. Diese Schlußstrophe fehlt noch in den ersten Fassungen des Gedichtes.

Natur und Liebe hängen bei Mörike untrennbar zusammen. Bereits die den Frühling herbeisehnende Bewegung des Herzens war eins mit der „alleinzigen Liebe", die als stets entschwindende vom Dichter dennoch gesucht wird, damit er für immer bei ihr bliebe. Die „vertiefte Bläue" im Gedicht „Mein Fluß" konnte nur in der unstillbaren „tiefen" Liebe ihre Spiegelung finden. Hier im „Gesang zu zweien in der Nacht" ist das Übermaß der Liebe gegenwärtig, ohne genannt zu werden. Nur so ist den beiden Sprechenden das süße Schweben vergönnt, das in nächtiger Stunde still innezuhalten vermag. Die Sprache ist zum Gesang geworden. Noch in dem zarten Ton der Wortgebung, dem verschwebenden Rhythmus der Verse, der Anmut der vom Gefühl durchtränkten sinnlichen Empfindungen spiegelt sich die Musik gewordene Liebes-Innigkeit dieses Gedichtes. Allein die Liebe ist dem verborgenen Geheimnis der Nacht gewachsen. Allein die Dichtung vermag ihm Sprache, Gesang zu geben.

Aus dem Orplid-Märchen wissen wir, daß die Liebenden die Fee Thereile und der König Ulmon sind. Doch ist das Verständnis des Gedichtes nicht daran geknüpft, daß ihm Mörike in „Orplid“ eine bestimmte Stelle gegeben hat. Es genügt zu wissen, daß eine männliche und eine weibliche Stimme zueinander sprechen. Der Gesang setzt mit einer Zuwendung zu den Elementen ein, und zwar zu Luft und Erde. Das Wasser – sonst bei Mörike so wichtig – spielt hier keine Rolle. Die Bewegung des Gedichtes geht vom Nachtwind aus, der über die Wiese streift, klingend den Hain durchläuft und dann weiter das Flüstern der Erdenkräfte nach aufwärts in die Sphärenmusik der rein gestimmten Lüfte trägt. Die beiden ersten Strophen spiegeln sinnliche Eindrücke, wenn auch aufs Feinste abgestimmt und mit Mörikescher Zartheit durchseelt. Die Sinne nehmen noch eine an der Grenze der Wahrnehmung stehende Welt der Natur auf, die mit dem Verstummen des „frechen Tags“ – das Wort fällt bis in den Klang hinein bewußt heraus – sich mehr und mehr ins Traum- und Geisterhafte entkörpert. Schon die dritte Strophe geht jedoch über das Fühlen der Sinne hinaus und überhöht es durch das Bild des blauen Saals und der seligen Feen, die zum Sphärenklang „silberne Spindeln hin und wieder drehen“, durch das Feen- und Elfenmärchen – blau und silbern in seinen Farben – den eigentlichen Thereile-Bereich. Hier bricht eine überirdische Zauber-Wirklichkeit durch, reine Traum- und Geisterwelt, bei der sich der ungewisse und hinschwimmende Hintergrund der Nacht in die Vision göttlicher, das heißt spielender, zweckfreier Tätigkeit verwandelt hat.

Am deutlichsten aber stellt die vierte, sich absetzende Schlußstrophe die Nacht als Mythos dar. Nicht philosophische Lehren oder Sinnbilder sind gemeint, sondern der Mythos der Nacht lebt aus sich selbst heraus, sagt sich selbst aus im göttlichen Wissen des Dichters. Die weissagende Phantasie gibt sich der Wirklichkeit gefangen und erschafft sie neu, indem sie ihr die Sprache leiht. Alles, was in den ersten Strophen verborgen mitströmte – Nuance des Gefühls und der Sinne – begegnet jetzt in der sinnlich-übersinnlichen Geistigkeit der übermenschlichen Gestalt. Man hat hier von einer die Stunden messenden Tänzerin gesprochen, die an das Bild der griechischen Horen erinnere. Aber damit ist bereits zu viel gesagt. Das Bild der mit leisem Tritt auf schwarzem Samt gehenden Nacht, deren Fuß sich luftig schwirrender Musik bedient und deren leichter Schritt zum Maß der Zeit wird, bleibt geisterhaft-unkörperlich. Nur der musikbeschwingte, zeitmessende Fuß, nicht aber eine Tänzerin wird sichtbar. Die Bewegung dieses Fußes ist zugleich dem Körperlichen entrückt, ein liebliches Sich-in-sich-selbst-Vergessen und Schwärmen, in dem die Seele der Schöpfung mitschwärmt. Das dichterische Bild beschwört die Nacht als begeisterte Person. Ihre sinnlich-übersinnliche Bewegung ist Tanz, Musik, Maß der Zeit, Vergessen und „Schwärmen“. Das „Schwärmen“ hat aber hier nicht den heutigen empfindsamen Unterton des Wortes, sondern ist selige Gewißheit des

Seins noch im Vergessen seiner selbst, ein In-sich-selbst-Vergessen! Das mythische Bild steht zwar ganz für sich, aber nicht abgetrennt. In der bewegten Gestalt schwingt „schwärmend“ das Weltgeheimnis mit, das in seinem göttlichen Urgrund ein Liebesgeheimnis ist, an dem nur die Liebenden Anteil haben. So dichtet die letzte Strophe von neuem, aber auf anderer Stufe, die das ganze Gedicht bestimmende Einheit von Natur und Liebe.

Solche Bilder, in denen die Natur sich selbst aussagt, sind *Urbilder*. Hinter sie kann nicht mehr zurückgegangen werden. Sie dürfen nicht mit bloßer Naturbeseelung verwechselt werden, die menschliche Stimmungen und Seelenstimmungen in die Natur hineinträgt oder aus ihr herausholt. Auch das gibt es bei Mörike. Aber ist hier das Gegenteil nicht richtiger? Die Unruhe der menschlichen Seele kommt zum Schweigen, weil sie in der „feierlichen Erwartung“ gesättigt ist. Nirgends wird bei Mörike die Natur durch den menschlichen Geist vergewaltigt. Der Dichter öffnet sich nur dem unsichtbar sichtbaren Geheimnis. In der Schwerelosigkeit solcher Hingabe empfängt er das Urbild. Das Gedicht „*Um Mitternacht*“ (1827) hat die Anmut des Gewaltlosen. Man verkennt die gelassen ans Land steigende Nacht, deren Auge die goldene Waage der Zeit in gleichen Schalen stille ruhend sieht, wenn man sie als eine Allegorie für den Begriff der Zeit nimmt, versinnbildlicht am Beispiel der Waage des Mitternachtshimmels. Das Urbild ruft vielmehr die vergottete Mutter Nacht herbei, die mit ihren Kindern, den Quellen, dem Bereich entrückter Ursprünge verknüpft ist, deren schauendes Auge aber in träumerischer Vision den ruhenden, zeitlosen Augenblick wahrnimmt, wo Tag und Nacht aneinander grenzen. Geheimnisvoll halten das göttlich Zeitlose und das irdisch Zeitverhaftete einen Augenblick lang einander die Waage. Das Jetzt der Mitternachtssekunde ist zugleich ein Mitten-Inne-Sein im Zeitlosen. Der Gegensatz ist auch metrisch betont. Denn die vier Anfangszeilen jeder Strophe nennen in einem beruhigten Tonfall das Überwirkliche, das ewige Maß, das allem Wechsel schon entrückt ist und in dem doch die Erinnerung an das zeitliche Fließen traumhaft weiterlebt. Die vier Schlußzeilen jedoch gehören dem Lied der Kinder „vom Tage, vom heute gewesenen Tage", in dem die Eintönigkeit des Gewesenen und immer Wiederkehrenden, die Erinnerung an die Ursprünge alles Lebens, alles bewegt Verströmende weiterklingt. Auch die zeitenthobene, ans Land steigende Mutter Nacht bleibt ihm auf eine unterirdische Weise verhaftet. Das schauende Auge aber sieht tiefer und ergreift den Bereich des Himmels, wo die Zeit stille steht und ruht. Dem uralten Schlummerlied, das erinnernd noch halb bewußt aufgenommen, aber nicht mehr beachtet wird, steht der geistige Wille zur Sphärenmusik und zum bleibenden Maß des Seins gegenüber.

Ihr klingt des Himmels Bläue süßer noch,
Der flücht'gen Stunden gleichgeschwungnes Joch.

Auch hier geht es um Augenblick und Erinnerung, aber nicht mehr als Rhythmus der Seele, sondern als Rhythmus der Natur. Im Erleben der Seele mußte der Augenblick dem Dichter immer wieder zerrinnen, Erinnerung entglitt im Traum. Im Mitternachtsgedicht hingegen ist alles ganz gegenwärtig und zeitlos wirklich zugleich. Erinnerung aber ist in der Vision der göttlichen Mutter Nacht der Traum, mit dem das Ewige vom Zeitlichen träumt. Die Zeit selbst ist nur noch als Erinnerung im mythischen Bewußtsein der Nacht lebendig. Dennoch ist das Ewige nicht abgelöst von Raum und Zeit, sondern unbegreiflich in ihnen anwesend und ihnen doch auch schwerelos-schwebend entrückt. Wer will dem Dichter hier logische Widersprüche vorwerfen? Das Urbild steht jenseits der Gegensätze von Zeit und Zeitlosigkeit. Nur wer im Bilde bleibt, kann das Mühelose dieser Selbst-Aussage der Nacht nachvollziehen, in der sie sich so darstellt, wie sie ist: ganz einmaliger, „gelassener“ Vorgang und doch stellvertretend für das Sein als Ganzes.

Nicht immer ist solche Gestaltung bei Mörike plastisches Bild. Zuweilen begegnet sie uns als magischer, dem ursächlichen Denken verborgener Bezug wie in dem Gedicht „*Im Weinberg*“ (1838). Zwar beginnt es keineswegs feierlich überhöhend, sondern alltäglich beschreibend wie das Gedicht „Die schöne Buche“. Doch die adelnde antike Form gibt auch hier der Aussage erhöhtes Gewicht. Das Unscheinbare des Vorgangs – ein Falter fliegt auf das vom Dichter gelesene Neue Testament – wandelt sich in das Märchen vom farbenschillernden Schmetterling, der von den himmlischen Kräften des lebendigen Wortes gespeist wird. Vom Magischen dieses Augenblickes geht neue, erweckende Kraft aus. Der „trunkne“, auf alle Tage gesegnete Schmetterling hat eine sinnlich-übersinnliche Unsterblichkeit gewonnen. „Unverletzlich dein Leib, und es altern dir nimmer die Schwingen.“ Wenn er nunmehr zur Lilie eilt und sie „göttlich befruchtet“, so darf das „beste der Mädchen“ in solcher paradiesischen Nähe, ohne es zu wissen, „Geist und himmlisches Leben“ atmen. Die verknüpfende Reihe läuft vom Neuen Testament zum Schmetterling, von dort zur Lilie und von der Lilie zum Mädchen. Das Gemeinsame dieser dichterischen Bilder ist ihre Zartheit. Sie stehen alle bereits an der Grenze des Sinnlichen zum Übersinnlichen, und die spielerisch anmutende Linie der Phantasie holt das Geheimnis des Geistes, das Unsichtbare in den sinnlichen Berührungen heraus. Das gibt solcher Dichtung die Nähe zur Magie. Es ist das göttlich Befruchtende der Liebe, das in einer solchen Bild-Reihe offenbar wird. Wie eine überirdische Zauberbewegung durchströmt und verwandelt sie alles Irdische und Sinnliche der Natur.

Das vollkommenste Gedicht, in dem Mörikes mythisches Wissen um die Natur lyrische Sprache gewonnen hat, ist das Gedicht „*Auf eine Christblume*" (1841):

I

Tochter des Walds, du Lilienverwandte,
So lang' von mir gesuchte, unbekannte,
Im fremden Kirchhof, öd' und winterlich,
Zum erstenmal, o schöne, find' ich dich!

Von welcher Hand gepflegt du hier erblühtest,
Ich weiß es nicht, noch wessen Grab du hütest;
Ist es ein Jüngling, so geschah ihm Heil,
Ist's eine Jungfrau, lieblich fiel ihr Teil.

Im mächt'gen Hain, von Schneelicht überbreitet,
Wo fromm das Reh an dir vorüberweidet,
Bei der Kapelle, am kristallnen Teich,
Dort sucht' ich deiner Heimat Zauberreich.

Schön bist du, Kind des Mondes, nicht der Sonne;
Dir wäre tödlich andrer Blumen Wonne,
Dich nährt, den keuschen Leib voll Reif und Duft,
Himmlischer Kälte balsamsüße Luft.

In deines Busens goldner Fülle gründet
Ein Wohlgeruch, der sich nur kaum verkündet;
So duftete, berührt von Engelshand,
Der benedeiten Mutter Brautgewand.

Dich würden, mahnend an das heil'ge Leiden,
Fünf Purpurtropfen schön und einzig kleiden:
Doch kindlich zierst du, um die Weihnachtszeit,
Lichtgrün mit einem Hauch dein weißes Kleid.

Der Elfe, der in mitternächt'ger Stunde
Zum Tanze geht im lichterhellen Grunde,
Vor deiner mystischen Glorie steht er scheu
Neugierig still von fern und huscht vorbei.

II

Im Winterboden schläft, ein Blumenkeim,
Der Schmetterling, der einst um Busch und Hügel
In Frühlingsnächten wiegt den samtnen Flügel;
Nie soll er kosten deinen Honigseim.

Wer aber weiß, ob nicht sein zarter Geist,
Wenn jede Zier des Sommers hingesunken,
Dereinst, von deinem leisen Dufte trunken,
Mir unsichtbar, dich blühende umkreist?

Über die Entstehungsgeschichte des Gedichtes unterrichtet uns der Brief an den Freund Wilhelm Hartlaub vom 29. Oktober 1841. Mörike erzählt hier, wie er die langgesuchte, ihm noch unbekannte Blume gemeinsam mit seiner Schwester auf einem Grab entdeckt hat. Die Pflanze wird dann eingehend beschrieben, sogar die Zahl der Staubfäden noch angegeben. Aber die fast wissenschaftliche Beschreibung hindert ihn nicht daran, bereits im Brief zu bemerken: „So reizend fremd sah sie mich an, Sehnsucht erregend!" Zu Hause vergleicht er sie mit der Beschreibung der Christblume in seinem Gartenbüchlein. Dort ist von ihrem „frühen" Flore die Rede, und Mörike meint dazu: „Schön, daß es frühen heißt, nicht späten, so duftet sie schon wie von dem anderen Jahr herüber, was einer so mystischen Blume wohl zuzutrauen ist." Er lobt als einen „besonders schönen Zug an ihr", daß sie die größte Kälte erdulden kann. Er glaubt, daß ihr im Mondenschein am wohlsten ist, und daß sie dort leichter zu atmen vermag. Als der Wind die Blume aus dem Glas auf die Straße verweht, ruft er aus: „Wenn sie jetzt wieder auf dem Grabe stände! In der Tat gedenke ich ihrer jetzt nur wie eines lieblichen Geistes."

Es ist erstaunlich, wieviele Motive des Gedichtes in dem Briefe schon anklingen. Bereits hier ist die Christrose eine beseelte Gestalt; bereits hier ist sie die mystische Blume, deren Duft vom alten zum neuen Jahr hinüberleitet; bereits hier wird der enge Zusammenhang der Blume mit Mondscheinatmosphäre, geduldig ertragener Kälte und nächtlichem Friedhof sichtbar. Fremde Blume der Sehnsucht, das Herz mit holdem Befremden ergreifend und in einen magischen Bann ziehend, dieses von Anfang an mehr geistige als natürliche Blumen-Bild steigert sich in dem Gedicht zur sakralen Feier einer mystischen Blume. Die Verse gliedern sich in ein längeres und in ein kürzeres Einzelgedicht, beide in einfach gereimten Fünftaktern mit deutlich eingehaltenem Einschnitt meist genau in der Mitte, aber in schwebender Betonung. Das erste Gedicht auf die Christblume entwickelt in allmählicher Folge den Mythos der Blume. Das zweite verwandelt das Gestalthafte wieder in Geschehen. Der Geist des Schmetterlings umkreist die blühende Blume. Die Aussage des zweiten Gedichtes, der magische Vorgang, setzt die des ersten, den Mythos der Blume voraus.

Der Eingang des Gedichtes berichtet, zwar schon in gehobenem, feierlichem Ton, aber keineswegs rednerisch oder gewollt sinnbildlich, von der ersten Begegnung des Dichters mit der lang von ihm gesuchten, lilienverwandten Blume auf dem fremden, öden, winterlichen Kirchhof. Dennoch ist auch hier schon alles in Geheimnis getaucht. Die Stimmung des Ortes bringt die beiden Mächte dieses Gedichtes, Natur und Christentum, in die erste, sich fast ungewollt ergebende Beziehung. Auf eine genaue Beschreibung, wie sie sich in dem Briefe fand, wird jetzt völlig verzichtet. Mörike kam es offensichtlich auf die geistige Strahlkraft der Blume an, nicht auf ihr sinnliches Erscheinungsbild. Die zweite Strophe stiftet eine unbestimmt gelassene Verbindung der Blume zur pflegenden Menschenhand und zum behüteten Menschengrab. Aber Jüngling und Jungfrau, die hier ahnungsvoll genannt werden und die in der Unschuld ihres menschlichen Daseins der natürlichen Unschuld der Blume allein zugeordnet werden dürfen, stehen unter einem „Heil", das bereits auf die sakrale Bedeutung der Blume hinweist. Die nachfolgenden Verse setzen sie gegen den Kirchhof wiederum ab und suchen ihren Ursprung im Naturmagischen, im „Zauberreich" des nächtigen, vom Schneelicht überbreiteten Hains. Aber das „fromme Reh" und die „Kapelle am kristallnen Teich" lassen auch hier christliche Kultvorstellungen anklingen, die, vom Menschlichen geradezu abgelöst, den reinen Naturmythos durchdringen. Die nachfolgende Anrede als „Kind des Mondes, nicht der Sonne“ rückt die Blume unter einen kosmischen Blickpunkt und hebt ihre Fremdheit und Einmaligkeit ausdrücklich hervor, ein Wunder-Wesen auch noch unter den Blumen. Die „Keuschheit“ wird aus einer menschlich-sittlichen Eigenschaft zum reinen, von der Himmelsfülle genährten Sein, im nächtlichen Bereich des Mondes und im winterlichen der balsamsüßen Kälte wurzelnd. Zauberhafte Naturmagie, hold und doch befremdend, unberührbar und doch unsere Sehnsucht weckend, sinnlich und doch geistig, redet uns hier an. Aber die nächsten Strophen bringen das alles noch einmal in die Nähe des christlichen Mysteriums, in dem sublimen Vergleich des sich kaum verkündenden Wohlgeruchs der Blume mit dem duftenden, von Engelshand berührten Brautgewand der Mutter Gottes und in dem einzigen noch möglichen und dennoch durch die Schmucklosigkeit überbotenen Schmuck der Blume, den fünf Purpurtropfen, die an das heilige Leiden gemahnen. Die Reinheit und Unberührtheit der nunmehr ganz naturmythisch verstandenen Blume kann nur noch in den sakralen Vorstellungen des Christentums sich ihrem Wesen gemäß spiegeln. Das eine Mysterium deutet auf das andere hinüber. Ähnliches fand sich bereits in dem Gedicht „Im Weinberg“. Am Ende ist das Geheimnis der „mystischen Glorie“ dem Märchenbereich der zum Tanze gehenden Elfe schon so entrückt, daß es allein von fern in „scheuer“ Neugier wahrgenommen werden kann, aber nur noch das Wunder des Seins in der Einmaligkeit dieser Blume aussagt. Kein irdisches und kein märchenhaftes Geschöpf ist diesem Wunder mehr gewachsen.

In dem zweiten Gedicht werden Welten verknüpft, die

für das natürliche Weltbild der Vernunft für immer geschieden sind: Frühling und Winter, Schmetterling und Christblume. Es ist sehr bezeichnend, daß Mörike das feine, von der Körperlichkeit kaum beschwerte Bild des Schmetterlings nicht mehr genügt, sondern daß er seinen „Geist" beschwört, also das Zärtlichste und Seelenhafteste, was sich vom Schmetterling noch sagen läßt. Aber nur dieses von innen durchempfundene Schmetterlingsdasein kann an der Grenze des Geistigen und doch noch Sinnlichen dem Allerkeuschesten, dem Mysterium der Christblume zugeordnet werden. Welche holde dichterische Magie! Der Geist des Schmetterlings, vom leisen Duft der Blume trunken, umkreist auf eine für den Menschen unsichtbare Weise die blühende Blume.

Die übliche Bezeichnung „Dinggedicht" ist für diese lyrische Schöpfung nicht angemessen. Denn das „Ding" hat hier kultische Bedeutung und steht für das Ganze der Natur. Nicht um Beschreibung handelt es sich, aber auch nicht um bloße Stimmungslyrik. Das offenbare Geheimnis des Seins wird in dem sakralen Bild dieser einen, unwiederholbaren Christblume sichtbar. Die Blume ist Urbild. Der Dichter selbst tritt dabei ganz zurück. Er gibt dem Feierlichen und Geisterhaften nur Sprache. Aber im Worte des Gedichtes besitzt es sich selbst. Auch das Motiv der Sehnsucht, wie in der „blauen Blume" der Romantik, in der sich das Fernweh nach einem überirdischen Wunderland spiegelt, wird in dem Gedicht kaum spürbar. Wohl klang es in dem Briefe an: „fremd, Sehnsucht erregend". In dem Gedicht ist die Blume zu sehr leibhaftige und doch ganz geistige Gegenwart, um noch Sehnsucht zu wecken. Sie bleibt hold, aber doch befremdend, dem Menschlichen verknüpft, aber auch naturmagisch entrückt, ein Wesen, das in seinem eigenen Geheimnis kreist, ganz einmalig, unwiederholbar und doch auch völlig aus der Atmosphäre seines Raumes und seiner winterlichen Zeit lebend. Das Wenige, was an Sehnsucht dennoch bleibt, ist unsäglich geworden. Nichts darf man hinter dem Bild suchen. Die geistige Bedeutung sagt sich nur im Bilde aus. Das Bild ist das Wirkliche selbst, aber vom Grunde des Seins ergriffen, eine kultisch angeredete Gestalt, die noch jenseits aller sinnlichen Beschreibung und aller mitschwingenden Stimmung steht. Nur dem Dichter ist es möglich, in dieser Weise das Göttliche als Gegenwart einer Blume durch Sprache zu beschwören. Denn er trägt nicht etwa eigene Empfindungen und Gedanken an das Geheimnis der Natur heran, sondern macht dieses im mythischen Bild nur sichtbar. Damit ist das Höchste erreicht, was Mörike vergönnt war. Auch hier ist der Kern der Natur die Liebe. Nur darum geht der Vergleich mit dem christlichen Mysterium über das Spielerische und Frevelhafte hinaus. Das Leiden Christi und das Mysterium der Blume sind im Sakralen benachbart. Dennoch ist Mörikes Zuwendung zur Natur auch antik, weil für ihn jedes Göttliche – auch in seiner zartesten Geistigkeit – noch die Anmut des Sinnlichen behält und er kein Jenseits der Erscheinungen kennt. Aber die gemüthafte Wärme und die fühlende Anteilnahme, mit der Mörike alles Wirkliche ergreift bis hinab zur sprachlosen Kreatur, das Fehlen jeder marmornen Kälte, wächst aus dem Wissen der Seele, daß das Sein Liebe ist. Hier entspringt immer wieder neu das Mörikesche Ja zur Welt, ein Ja zu einer göttlichen Liebeswelt, in der Gott in seiner Schöpfung sich selbst liebt und in der der Mensch nur als Liebender mitten darin ist. Auch wo Dämonien Mörike bis zum Wahnsinn verwirren, vermag er sich noch lächelnd über dem Abgrund zu halten. Wer in die Stille der Natur eingeht, weiß sich im Haus des Seins geborgen. Nur dem Dichter ist das in dieser Weise vergönnt. Denn Urbilder gestalten heißt dichtend des Weltgrundes innewerden, den der Mensch nur in der Anmut des Schwerelosen auszuhalten vermag. Wo solches durch Sprache gelingt, hat die Dichtung von neuem die Nähe zum Mythos gewonnen.

DER MYTHOS

I

Im vorigen Kapitel ist der enge Zusammenhang von Lyrik und Mythologie schon angedeutet worden. Die nachschaffende Phantasie sucht das offenbare Geheimnis des Seins im freien künstlerischen Spiel noch einmal zu gestalten. Seele, Welt und Dinge scheinen sich selbst auszusprechen. In solcher Hinwendung zum Mythischen zeigen sich zwei verschiedene Seiten von Mörikes Wesen: einmal ein Absehen vom Ich mit seinen Gefühlen und Stimmungen und eine stärkere Bindung an die Dinge. Das „Ding" steht hier ganz als Einmaliges für sich, aber doch so, daß es stellvertretend zugleich das Sein als Ganzes mit meint und dadurch mythische Bedeutung gewinnt. Eine solche Aussage ist nur in der Sprache des Dichters möglich, und er strebt danach, ihr auch eine stilisierende und klassische Form zu geben. Die Mutter Nacht, die schöne Buche, die Christblume sind nicht spielerische Eingebungen der Phantasie, sondern Gestalten des Seins, die der Dichter nur schauend und lauschend wahrnimmt. Andererseits ist Mythologie für ihn immer auch ein dem Märchen und der Ballade eng benachbartes Spiel. Sie gibt Mörike eine besondere Freiheit, die an volkstümliche Überlieferung und an „romantische" Gehalte anknüpfen läßt. Stimmungen werden versinnlicht, und Sinnliches wird in Stimmung aufgelöst. Aber auch hier darf nicht eine spekulative Naturphilosophie hinter dem Spiel der Phantasie mit dem Gegenständlichen gesucht werden. Immer bleibt die Einbildungskraft bei sich selbst, wenn sie in Bildern und Geschichten einen Weltzusammenhang aufbaut, der sich so nur dem Dichter öffnet. Es gilt, die Einbildungskraft aus sich selbst heraus zu verstehen.

Für die Entstehung eines solchen Mythos bedeutet in Mörikes Jugend „Orplid" eine bestimmte, fest umrissene Epoche. Sie geht auf seine Tübinger Jahre (1822–26) und auf die gemeinsame Freundschaft mit Ludwig Bauer zurück. Die beiden Freunde trafen sich im hochgewölbten Brunnenstübchen, unter dem der Quell rauschte, vom flackernden Licht an der Felswand geheimnisvoll beglänzt, um sich gemeinsam in Homer, Shakespeare und Goethe zu versenken. Hier bauten sie sich eine eigene Phantasiewelt mit einmaligen Bildern und Anschauungen, und es erfaßte sie eine geheimnisvolle Seligkeit, wenn sie, wie es in einem Briefe Bauers heißt, die rostigen Schlüssel ihrer erträumten Feenburg drehten und in ihre modrige Verlassenheit eindrangen. Sie errichteten sich im Wald eine Hütte aus Zweigen und kamen sich dabei vor wie Städtegründer. Mörike hat durch den Mund des Schauspielers Larkens im „Maler Nolten" über die Entstehung der Orplid-Phantasie berichtet: Wir erfanden für unsere Dichtung einen außerhalb der bekannten Welt gelegenen Boden, eine abgeschlossene Insel, worauf ein kräftiges Heldenvolk, doch in verschiedene Stämme, Grenzen und Charakterabstufungen geteilt, aber mit so ziemlich gleichförmiger Religion, gewohnt haben soll. Die Insel hieß Orplid, und ihre Lage dachte man sich in dem Stillen Ozean zwischen Neuseeland und Südamerika. Orplid hieß vorzugsweise die Stadt des bedeutendsten Königreichs: sie soll von göttlicher Gründung gewesen sein und die Göttin Weyla, von welcher auch der Hauptfluß des Eilands den Namen hatte, war ihre besondere Beschützerin. Stückweise und nach den wichtigsten Zeiträumen erzählten wir uns die Geschichte dieser Völker. An merkwürdigen Kriegen und Abenteuern fehlte es nicht. Unsere Götterlehre streifte hie und da an die griechische, behielt aber im ganzen ihr Eigentümliches; auch die untergeordnete Welt von Elfen, Feen und Kobolden war nicht ausgeschlossen. Orplid, einst der Augapfel der Himmlischen, mußte endlich ihrem Zorne erliegen, als die alte Einfalt nach und nach einer verderblichen Verfeinerung der Denkweise und der Sitten zu weichen begann. Ein schreckliches Verhängnis raffte die lebende Menschheit dahin, selbst ihre Wohnungen sanken, nur das Lieblingskind Weylas, nämlich Burg und Stadt Orplid, durfte, obgleich ausgestorben und öde, als ein traurig-schönes Denkmal vergangener Hoheit stehenbleiben. Die Götter wandten sich auf ewig von diesem Schauplatz ab, kaum daß jene erhabene Herrscherin zuweilen ihm noch einen Blick vergönnte, und auch diesen nur um eines einzigen Sterblichen willen, der, einem höheren Willen zufolge, die allgemeine Zerstörung weit überleben sollte. Neuerer Zeiten, immerhin nach einem Zwischenraum von beinahe tausend Jahren, geschah es, daß eine Anzahl europäischer Leute, meist aus der niedern Volksklasse, durch Zufall die Insel entdeckte und sich darauf ansiedelte. Wir Freunde durchstöberten mit ihnen die herrlichen Reste des Altertums, ein gelehrter Archäologe, mit Namen Harry, war zum Glück auf dem Schiffe mitgekommen, seine kleine Bibliothek und sonstige Materialien verschiedenen Gebrauchs waren gerettet worden. Nahrung aller Art zollte die Natur im Überfluß, die neue Kolonie gestaltete sich mit jedem Tage besser, und bereits blüht eine zweite Generation in dem Zeitpunkte, wo unser heutiges Schauspiel sich eröffnet.

Das ist die Geschichte, die dem „phantasmagorischen" Zwischenspiel „*Der letzte König von Orplid*" vorausgeht. Aber mit Orplid hat für Mörike eine Epoche begonnen, noch ehe es von den beiden Freunden dichterisch geformt wurde. In seinem Brief vom 27. Juni 1826 berichtet Bauer an Mörike über die Entstehung der Orplid-Phantasie. „Eine Preisfrage gebe ich Dir auf. Besinne Dich doch und berate Dich auch mit denen, die etwas wissen können, an welchem Tage Orplid geboren wurde! Es war, so viel ich weiß, ein herrlicher Morgen. Du führtest mich an die Quelle links von der Reutlinger Straße, dann gingen wir nach einer Weile im Wald spazieren. Als wir eben von dem Fußwege auf die Straße kommen wollten, sagte ich, wir sollten mit Zweigen eine Hütte bauen im Walde, und dies sollte vorstellen, wie sich Leute eine Stadt bauen; wie möchte sie doch heißen? ‚Orplid' sagtest Du. Nun stupftest Du mich, ob ich nicht einmal das Herz haben würde, nachts zu Dir zu kommen, und sprachest auch davon, daß wir dann des Mährlens Klavier heraustragen und in der Nacht auf freiem Felde darauf spielen wollten. Es schlug zehn Uhr, ich mußte fort; aber vor dem Bengels Kollegium, etwas vor drei Uhr, kamst Du zu mir, wir schwänzten und entwarfen so leichthin die Gestalt der Insel, wie ich sie noch auf einem Papier habe. Den Sonntag darauf waren schon viele Namen erfunden, und noch vor der Kirche erfandest Du den Namen Spindel. Nach Jakob, also nach dem 25. Julius (1825) muß es gewesen sein; denn am 23. nachmittags ging ich ja nach Leonberg, und den

Abend, ehe ich fortging, lasen wir noch einmal im Homer, und so lang wir im Homer lasen, war Orplid noch im Himmel bei den seligen Göttern. Könnten wir den wahren Tag herausbringen; dann feierten wir jedes Jahr das Fest ‚Orplids Geburt', und wenn auch entfernt von einander, wären wir uns doch nahe in demselben Heiligtum, es wölbte sich über uns das Dach eines großen Tempels, in welchem wir uns nicht sehen könnten, aber doch von demselben himmlischen Wesen beschützt wüßten." So entstand Orplid, naiv und phantastisch zugleich. Es ist eine Schöpfung des Spieltriebes, und wir erinnern uns dabei, daß Bauer und Mörike auch als Studenten noch nach Art der Kinder mit Vorliebe ein paar Gauner spielten, die in einer einsamen Diebsherberge auf der Lauer sind, dann zu Armbrust und Pfeilen greifen, um einen Krämer zu erschießen, ihm das Geld abnehmen und den Leichnam zwischen das Schilf eines Sumpfes werfen. „Dies alles ging, je dunkler es wurde, mit desto ernsthafterer Miene zu." Im Brief an Bauer vom 9. Dezember 1828 schreibt dann Mörike, ihm schwebe „mit heller Deutlichkeit eine Gattung von tragischen und komischen Schauspielen phantastischer Natur vor, welche meiner eignen vielleicht auch näher steht als das Historische. Ich habe eine Erfindung dieser Art im Kopf zur Probe angesponnen, die ich, je eher, je lieber, zur Ausführung bringen möchte". Aber schon in dem Brief an Mährlen, vom 7. Mai 1828, sucht er sich trotz allen Festhaltens an den „phantastischen Elementen" gegen die „Orplidsche Periode" abzugrenzen, weil er nunmehr sein Wesen „auf reinerem und verständlicherem Weg" aussprechen will, „um mich dann für immer mit dieser subjektiven Masse quitt zu machen, deren Grillenhaftigkeit und gelegenheitlichen Hypochondrie sich eine allgemeine und reizend gemischte

Wahrheit abscheiden lassen muß". Später spricht er in dem Brief von 1830 an Bauer von dem „Orplid-Guckkasten" aus „Schicksal und Vorsehung". Oder er schreibt an Luise Rau (22. Januar 1832) über einen Kirchturm: „Bauer würde in die Luft springen vor Freuden, so hoch, als der Turm selbst ist, wenn er ihn sähe; denn auch die vier Läden sind akkurat so wie die, aus denen wir als Orplid-Wächter zu allen Stunden der lauen Tübinger Sommernächte herausgeguckt haben." Am 2. September 1832 erklärt er Mährlen, es sei ihm unmöglich, etwas Erläuterndes über Orplid zu sagen und beruft sich dabei auf eine Schillerstelle in den ästhetischen Briefen, es gäbe kein Gefäß, „die Werke der Einbildungskraft zu fassen, als eben diese Einbildungskraft selbst". Aus allen diesen Zeugnissen können wir nicht allzuviel über Orplid entnehmen. Auch die Hinweise auf literarische Vorbilder, vor allem auf Shakespeares Sommernachtstraum mit seinem Nebeneinander von Elfen- und Rüpelszenen und auf seinen „Sturm", führen uns nicht wesentlich weiter.

Was ist Orplid? Ist es eine Schöpfung der romantischen Phantasie, ein gemeinsames Traumland zweier fabulierender Freunde, ein ins Dramatische ausgesponnenes Märchenstück? Ist es ein selbsterfundener Mythos, in dem sich die Forderung der Frühromantik nach einer neuen dichterischen Mythologie auf eine sehr eigenwillige, ja, um mit Mörike zu reden, auf eine hypochondrische und grillenhafte Weise verwirklicht hat? Gewiß ist es zunächst einmal Traumland. Aber an diesem Traumland überrascht die keineswegs romantische, sondern eher realistische Art, mit der es bis ins einzelne festgelegt ist. Es liegt nicht irgendwo, sondern im Stillen Ozean zwischen Neuseeland und Südamerika. Die Freunde haben sich das Volk von Orplid genau ausgedacht mit seinen

Stämmen, Grenzen und Charakterabstufungen. Sie haben eigene Karten für das Fabelland gezeichnet. Es hat bestimmte Einrichtungen und Gesetze, es hat eine eigene Geschichte und eine eigene Mythologie. Orplid ist ein heiteres Spiel, das sich im Gleichklang einer Freundschaft entfaltet, das sich seinen Gegenstand selbst erschafft und ihm dann in einer unerschöpflichen Fülle der Phantasie ständig neue Einzelzüge, neue Farben, neue Nuancen verleiht. Mit philosophischer Spekulation im Sinne der Frühromantik hat das gar nichts zu tun. Die Orplid-Welt ist keine Allegorie, kein Symbol bestimmter geistiger Gehalte, kein geheimnisvolles Bild für einen philosophischen Begriff. Die Phantasie hat sich von allem Zwang befreit. Fast könnte man von einer holden Verwegenheit sprechen, die sich hier – beinahe gottähnlich – eine eigene Welt erschafft: Orplid ist eine künstlerische Welt-Schöpfung im kleinen, traumhaft losgelöst und doch wirklich. In eine solche dichterische Utopie, eine solche phantasmagorische Welt legt Mörike alle spielende Laune, alle Verwandlungen seines Wesens und alle Träume seiner Seele hinein.

Das Märchen von Orplid ist eine lyrische Eingebung. Am deutlichsten wird das in dem späteren Gedicht „*Gesang Weylas*" (1831):

Du bist Orplid, mein Land!
Das ferne leuchtet;
Vom Meere dampfet dein besonnter Strand
Den Nebel, so der Götter Wange feuchtet.

Uralte Wasser steigen
Verjüngt um deine Hüften, Kind!
Vor deiner Gottheit beugen
Sich Könige, die deine Wärter sind.

Hier ist Orplid eine Götterinsel in leuchtender Abgeschiedenheit geworden, die in Weyla eine eigene Göttin hat. Die Göttlichkeit dieser Insel – eine heidnische Göttlichkeit – liegt im Elementaren oder, genauer gesagt, in der Beziehung zwischen Natur und Gottheit. In den Strophen des Weyla-Gesanges ist es das heilige Element des Wassers, das der Insel kultische Bedeutung gibt. Alles rings herum ist Meer. Das Wasser aber verwandelt sich am besonnten Strand in einen aufsteigenden Nebel, der die Wange der Götter befeuchtet. Das antik Gestalthafte dieser Götterwelt grenzt unmittelbar an den unbegreiflichen Lebensvorgang der uralten, steigenden Wasser, die dennoch – die alte Märchenvorstellung vom Wasser des Lebens schwingt mit – verjüngende Kraft besitzen. Die Beziehung der Gottheit aber zu ihrer Insel zeigt sich darin am deutlichsten, daß sie „Kind“ von ihr genannt wird. Die Vorstellung des Kindes war für Mörike immer mit der des höchsten Göttlichen verknüpft. Auch die Geliebte wird wiederholt „Kind“ genannt. In späteren Gedichten ist es das Jesuskind, in dem sich das Geheimnis der Schöpfung am eindringlichsten verkörpert. Der Gedanke einer ewigen Jugend Orplids verschmilzt mit dem des Kindseins. Das mütterlich hegende und nährende Verhältnis der Göttin zu ihrer Insel kommt in dem festlichen Ausklang der Strophen noch stärker zum Ausdruck. Die Wärter dieses Insel-Kindes sind Könige, also die höchsten Würdenträger im menschlichen Bereich. Hier im Angesicht der Göttin Weyla und ihrer Insel haben sie eine dienende, eine sich beugende Haltung angenommen. Sie sind die menschlichen Vermittler zwischen dem Insel-Kind und seiner Göttin Weyla. Der märchenhafte, geschichtslose Gedanke einer ewigen Jugend und Kindheit der Menschheit ist verflochten mit der Vorstellung des Uralten, das auf eine lange Geschichte zurückblickt – eine lyrische Eingebung, keine philosophisch-begriffliche Allegorie.

Vor diesem Hintergrund der Anmut und Erhabenheit muß man das phantasmagorische Zwischenspiel des letzten Königs von Orplid sehen. Orplid ist das selige Eiland, bei dem die alten, mythischen Vorstellungen von der „Insel der Seligen", vom „Goldenen Zeitalter", von der ewigen Jugend und vom Dasein ohne „Hungersnot noch allzu schwere Krankheit" weiter nachwirken. Orplid ist die Sehnsucht nach dem verlorenen Paradies, und wir erinnern uns an das Wort Nietzsches, daß die wahren Paradiese der Menschheit die verlorenen sind. Aber die Traum-Landschaft Orplids, dieses glückerfüllten und von den Göttern gesegneten Eilands mit seinen Gebirgen, Tälern, Flüssen und seinem Wachstum wird von einer Tragik überschattet, die der Orplid-Dichtung ihren eigentümlich melancholischen, ja todessüchtigen Reiz verleiht. Denn das Orplid des Zwischenspiels ist nur noch „eine leere steinerne Stadt", die unbewohnt ist und an deren Ende sich das Häuflein der viele, viele Jahre später kommenden Kolonisatoren angesiedelt hat. Eine unbegreifliche fromme Scheu läßt sie die „weitläuftigen schönen Gebäude" meiden, die in ihrer Menschenleere etwas Unheimliches und Gespenstisches haben. Nur den einen oder anderen Jungen treibt es zuweilen heraus zu den geisterhaften Plätzen, und dann berührt er den Stein mit dem Finger, „weil ein Glauben in ihm war, daß er den warmen Strahl der Sonne angeschluckt, wie ein Schwamm, und Funken fahren lasse, welches im Mondenschein so wunderlich aussehen müsse". Die ausgestorbene tote Stadt, über der der Himmel gelegen hat „wie eine graue Augbraue über einem erstarrten und toten Auge" erinnert uns an alte Sagenmotive von versunkenen Inseln wie Atlantis oder Vineta, die ein Gericht der Götter traf und die nach der Sage im Meere versunken sind, um nur in langen Zeitabständen von vielen hundert Jahren an einem bestimmten Tage wieder aufzutauchen. Ihre Erlösung ist dann meist an bestimmte Bedingungen geknüpft, die doch nicht erfüllt werden. Mörikes ausgestorbenes und teilweise wieder neu belebtes Orplid ist ein eigentümliches Zwitter-Gebilde von Landesgeschichte mit eigener Mythologie und gespensterhaftem Dasein, das der Zeit entrückt ist und doch nicht aus ihr zu fliehen vermag. Das Orplid von einst, das Orplid der ewigen Jugend, verderbt durch „Verfeinerung der Denkweise und der Sitten", seinem unschuldigen Urzustand entfremdet, ging, von den Göttern geschlagen, zugrunde. Das Orplid von heute, in dessen letzter Randzone die neuhinzugekommenen widerwärtigen und süßlichen Narren, der Buchdrucker und der Wispel, leben, ist nur noch durch die mythische Gestalt des tausendjährigen Königs, der wie Ahasver nicht sterben darf, mit dem zur Legende gewordenen Orplid von einst verknüpft.

Dieser letzte König von Orplid ist die tragende Gestalt der Dichtung. Orplids mythische Zeitlosigkeit schlägt hier um in ein fast schon modernes Leiden an der Zeit. Dieser König gehört als Mensch dem Schicksal und der Zeit an, aber er soll doch zugleich in den Bereich des zeitlos Göttlichen hinüberwachsen. Das geschieht in einer Märchenhandlung, die das Leiden seiner Seele spiegelt. Für den König hat die Zeit keineswegs aufgehört, sie ist nur immer langsamer geworden, eine Zeit, von der man sagt, daß in ihr „Steine wachsen".

Vergangenheit und Gegenwart und Zukunft – –
Gäb' es für die Vernunft ein Drittes noch,
So müßt' er dort verweilen in Gedanken.

Dieser anmutsvolle und verfinsterte König mit seiner jugendlichen und doch schmerzlichen Miene, mit der tausendjährigen Kraft und dem verworrenen, müde gewordenen Bewußtsein, dieser König Ulmon ist in seinen langen Lebensjahren zu einer Gestalt geworden, der die Zeit das Gehirn mit zäher Haut bezogen hat, so daß er in Gefahr gerät, sein eigenes Selbst zu vergessen und das Einst vom Heute nicht mehr scheiden zu können. Das Bewußtsein als Erinnerung, dem seine Inhalte trotzdem mehr und mehr ins Vergessene zerrinnen, ohne daß völliges Vergessen möglich ist, ist zu einer furchtbaren Qual geworden.

Umsonst! Umsonst! Es schwingt das alte Rad
Der glühenden Gedanken unerbittlich
Sich vor dem armen Haupt mir!
Will das nicht enden? Mußt du staunend immer
Aufs neue dich erkennen? Mußt dich fragen,
Was leb ich noch? Was bin ich? Und was war
Vor dieser Zeit mit mir? – Ein König einst,
Ulmon mein Name; Orplid hieß die Insel;
Wohl, wohl, mein Geist, das hast du schlau behalten
Und doch mißtrau' ich dir, Ulmon, Orplid –
Ich kenne diese Worte kaum; ich staune
Dem Klange dieser Worte – Unergründlich
Klafft's dahinab – o wehe, schwindle nicht!

Ulmon wird sich selbst in seinem tausendjährigen Alter so unwirklich, daß er nicht mehr weiß, was Wahrheit und was Trug ist und ob sein eigenes Dasein selbst nur Schein. Das Götter-Glück der ewigen Jugend Orplids ist zum Götter-Fluch, alt zu sein, ohne sterben zu dürfen, umgeschlagen.

In der Ulmon-Gestalt steckt etwas von Mörikescher Selbstdeutung. Denn Mörikes Fähigkeit zu spielen, sich als göttliches Kind jenseits aller Zeit zu stellen, ist nur die eine Seite seines Wesens. Daneben sieht er sich von der ständigen Gefahr des Selbstverlustes bedroht. In dem Jugendbrief an Wilhelm Hartlaub vom 20. März 1826 spricht er sich darüber aus, daß er Angst hat, den Freund „mit dem Schein von etwas Vollkommenerem" betrogen zu haben, als er wirklich zu bieten hat. „Sieh! dann fließt mein ganzes Wesen in eine Wehmut zusammen, und es ist, als sähe ich durch meine Tränen hindurch mein eignes Bildnis doppelt, wüßte nicht, welches das rechte ist oder das gute – – kurz, ich bin mir und Du, Alles – ist mir ein Rätsel – glaube mir bester Hartlaub! Ich habe in solchen Augenblicken der wunderbarsten Rührung allemal ordentlich laut lachen müssen, wie man im Schwindel tut, über mein eignes Geschick als über etwas Fremdes und über das Etwas, was sich seit meiner Geburt sonderbar und mit einem wie durch unsichtbare Geister immer wieder sanft aufgelösten Widerspruch in mir gemischt hat." So wie Mörike sich hier selbst zum Doppelgänger wird, ohne zu wissen, in welcher der beiden Gestalten sein eigentliches Wesen enthalten ist, so ist auch Ulmon in seinem tausendjährigen Leben sein eigener Doppelgänger geworden, sich selbst fremd und rätselhaft. Das Schicksal aber ist die dunkle undurchdringliche Gegenmacht, die „den verborgenen Knoten" des Lebens in unsichtbaren Händen hält. In solchen Augenblicken bekommt Mörikes Wesen etwas Zielloses, und er selbst vergleicht sein Dasein mit einem „gedankenlos dahintreibenden Schiff". Die ungebundene Spielfreiheit, die in so viele Masken und Larven schlüpfen kann, schlägt in den unvermeidlichen Augenblicken der Leere und Ernüchterung in Selbstmitleid, in eine Verzärtelung des eigenen Ichs um, sein Wille ist nicht stark genug, um sich im Zukünftigen gestaltende Ziele zu setzen, und er verliert sich dann im lähmenden Bewußtsein der eigenen Nichtigkeit. Die Seele wird sich dumpf, unbekannt und rätselhaft. Im Ulmon der Mörikeschen Jugend ist das eigene Alter vorweggenommen, dem die produktive Kraft verlorengeht und das sich im „Gram" der Hypochondrie und der Krankheit verzehrt, ein fast gespenstischer Vorgang. Mörike konnte nur im Zauberkreis des Spieles seine Erfüllung finden. Sobald er die bergende Welt seiner Kunst, seiner Freundschaften, seiner beseelten Dinge, seiner Tiere und Landschaften verlassen mußte und den Nöten und Zwängen des Daseins nicht mehr ausweichen konnte, dem Beruf, den festen Pflichten, der Ehe und den wirtschaftlichen Forderungen, zerrinnt ihm das eigne Ich zu einem Ulmon-Spuk. Die Welt ist dann da und doch nicht mehr da; er möchte sich flüchten und kann es nicht mehr; das Bewußtsein wird zu einer einzigen Wunde, die unausgesprochene Angst spiegelt sich in seiner Seele als „heimlicher Zwiespalt", als „unausfüllbare Leere", als „Gram". Ulmon wird das eigene, schon gelebte Leben traumhaft, und er wünscht sich erinnernd zurück in das bereits Gewesene, in seine Liebe zur Königin, in die einst gelebte Vergangenheit. Auch für Mörike löst sich das Dasein in der Zeit immer wieder in die Zeitlosigkeit des Traumes auf. In einem Brief an Wilhelm Waiblinger vom August 1824 spricht er von der „wundervollen geheimen Rückverwandlung in ein schon Gewesenes". Wenn es Mörike um die „Totalempfindung seines ursprünglichen Wesens", um die „Entwicklung des inneren Menschen" zu tun ist, so verzaubert sich ihm dabei die Vergangenheit entweder in ein süßes Märchen, das er sich hundertmal vorsingen möchte (vgl. Brief an Luise Rau vom 5. November 1829), oder er erlebt die „alles enttäuschende Zeit“ als den entzaubernden Gegenspieler, der den Goldfirnis von seinen Zaubergärten abstreift. Das Dasein in seiner verlangsamten Zeitlichkeit, wie es König Ulmon erleben muß, ist ein Sinnbild für den Zustand der Seele, dem die mythische Spielfreiheit einer ewig jungen und göttlichen Phantasie bereits in der Qual gewordenen Erinnerung verlorengegangen ist.

Dennoch bleibt auch dieser König noch einer der Wärter des Insel-Götterkindes, ein Seher und Priester, dessen heilige Seele sich dem Meere gleich kräuselt, bevor der Sturm erscheint, und der wie ein Seher Wunder künden möchte, wenn der Geist in ihm rege wird. Obwohl durch das Schicksal geschlagen, ist er ein Liebling der Götter, der an ihren Geheimnissen Anteil hat. Aber freilich, sein Auge wird trübe, sein gequälter Geist sehnt sich nach ungestörter Dumpfheit, nach dem Nichts des Todes, zu dem ihm der Weg versperrt ist, weil die Himmlischen den Schlüssel zu seinem Grabe in das Meer geworfen haben. In der Raserei des Wahnsinns – sie erinnert fast an die Wildheit eines König Lear – möchte er die Wohnung der Götter stürmen, ja noch darüber hinaus die Hölle und den Tod, „das faule Scheusal, das die Zeit verschläft“, herauf zur Erde zerren, um nicht ewig am schalen Lichte saugen zu müssen. Aber solchen Augenblicken folgt dann doch wieder die demütige Einwilligung in den Schicksalsspruch, der nach göttlichem Willen in der Weissagung gebunden liegt und ihm selbst ein übermenschliches Los bestimmt hat.

Ein Mensch lebt seiner Jahre Zahl;
Ulmon allein wird sehen
Den Sommer kommen und gehen
Zehn hundertmal.

Einst eine schwarze Weide blüht,
Ein Kindlein wird sie fällen,
Dann rauschen die Todeswellen,
Drin Ulmons Herz verglüht.

Auf Weylas Mondenstrahl
Sich Ulmon soll erheben
Sein Götterleib dann schweben
Zum blauen Saal.

König Ulmons Schicksal in seinem tausendjährigen Leben ist die magische Bindung an die junge Feenfürstin Thereile. Im Kreise ihrer koboldhaften, kindlichen Elfen ist sie zeitlos jung, kein menschliches, sondern ein dämonenhaftes Wesen, zwar aus Fleisch und Blut, aber ohne Schatten. Das Bündnis der Fee mit dem Sterblichen steht in dem verschwiegenen Zwielicht von Dämonie und verbotener Liebe. Die Fee, von der Liebe nach dem Sterblichen verzehrt, kann ihn magisch herbeiziehen, aber nicht zur Liebe zwingen. Es ist eine vergiftete Liebe, die Ulmon erfährt. Wie in einem Netz sieht er sich eingefangen, mit Lockung und Abstoßung, mit Tanz und mit einem Lächeln „wie drei Tropfen süßes Gift, das in dem Kuß mit halbem Tode trifft“. Aber Thereiles Welt, die Anmut auf Anmut häuft, bleibt für Ulmon eine Qual, weil alle diese Küsse und Blicke, dieser ganze Liebesdurst nur „fruchtlose Boten unbegrenzter Lust“ sind, die ihn von seinem ersehnten Ziel, der dunklen Blume des Todes, nur irrlichternd fortführen. In der dämonischen Bedrohung durch die Feen-Liebe, die umsonst bleibt, ein schwüler Zauberdunst, weil der irdische Leib des Königs trotz aller magischen Mittel „dem Blut, das ihn gezeugt, verfallen“ ist, liegt jedoch zugleich auch die Begnadung des „Gesangs zu zweien in der Nacht“, den Mörike in die Orplid-Dichtung eingefügt hat.

In der Ulmon-Thereile-Handlung ist die Sage von Orplid zum reinen Feen- und Zaubermärchen geworden. Das Mythologische steht bei Mörike immer in der Nähe des Märchens. Hier schon begegnet uns die Gestalt des sicheren Mannes, des gutmütigen und in seiner Vernunftlosigkeit zugleich gefährlichen Riesen, auf dessen Stiefeln die Elfe Silpelitt sitzt und sich schaukeln läßt. Die Erlösung des Königs ist an dieses Elfenkind geknüpft, das von einem Menschenvater und einer Fee stammt und in solcher Doppelheit mit dem Schicksal Ulmons verknüpft ist, der ja auch zwischen seinem menschlichen Los und dem Gebanntsein durch die Fee hin und her gerissen wird. Die Erlösung selbst ist für Mörikes Phantasie sehr bezeichnend. Lyrische und bizarre Momente sind spielerisch miteinander verknüpft. Ein geheimnisvolles Buch muß dazu beschafft werden, in dem verzeichnet steht, „was Götter einst Geweihten offenbarten, zukünft'ger Dinge Wachstum und Verknüpfung“. Die Göttin Weyla hat es aus dem Tempel Nidru-Haddin, wo es eine weise Schlange behütete, an einen unbekannten Ort hinweggetragen. Kollmer, der Vater des Feenkindes Silpelitt, der selbst nicht ahnt, daß sein braves Kind nachts nicht im Bettchen schläft, sondern sich mit den Feen tummelt, wird der Vermittler zu dem Buch. Er bedarf dazu der Hilfe jener Zugewanderten, des Buchdruckers und Wispels, Figuren der Mörikeschen Groteske von schmieriger Dürftigkeit und lächerlicher Hohlheit, die am Rande seiner Märchenwelt auftauchen und mit in sie verflochten sind. Kollmer findet durch ihre Unterstützung das Wunder-Buch, und damit ist auch schon die Wunder-Stunde eingetreten. Die Insel zittert rings und hüpft wie ein neugebornes Kind in den Windeln des Meeres, neugierige Delphine fahren rauschend am Strand herauf, ein liebliches Sommerungewitter flammt rosenhell in einer Luft der Kühlung und färbt das grüne Eiland morgenfrisch. Es ist eine Stunde der Erwartung, bei der es nicht erstaunlich wäre, wenn die Gespenster aus ihren Gräbern stiegen und „um alle Ufer in grauer Wolke sich die Vorzeit lagerte". In solcher festlichen Stunde der Natur vollzieht sich der erlösende Märchenvorgang, wie er im Orakelspruch bereits verheißen wurde. Der König spannt nach der Weisung des Schicksalsbuches mit tausendjähriger Stärke den Bogen, und Silpelitt, das Kind, drückt den Pfeil ab auf die schwarze Weide und ihren glatten Stamm, in dessen Saft die Fee Thereile vor wenigen Monden ihres und Ulmons Blut eingeimpft hat. Dem schmerzvoll getroffenen Baum aber rinnt aus den Adern „der Liebe Purpur", und in der Ferne spürt das Herz der Fee die schreckliche Veränderung, die die Machtlose an den Rand des Wahnsinns bringt.

Solche Märchen-Bilder soll man nicht mit klügelnder Pedanterie ausdeuten wollen. In der Schicksalsbindung des tausendjährigen Ulmon an das Kind Silpelitt, das durch den gleichen magischen Vorgang von einer halben Elfe in einen glückhaft vergessenden Menschen verwandelt wird, liegt etwas unsagbar Zartes. Steckt doch auch in dieser zerrissenen und gleichwohl heroischen Ulmon-Figur, in ihrem Alter, das sich selbst zu vergessen droht, das kindlich Träumerische, das sie zum Gefährten der Götter und der Kinder macht – nicht nur verflucht, sondern auch begnadet. Denn der einzige Überlebende dieser Insel ist Zeuge ihrer unvergänglichen Jugend geblieben, ein Liebling der Götter, der am Ende selbst vergottet wird. Ulmons Tod ist Verklärung am Mummelsee; hier nimmt das treuste Kind des Landes Orplid Abschied, und der verschwiegene See empfängt seinen Leib, während der Geist zum rosigen Lichte der Weyla emporsteigt. Die Zeit, das blutsaugende Gespenst, wirft ihre Larve ab und steht als Ewigkeit vor dem Staunenden. Die Seele aber, zugleich vom höchsten Schmerz und der höchsten Heiterkeit erfüllt, ist Seele des Begeisterten, der sich vom Gott der Nacht gerufen sieht. In dem großen Spiegel, den ihm Silpelitt, aus der Mitte des Sees gestiegen, entgegenhält, erblickt er sich selbst als Knaben und gekrönten Fürsten. Erinnerung ist wieder zur zurückholenden Heimat geworden, die den ohnmächtig im See versinkenden König zum zeitlos Göttlichen hinüberträgt. Die Schlußverse sprechen eindringlich zu uns. Sie zeigen uns den immer noch jungen König Ulmon, der in der Stunde des Abschieds mit seinem gelebten Leben erinnernd wieder eins wird. Was hier geschieht, ist Vergottung. Denn Gott werden heißt eingehen in Weylas blauen Saal, in die Traum- und Zaubersphäre der ewigen Jugend, in der das Leiden des Bewußtseins gelöscht ist und in der der Erwählte wieder in das Elementare, die Ursubstanz der Insel Orplid, zurückkehrt. Im mythischen Spiel der Phantasie wird hier das Leben des Geistes von neuem naturhaft verstanden, aber so, daß dahinter ein Höheres und Ewiges geahnt werden darf.

Die Orplid-Dichtung hält sich in der Schwebe zwischen Sage, Märchen und Mythos. Zu ihr gehören auch noch die grotesken Randgestalten, die in ihrer witzigen Verschlagenheit und treuherzigen Zerlumptheit vom Mimischen her charakterisiert werden. So läßt Mörike seinen Wispel mit klanglicher Anlehnung an seinen Namen blinzeln und zwinkern und gibt ihm eine „süßlich wispernde Sprache“. Das

Possenhafte ist nicht nur Nachahmung Shakespearescher Rüpelszenen, sondern ja auch ein Grundzug Mörikeschen Wesens, eine Freude am Närrischen und Kauzigen, der das ganze Dasein wie ein großes Tollhaus erscheint, in dem wir nicht mehr unterscheiden können, ob eigentlich die Tollen im Rechte sind oder die Gescheiten, die sich einbilden, von jeder Tollheit frei zu sein. Es ist sehr bezeichnend, wenn in einem Brief an Mährlen vom 7. Mai 1829, der mit Begeisterung von der Lektüre des Schiller-Goethe-Briefwechsels berichtet, seine Stimmung plötzlich umschlägt. Mörike erzählt darüber: „Zuletzt geriet meine Phantasie auf ganz fremde Abwege; ich durchlief die benachbarten Zellen des Irrenhauses und wühlte in der nächtlichen Fratzenwelt ihrer Träume. Auf die schöne Tagesklarheit Deines Büchleins grinsten tausend Narrengesichter, die mit ihren tief pfiffigen Augen mich fast überredeten, die Philosophen liegen in einem entsetzlichen Irrtum, und nur sie, die Narren, wären hinter die Gardine des göttlichen Verstandes gekommen, wo man sehe und fast platze vor Lachen, wie Herr Schiller und Herr Goethe sich mit wichtigen Mienen und Bücklingen über die Vergoldung von Nüssen und des mundus in nuce unterhalten." Es gehört zum Bilde des Humoristen Mörike, daß auch das Ernsteste sich unversehens in sein Gegenteil verkehren kann, aber auch der hohlsten Gestalt noch eine, und sei es auch nur pantomimisch erfaßte, Lebensbedeutsamkeit zukommt. Der große Humor setzt einen göttlichen Abstand zu allen irdischen Blickpunkten voraus. Er steht noch jenseits der Zone des Tragischen. Jeder Blick in den „Maler Nolten" und in die Peregrina-Gedichte zeigt jedoch, daß Mörike das Tragische bis an die Grenze der Selbstzerstörung und des Wahnsinns gekannt hat. Humor aber ist seine Form der Lebensrettung gewesen, die das Tragische wiederum aufhebt. Er entspringt aus dem unverbindlichen, grenzenlosen Spieltrieb, mit dem Mörike in seine vom Mimischen her erfaßten Gestalten, wie hier in den Buchdrucker und Wispel, einschlüpft, und dem es eine koboldhafte, aber nie bösartige Schadenfreude bedeutet, sich über alles und jedes lustig zu machen. Freilich behält der Humor als Spiel auch wiederum etwas gefährlich Boden- und Bedingungsloses. Das Leben wird mit einem Male zu einer Maske, die man gerade bei dem treuherzigen Pfarrer am wenigsten vermutet. Solches Sichverkleiden ist für Mörike ein Selbstschutz seiner allzu verletzbaren Seele. Mit dem leidenschaftlichen und buchstäblichen Ernst des Kindes lebt er sich in seine Rollen ein, die ihm niemals verpflichtende Wirklichkeit werden. Auch die ins Wesenlose entgleitende Figur des Wispel, die nach Rudolf Ibels treffender Charakterisierung ,,sich überall dazwischenschiebt, Verbindungen schafft, immer neue Rollen spielt, ohne selbst etwas zu sein", ist noch eine Mörike-Maske: Sinnbild für die Gefahr, daß das eigene Wesen sich im Larvenhaften verliert: es ,,ist vielleicht die äußerste, fast sinnlos wirkende, teils spielerische, teils witzige Arabeske, mit der Mörike das Peregrina-Geheimnis verschleiert und maskiert". Selbst der Vikar und der Pfarrer, der Ehemann und der Hausvater sind, wenn man genauer hinsieht, für Mörike noch „Rollen" gewesen. Aber diese ans Magische grenzende Verwandlungsfähigkeit – auch die Liebe zum Theater gehört hierhin – gibt ihm zugleich die geniale Einfühlung in die Motive des Märchens, die er nicht zu suchen braucht, sondern in denen er ursprünglich zu Hause blieb. Als ein spielendes Kind entzog er sich der harten Welt des Sollens. Aber das Bewußtsein konnte den Zustand des Kindlichen nicht immer festhalten, wenn es von Erinnerungen beglückt und bedrängt wurde. An solcher Grenze wird uns die Gestalt Mörikes rätselhaft und geheimnisvoll, sein Kern bleibt versteckt, die Zuflucht zum Märchen aber ist dann nicht mehr naiv, sondern der fast künstliche Versuch eines übermächtig bedrängten Menschen, der Angst vor dem Nichts zu entfliehen.

II

Mörikes frühestes Prosamärchen „*Der Schatz*“ (1835) behandelt das Wunderbare noch als scheinbar, fast als Scherz. Es zeigt den deutlichen Einfluß der Romantik, besonders von Tieck und E. Th. A. Hoffmann und ist mehr literarisch als ursprünglich. Wenn es in dem verwirrenden Versteckspiel der romantischen Ironie das Gewöhnliche mit dem Wunderbaren verquickt, so werden damit die reinen Linien des Märchens auf eigenwillige Weise verwischt. „Der Schatz“ ist eine Rahmenerzählung. Der Hofrat Franz Arbogast erzählt im Speisesaal eines modernen Kurortes einer kleinen Badegesellschaft von den wunderbaren Begebenheiten seiner Jugend. Wir erfahren, wie er als junger Goldschmiedegesell mit 400 Goldstücken im Felleisen nach Frankfurt reist, um edle Steine für eine Königinnenkrone einzuhandeln, aber dann unterwegs auf eine rätselhafte und nie ganz aufgeklärte Weise bestohlen wird. Statt den Diebstahl der Polizei zu melden, folgt er dem Rate eines kleinen Büchleins, dem „Schatzkästlein“, das ihm am Tage der Konfirmation von unbekannter Seite geschenkt wurde. Dort findet er die prophetische Weisung:

Was dir an Gorgon wird gestohlen
Vor Cyprian kannst's wieder holen;
Jag nit danach, mach' kein Geschrei,
Und allerdings fürsichtig sei.

Da gerade St. Gorgonstag ist, vertraut er darauf, daß der Diebstahl sich von selber klären werde. Zunächst freilich gerät er nur in Schwierigkeiten und will sich schließlich zu Verwandten retten. Aber als er sich unterwegs verirrt hat, wird er durch die Zauberei eines spukhaften Wegweisers – oder ist es nur die Wirkung eines guten Likörs? – zu dem verrufenen, grauen Schlößchen hingeleitet. Dort findet er seine totgeglaubte Kinderliebe wieder, zunächst freilich ohne sie zu erkennen, erfährt die Geschichte eines geheimnisvollen Schloßgeistes, der als Spukgestalt immer noch herumwandern muß und der ein Ahne eben jener Prinzessin ist, für die er den Goldschmuck besorgen soll. Er erlebt allerlei Wunderliches, hebt dann mit Hilfe von Elfen und Träumen den Schatz der „Waidefeger", erlöst den Spukgeist des Schlosses und bekommt am Ende in der alten Kinderliebe seine Braut, ja findet auch seine eigenen, verlorenen Goldfüchse wieder.

Mörikes Verhältnis zum Wunderbaren ist hier nicht naiv, sondern ironisch. Der Leser wird bewußt zum Narren gehalten. Die bürgerlich rührende Liebesgeschichte, die novellistische Schloßromantik und der elementare Elfen- und Koboldzauber sind bunt durcheinandergemischt. Wie bei Hoffmann greifen auch hier zwei Welten ineinander: die Welt des modernen Badeortes, der Hofräte, Obersten, Forstmeister, Spessart-Räuber, der rein menschlichen Liebes- und Wandererlebnisse und daneben die Welt der furchterregenden Waldeinsamkeit, der im Nebeldämmer auftauchenden

Gespenster und Dämonen. Das Unheimliche geht auf die Menschen und das rein Menschliche wieder auf die Dämonen über. Der Kern des Ganzen ist ein Glücks- und Abenteurermärchen, die wunderbare Lenkung eines menschlichen Schicksals noch jenseits aller zweckhaften Berechnung. Fast alle Mörikeschen Märchen sind im Grunde Glücksmärchen. Aber das Wunder wird hier nicht ernst genommen wie im „Letzten König von Orplid". Es geht um bewußtes Vertauschen von Wirklichkeit und Phantasie, bei der beides in der Schwebe bleiben soll. Nur an einzelnen Stellen dieses Märchens entfaltet die Phantasie eine eigene Kraft, etwa in dem freilich noch sehr an E. Th. A. Hoffmann erinnernden Wegzeiger, in den ein gehängter Vagabund verzaubert wurde, oder in dem elfenhaften Feldmesser, der nächtlicherweise auf der Landkarte Europas herumreist und dabei fast in den Rhein fällt. Der staunende Handwerksgesell lernt ein Stück Elfenvölkerkunde kennen und beobachtet die Weinlese der Waidefeger, die sich auf der rohen Zeichnung einer Mauer und einer Eiche in der Titelgegend der alten Landkarte abspielt. Im ganzen sind das jedoch mehr witzige und phantastische Einfälle, die nicht der ursprünglichen Mythologie des Märchens entstammen. Dazu gehört auch der Turmhahn, der mit einer großen Uhrtafel in seinen zwei Klauen davonfliegt und dann die Tafel selbst als Ziel aufstellt, auf das die Schützen der Waidefeger mit ihren silbernen Bogen schießen. „Er krähte hell bei jedem Schuß die betreffende Zahl nach den Ringen. Die Majestät selber verschmäht nicht, die Armbrust einmal zu versuchen, und ob sie gleich ganz abscheulich fehlschoß, ja sogar den Rufer blutig verletzte, so schrie derselbe doch, anständig seinen Schmerz verbeißend, mit lauter Stimme: ‚12 in der Minut'! Was diesmal ausnahmsweis noch höher als das Schwarze galt. Unmäßiger Beifall erscholl aus den Reihen, derweil der Göckel sich insgeheim den Pfeil aus seinem Schwanze zog." Nur die Gestalt der Fee Briscarlatina, die vorübergehend durch die Geschichte huscht mit ihrer roten Gewandung und ihrer leichenblassen, nur manchmal von einer jähen Glut überflossenen Gesichtsfarbe, ist weit mehr als eine bloße Allegorie des Scharlachfiebers. In ihr steckt ein Stück unmittelbarer Dämonenwirklichkeit, ähnlich wie in der Totenfrau, der Frau Lichtlein mit ihren Fieberäpfeln. Im ganzen aber ist „Der Schatz" ein literarisches Märchen im Stile der Romantik mit einem reizvollen Versteckspiel an der Grenze von Traum und Wirklichkeit, einem Hinüberspielen der Phantasie in den Bereich des Wunderbaren, bei dem der Dichter sich selbst zuschaut und seine eigenen Geheimnisse teils bewußt verhüllt, teils aufdeckt.

Wesentlich anders sieht schon Mörikes zweites Prosamärchen „*Der Bauer und sein Sohn*" (1838) aus. Es erzählt die Geschichte von der Errettung eines Pferdes aus der Hand seines Peinigers durch den Sohn des Bauern, Frieder, der den Gaul mit einem „schönen Märchenengel mit einem silberhellen Rock und einem Wiesenblumenkranz im gelben Haar" auf eine unsichtbare Wiese mit goldenen Blumen, herrlichem Futter und seltsamen Kräutern davonreiten läßt. Am Ende wird der brave Frieder durch den König belohnt, als er seinen „Hansel" wiedergefunden hat und sein Eigentumsrecht dadurch beweist, daß er auf dem Rücken des Pferdes den Nußbaum im Ring umreiten kann. Ein solches Motiv, die Gewinnung eines Stückchen Landes durch Umreiten, ist uraltes Märchengut. Mörike trifft hier durchaus den naiven Ton der Grimmschen Kinder- und Hausmärchen. Auch die abgeschlachteten Ochsen, die nachts am Kammerladen anklopfen und in ihre kalten Mägen etwas zu fressen bekommen wollen, gehören in die Märchenwelt der Tier-Motive hinein. Das Ganze ist nicht frei von moralischer Färbung, Anklage gegen Tierquälerei, die sich aber nirgends aufdrängt. Mörikes Verhältnis zu Tieren blieb immer ursprünglich. Man denke an seine eigene Menagerie, etwa an seinen Staren, den er als „Herr Tartini“ und mit „Sie“ anredet und für den er einmal sogar eine eigene Starennotenschrift entwirft. Der beseelten, aber sprachlosen Kreatur hat er stets eine rührende Liebe entgegengebracht. Wie tief dieser Zug bereits in seiner Jugend wurzelte, zeigt der Brief an Waiblinger, Mitte Februar 1822 geschrieben: „Gestern las ich eine Stelle aus Novalis, die mich an dieses mein (Hüttchen) Sorgenfrei erinnerte. Eine Liebe zu einer leblosen Sache ist wohl gedenkbar, auch zu Pflanzen, Tieren, der Natur, ja zu sich selbst. So entsteht ein höchst geistiger und sinnlicher Umgang, und die höchste Leidenschaft ist möglich – – Die Geheimnisse dieses Umgangs sind noch sehr unbeleuchtet.“ Später war es der Cleversulzbacher Haushund Jodli, der eine große Rolle in Mörikes Leben spielte, den er in einem Gedicht gratulieren läßt und über den sich im Nachlaß das köstliche Impromptu findet:

Die ganze Welt ist in dich verliebt
Und läßt dir keine Ruh.
Und wenn's im Himmel Hundle gibt,
So sind sie grad wie du.

In der Liebe zu Tieren steckt vielleicht immer ein Stück Flucht vor den Menschen, nicht nur das Lächeln über die Unvollkommenheit und Hilflosigkeit der Kreatur, sondern auch das Festhalten an Gefühlen, die im Ursprünglichen der Natur wurzeln, in der vergesellschafteten Welt der Menschen aber allzu leicht verlorengehen. Mörikes Nähe zu Tieren und Blumen ist der Schutz gewesen, den die allzu verletzbare und im Augenblickshaften bedrohte Seele im Sein selbst gefunden hat. Daher fehlt auch in dem Märchen mit dem Tiermotiv jede Ironie, aber auch – außer in der unsichtbaren Wiese, die „von ordinären Leuten nicht gesehen wird" – jede absichtsvolle Symbolik. Auch „Der Bauer und sein Sohn" ist ein Glücksmärchen. Die Liebe zu den Tieren und zu der Natur zeigt den Weg zum Glück an. Aber alles vollzieht sich fast ohne Zauber und ohne Wunder, geradezu handfest-realistisch. Die Neigung, Glücksmärchen zu dichten, entspringt aus Mörikes verborgener Sehnsucht nach dem Paradiesischen. Auch Orplid war ja ein verlorenes Paradies. Er selbst spricht einmal von seiner mühsam erworbenen Fähigkeit, „jeder Lage die größtmögliche Summe reinen Glücks abzugewinnen". Im Märchenerzählen entfaltet sich seine Sehnsucht nach den reinen Augenblicken des Daseins, die man in der Wirklichkeit nicht festhalten kann. Das Leid, eine harte und grausame Welt, die das Volksmärchen ja nicht weniger als die gnadenvolle kennt, tritt dabei zurück. Das Märchen wird für Mörike zu einem Zaubergarten, in dem der wehrlose Mensch, das heißt gerade der treue, der schlichte, der kindliche Mensch, geborgen ist. Aber Mörikes Kindlichkeit haftet etwas eigentümlich Zweideutiges an. Wohl ist sie bis ins hohe Alter hinein ein durchgehender Zug seines Wesens, aber sie ist auch eine fast bewußtlos angenommene Maske, eine Art Zuflucht vor dem andrängenden Leben. Mörike will die Kindheit gewaltsam festhalten und gerät dabei in Gefahr, zum Schauspieler seiner selbst, zum Zuschauer der eigenen Kindlichkeit zu werden. Der Zustand des Kindseins soll ihn davor bewahren, aus dem „unglaublich verzärtelten Gang" seines inneren Wesens schmerzhaft herausgerissen zu werden. In dem Brief an Waiblinger vom August 1824 wird die Kind-Rolle in ihrer halb weinerlichen, halb lustigen Stimmung bis zum Traumsymbol gesteigert. „Unser Innerliches fühlt sich sonderbar geborgen und guckt wie ein Kind, das sich mit verhaltenem Jauchzen vor dem nassen Ungestüm draußen versteckt, mit hellen Augen durchs Vorhängel, bald aus jenem, bald aus diesem vergnügten Winkelchen.“ Wenn das Mörike-Kind nunmehr aus dem Traume in die Wirklichkeit läuft, so möchte es doch die Rolle des Kindes und seines Traum-Glückes beibehalten, ja im Grunde sich zurückverwandeln in den ursprünglichen Traum-Kern, in das Kind der Vergangenheit. Oft ist es bei Mörike so, als ob hinter den Gespinsten traumverhangener Augenblicke die Gewebe noch weiter zurückliegender Träume auftauchen. Aber in solcher Balance auf den „Spitzen des Gefühles“ liegt auch die Gefahr verborgen, daß eine feine, gefährliche Spaltung, ein fast unmerklicher Widerspruch durch das Bewußtsein hindurchgeht: Kind als Maske und Kind als Ursprung. Aber gerade diese Spaltung gibt Mörike dann die dichterische Kraft, die über die Naivität des Kindseins durchaus hinausgeht, aber doch die Einfühlung in die Märchenwelt behält und sie zum eigentlichen Bereich seiner künstlerischen Freiheit macht. Solche Märchen-Dichtung bleibt aber auch vor der Gefahr bewahrt, im Stile der Romantik programmatisch zu werden oder gewollt symbolisch, etwa als die wahre „Symbolik des Universums“. Wohl hat der Freund F. Th. Vischer, der ihn sonst so gut verstand, hier aber an ihm vorbeisah, ihn heftig bestürmt, über die Phantasie des Märchens hinauszugehen. „Du wirst“, so schreibt er am 24. August 1838, „wenn Du Dich in diesem Gebiete der Elfen, der sichern Männer, der

Geister, der Salamander fixierst, Deinen großen Genius verpuffen. Ich möchte so gerne ein Drama von Dir! Ich möchte es der Welt so gern gönnen! Oder etwas umfassend Episches, was die Welt hinreißt durch weltbeherrschte Ideen aus der sittlichen Welt! Ich möchte Dich bitten einen großen historischen Stoff zu behandeln." Mörike aber wußte, daß dies alles ihm nicht gemäß war. Er meint lässig, damit sei ihm des Guten doch zu viel zugetraut, und er fährt fort mit einer unvergleichlich trockenen und zugleich anmutigen Wendung: „Zum wenigsten bin ich für jetzt ex altis regionibus noch ganz verbannt, und

Die Märchen sind halt' Nürnberger War',
Wenn der Mond nachts in die Butiken scheint;
Drum nicht so strenge lieber Freund,
Weihnachten ist nur einmal im Jahr."

Märchen ist hier nicht, wie bei Novalis, der Schlüssel, der zu den philosophischen Mysterien des Seins führt, auch nicht, wie bei Tieck, phantastische Anschauung und Verkündigung des in die Formen der stummen Natur gefesselten Geistes. Verborgene Welt- und Naturgeheimnisse will Mörike zum mindesten nicht bewußt aussprechen. Das gibt seinen Märchen das eigentümlich Absichtslose: „Nürnberger War'". Mörike wohnt wie von selbst in einem Märchenland, ohne sich erst entdeckerisch hineinzubegeben. Er spinnt sich in eine Welt der Wunder und der Schönheit ein, die von der wirklichen nicht geschieden ist, sondern sie erst trägt und durchleuchtet. Darum gelingt ihm, wie sonst nur Eichendorff, die selige Verwandlung der Welt in Poesie. Doch ist er handfester, dinglicher, sinnenfroher und auch reicher an Schnurren und Schabernack als Eichendorff. Beide Dichter haben im Lyrischen den reinen Klang gemeinsam, der nicht gesucht, sondern nur gefunden werden kann. Aber Eichendorffs Märchen-Motive sind in die dialektische Spannung von Christentum und Heidentum eingebaut, die Mörike völlig fremd war. Das Märchen wurde für Mörike zum Spiel-Raum für eine ins Holde und Anmutige entbundene Phantasie, Umsetzung eines sehnsüchtigen Verlangens nach Glück in die unbeschwerte Heiterkeit der Märchen-Bilder, bei denen auch noch das Harte und Schauerliche ins Kuriose und Koboldhafte gemildert wurde. Das tragische Element tritt in Mörikes Märchen durchaus zurück.

Künstlerisch am reifsten ist das „*Stuttgarter Hutzelmännlein*“ (1852), eine Verflechtung verschiedenster Märchenmotive, „ein wahres Mausnest von Fabeleien, die durcheinander krabbeln“ (David Friedrich Strauß). Auch hier wieder haben wir ein Glücks- und Abenteurermärchen, das das Schicksal zweier Menschenkinder behandelt, zweier Schützlinge des Stuttgarter Schusterkobolds, des Pechschwitzers, des Hutzelmännchens, des Trösters. Zwei Paare Glücksschuhe werden verwechselt, und das schafft dem Schustergesellen Seppe und der Vrone Kiderlen mancherlei leichten und schweren Verdruß, bis am Ende der Kobold sie zu dem glücklichen Paar vereinigt, das sich vor aller Augen unter dem Jubel des Volkes, vom magischen Zwang ihrer Zauberschuhe getrieben, bei gefährlich anmutigem Seil-Tanz verlobt. Nicht ein einheitlich aufgebauter Mythos tritt uns hier entgegen, sondern eine Reihe von Märchenmotiven, die mit dem Helden mehr oder weniger verknüpft sind. Da haben wir das Hutzelbrot – es besteht in der Hauptsache aus gedörrten Früchten – ein Backwerk, das niemals alle wird – ein typisches Tischlein-deck-dich-Motiv. Da haben wir die Legende von dem unsichtbar machenden Krackenzahn, den Graf Eberhard von Württemberg vor dem Volk für den Zahnstocher König Salomos ausgibt. Da haben wir den wie ein Krebs rückwärts gehenden Stiefelknecht, in dem sich das Knüppel-aus-dem-Sack-Motiv abgewandelt hat, und der die Obstbaumdiebe aus dem Garten herausprügelt. Da haben wir in der Perlenschnur, die zu zierlichen Mäuseschwänzchen wird, eine der Verwandlungen, die für das Volksmärchen typisch sind. Da sind die Abenteuer, Glücks- und Unglücksfälle, die an sich beliebig so weitergehen können. Die vertauschten Schuhe schaffen die launigsten Situationen. Der Vorteil, den der eine Schuh einbringt, wird vom anderen wieder aufgehoben. Der Seppe, der früher niemals klettern konnte, kommt mit Leichtigkeit auf den Baum und an das Nest mit den seltenen Vögeln, fällt aber ebenso schnell wieder herunter. An Vrones Fuß hängt sich beim Beerenlesen unbemerkt eine am Boden liegende kostbare Perlenschnur, aber sie streift sie beim nächsten Schritt wieder ab. Der falsche Männerschuh verursacht plötzlich eine unerklärliche Wildheit und Ungeschicklichkeit in dem zarten Mädchen. „Sie wird mit einem Male ein ganzer Dapp." Den Schuster hingegen quält sein Mädchenschuh, so daß er das Rad treten möchte und sich plötzlich bald zum Scherenschleifer, bald zum Dreher berufen glaubt. In Ulm gerät er an eine gefährliche Meisterin, macht ihr im Rauchfang eine köstliche Liebeserklärung; aber, als er noch rechtzeitig erfährt, daß die verführerische Dame bereits zwei Männer gewaltsam unter die Erde gebracht hat, verläßt er den Ort bei Nacht und Nebel. „Er nahm sein versehrtes Herz" – Mörike sagt es wunderschön – „drückt es, gleich wie die Hausfrauen pflegen mit einem zertreten Hühnlein zu tun, in sanften Händen wieder zurecht" und wandert der Heimat entgegen, wo er dann, nachdem die Schuhe unbewußt ausgetauscht werden, den unwiderstehlichen Tanz auf dem Seile tut und die ihm bestimmte Vrone dabei gewinnt. So führt der Hutzelmann alles zum guten Ende, obwohl der Seppe „fein nur mit *einem* Hund gejagt" hat.

Die Fülle der volkstümlichen Motive, die archaisierende schwäbische Redeform – Mörike mußte seinen Märchen ein eigenes Sprachlexikon beigeben – das Sprichwörtliche, das Holzschnittartige und Realistische, das Schwankhafte, drollig Derbe und innig Zarte, das Groteske und Zierliche in diesem Märchen – das alles kann hier nicht im einzelnen charakterisiert werden. Moritz von Schwind fand die „Vermischung des Feenhaften und Purzligen ganz ausgezeichnet lustig". Der Gegensatz von „Romantik" und „Realismus" ist bei Mörike überwunden. Auch noch die phantastischste Stimmung wächst aus dem Gegenständlichen selbst heraus. Die Freude am greifbaren Hier, an Namen, Orten, Dingen, das heimelige Geborgensein in Landschaft und Überlieferung, das Offensein auch noch für die scheinbar nebensächlichsten Umstände und Begleiterscheinungen verbindet sich mühelos mit Dämonen- und Zauberglauben, der dem Menschen geheimnisvoll elementare Kräfte verleiht, welche ihm Glück bringen. Ja, das Glück selbst wird zu einer freundlichen Dämonie, es durchbricht die natürliche Gesetzmäßigkeit durch phantastischen Zauber. Aber die Glückserfüllung ist doch keineswegs verantwortungslos blind, sondern noch an eine geheime Gerechtigkeit gebunden, die hinter diesen so spielerischen Vorgängen steht und für die der Kobold im Guten und im Bösen zum Mittler wird. Wohl treibt Mörike mit den von den Geistern geschenkten Zaubermitteln seine übermütigen, ausgelassenen Scherze. Aber das ist jetzt nicht mehr romantische Ironie, die sich über ihren Stoff hinausgehoben hat. Das ausgelassene Kreisen zwischen Scherz und Ernst bleibt eingefügt in die Natur als Ganzes, in die mythische Objektivität der Zauber-Vorgänge. Mörike steht hier nicht mehr zuschauend seinem Märchen-Stoff gegenüber wie noch im „Schatz", sondern lebt in seinen Gestalten und Motiven; der Dichter und seine volkstümlich gegenständliche Welt sind eins geworden. Alles ist wirklich, aber gerade darum kann auch allem die Märchengnade zuteil werden. In diesen Zusammenhang gehört auch die Mörikesche Komik. So wird etwa eine Art grober Bauernstiefel, die man Stuttgarter Wasserratten nennt, aus einer Koboldgeschichte abgeleitet. Das Hutzelmännlein läßt einem bösen Schulmeister gespenstisch seine Stiefel über den Kopf hinweg aus dem Fenster in den See hinabsausen. Auch die Geschichte vom Stiefelzieher oder das Spiel mit der Historie – vom „Pulver" ist die Rede, noch ehe es erfunden ist – wurzeln in der Mörikeschen Freude an Schabernack und Wortwitz. Die Komik besteht nicht nur in dem verwirrenden Durcheinander der Vertauschungen und Verwechslungen, in der Freude an einem jeder Person genau angemessenen Sprechen, in dem närrischen Unverhältnis zwischen den Dingen und den ihnen zugemuteten Worten und Gefühlen, sondern in der Vermischung des Himmlischen mit dem Irdischen. Das Magische greift als Macht in die irdischen Geschehnisse ein, nicht nur heilend, segnend und glückbringend, sondern auch verwirrend und komisch. Mörikes Humor wird zum himmlischen Scherzen mit der Bedingtheit des irdischen Daseins. Wenn hier ein „Narrenglückskind" am Ende sein komisches, seliges Glück in der fast grotesken Situation auf dem Seile findet, so ist das nicht, wie der strenge Mythenkritiker David Friedrich Strauß gemeint hat, „vergrillte Phantasie“, sondern hier spiegelt sich echte Mörike-Art mit ihrem unbestechlichen Sinn für Wirklichkeit und ihrer ebenso starken Sehnsucht nach Zauber und Magie. Diese Durchdringung des Wirklichen mit dem Magischen offenbart sich entweder als ein Heil, oder sie wirkt komisch, weil der Kontrast der Wirklichkeit zur Märchen-Gnade gleichsam von oben, von dem beseligenden Märchenzug des Lebens aus erblickt wird; das Große erscheint als nichtig, das Kleine aber als wichtig. Ernst verkehrt sich in Scherz. Scherz aber spiegelt verborgenen Ernst, wo er aus der Freiheit der Anmut entspringt. Das Glücksmärchen ist hier nicht bloß wunschhaftes Gegenbild zu einer entzauberten Welt, sondern weckt den geheimen Zauber in aller Wirklichkeit.

Mit der „*Hand der Jezerte*“ (1853) öffnet sich eine ganz andere Welt. Dieses Märchen unterscheidet sich von den vorausgegangenen nicht nur durch seinen stärkeren künstlerischen Willen zum Stil, durch einen feierlichen Ernst und eine fast gläserne Zartheit, welcher der Humor völlig fremd ist, durch eine bis ins Unpersönliche verdichtete Objektivität; nicht nur durch seinen orientalischen Charakter, durch Milieu, Namengebung und Einzelheiten wie Jezertes Gewänder „von Byssus und Seide“; nicht nur durch seine verhaltene, an das Unsagbare grenzende Symbolik, die bereits Maeterlinck und Hugo von Hofmannsthal vorwegnimmt; nicht nur durch seine Sprache, die an den Stil des alten Testamentes, an die Psalmen und das Hohe Lied erinnert. Der entscheidende Unterschied liegt vielmehr darin, daß das Märchen „Die Hand der Jezerte“ nicht mehr zum Typus der Glücksmärchen gehört; es ist eher eine Legende als ein Märchen – freilich eine Legende, die sich die Zauber- und Dämonenwirklichkeit des Märchens angeeignet hat. Aber die magische Welt, in der sich alles abspielt, ist zugleich eine sittliche Welt, und in den Zaubervorgängen vollzieht sich ein religiöser, ein „numinoser“ Vorgang: Strafe und Läuterung des in Unreinheit und Sünde verstrickten Menschen und Offenbarung der überirdischen Reinheit der aus dem Dämonischen ins Göttliche gehobenen Jezerte. Ähnlich wie im Spiel vom „Letzten König von Orplid“ mündet das Märchen hier in Verklärung.

Zu Beginn scheint es sich um eine reine Liebesgeschichte zu handeln. Der König liebt Jezerte, die Tochter des Gärtners, deren Anmut noch der Natur selber angehört, so daß Myrte, Pinie und Quelle in leiser, zärtlicher Wechselrede ihr Kommen und Gehen ankündigen können. Aber das eigentliche Thema des Märchens beginnt erst mit dem Tode der Jezerte, mit jenem vom König errichteten weißen Marmorbildnis, einem „Wunderwerk der Kunst“, das im Garten des Palastes steht, in dem der Quell entsprang. „Den Quell aber hielt das Volk heilig.“ Diese tote Jezerte ist für den König zur Legende geworden. Er bewahrt ihr reines und unzerstörbares Bild in seinem Herzen. Das weckt die Eifersucht der Buhle Naira. Sie stiftet den Jüngling Jedanja an, die Hand vom Bildnis zu rauben, damit sie sich überzeugen kann, ob die Tote wirklich so schön gewesen, wie ihr nachgerühmt wird. Aber der Jüngling wirft aus Angst vor Verfolgung die Hand über die Mauer. Sie fällt in ein Veilchenbeet, und der erschrockene König findet sie am nächsten Morgen. Jedanja aber, der gesehen wurde, wird ins Gefängnis geworfen. Naira und Jedanja jedoch machen sich in einer Intrige miteinander gemein und suchen dem König einzureden, Jezerte sei früher von Jedanja geliebt worden und habe ihn wieder geliebt. Darüber wird der König sehr betrübt, weil er nun glauben muß, daß Jezerte ihn früher belogen hat, „also daß er nicht wußte, sollt' er die Tote ferner lieben oder hassen". Ist das Bild der heiligen und unbefleckten Schönheit, wie es der König im Herzen trug, ein bloßes Trugbild? Der König, der im Grabmal vor dem Bildnis steht, an dem die abgebrochene Hand kunstvoll mit einer goldenen Spange befestigt wurde, vermag es nicht zu glauben. Er fleht um ein Zeichen.

„Er hatte aber kaum gebetet, so ward der ganze Raum von süßem Duft erfüllt, als von Veilchen; als hätte Jezertes Hand von jenem Gartenbeet allen Wohlgeruch an sich genommen und jetzo von sich gelassen mit eins." Das magische Zeichen – die Hand ist hier zur Reliquie geworden – weist wieder auf Jezertes den Elementen angehörendes Dasein hin, wie es bereits zu Beginn in der Beziehung zum „heiligen Quell" versinnlicht wurde. Nunmehr geht das bisher noch psychologisch verständliche Liebesmärchen in magische Zauberhandlung über. Denn auf geheimnisvolle Weise ist die Hand der Naira schwarz geworden und verdorrt, wie schwarzes Leder bis an das Gelenk, und ihre Schuld damit aufgedeckt. Die Hand wird das Sinnbild des Schönen und Makellosen, aber auch des Befleckten und Entweihten. Naira wird auf eine einsame Insel verbannt, sie ist still und demütig geworden und sucht dem Schicksal nicht mehr zu entgehen, das auf sie wartet. In ihr ist nur noch die verzehrende Sehnsucht nach Reinigung durch den Quell der Jezerte lebendig, zu dem sie nicht mehr zu gelangen vermag. Aber sie weiß: „O wenn Jezertes Gottheit wollte, ein kleiner Vogel machte sich auf und striche seinen Flügel durch das Wasser, daß ich ihn berühre." Doch geschehen Entsühnung und Reinigung auf eine andere Weise. Die Männer, die Naira zur Insel gebracht haben, gewahren von Ferne nach einer Weile nicht nur die verhüllte Naira, sondern noch „eine andere Frauengestalt in weißen Gewändern sitzend neben ihr". Jedanja aber, der Naira befreien möchte, findet die Krüge und den Korb unberührt und sie selbst auf einem „schönen Hügel unter einem Palmenbaum liegend, tot, den Schleier über ihr Gesicht mit Fleiß gelegt, die Hände bloß und alle beide weiß wie Schnee".

Das kleine, so wenig Raum umfassende Märchen ist so ausführlich nacherzählt worden, weil sich sein intimer Charakter nur so erfassen läßt. Es gehört in den Bereich der Totenmagie und des Totenkultes. Trotz seiner schwermütigen Vorgänge ist das Märchen nicht tragisch, sondern im Ton viel eher elegisch, sanft und am Ende lösend. Die Vorgänge um die tote Jezerte haben an sich nichts grauenvoll Befremdendes. Selbst die verdorrte schwarze Hand der Naira erscheint mehr als eine Strafe und nicht so sehr als ein unbegreifliches Grauen. Aber das Magische ist dem Sittlichen auch wieder entrückt, selbst wo es Werkzeug einer unbegriffenen Gerechtigkeit ist. Der unvergleichliche Reiz dieses viel zu wenig bekannten Legenden-Märchens liegt in der zarten Selbstverständlichkeit, mit der hier die numinose Allgegenwart der toten Jezerte spürbar ist, so daß auch die weiße Gestalt auf der Insel nicht erschreckt, vielmehr als etwas Erwartetes begegnet. Das Verzaubernde dieser Geschichte ist schon vorbereitet, weil bereits die lebende Jezerte wie ein überirdisches Wesen erscheint, ihr Bildnis aber zur Kultstätte wurde, nicht nur für den trauernden König. Auch das Standhalten des Glaubens trotz schwerer Angriffe, das königliche Vertrauen zur Toten macht ihre geheime Gegenwart noch fühlbar. Selbst Naira lehnt sich nicht etwa in Trotz über ihre verstümmelte Hand auf, sondern erwartet rührend und selbstverständlich die Heilung nur von der Göttin der Jezerte. Alles das wirkt zusammen, um uns mit dem „Numinosen“, der magischen Gegenwart einer Toten, vertraut zu machen. Die Tote ist hier nicht gespenstisch, sondern geisterhaft gegenwärtig. „Es gibt mehr Unsichtbares als Sichtbares in der Welt“ merkt der alte Mörike in einem Heftchen an, in dem er Sprüche morgenländischer Weisheit sammelte. Aber während sonst der Tod für Mörike eine Grenze ist, an der die Geborgenheit in die Angst vor dem Nichts umschlägt, ist er hier, wie in der Mozart-Novelle, die ja auch in Mörikes Spätzeit fällt, eins mit der Schönheit. Die ganze Welt dieses Märchens ist in einen Heilsvorgang getaucht, der der Zeit entrückt ist und der einer Toten magisch verwandelnde Kraft verleiht, so daß jene auch den befleckten und irre gegangenen Menschen zu heilen und mit zu sich hinüberzunehmen vermag. Denn der Tod bedeutet hier viel eher ein Heil als eine Strafe, eine Reinigung, ein Eingehen in den Bereich des Schönen und Übersinnlichen. Zwar haben wir es hier nicht mehr mit einem Glücksmärchen zu tun; aber es ereignet sich doch eine Not-Wende. Wiederum begegnet uns „saelde“, wiederum der nunmehr ins Legendäre gewendete Heilszug des Märchens, dem auch noch in der Totenzone etwas Paradiesisches anhaftet. Jezerte ist nicht ein Totendämon, der nicht sterben kann, der unheilvoll zwischen Erde, Himmel und Hölle hängt und die Lebenden mit furchtbaren Angstträumen quält. Eher kann man sagen, daß sie überhaupt nicht gestorben, sondern hier zum Beseligenden einer ewigen Gegenwart des Schönen geworden ist. Das alles steht an der äußersten Grenze der Versinnlichung, es verschwebt hold und schwerelos, auch als Dichtung beinahe ein bloßer Veilchenduft. Hier finden wir Mörikes Fähigkeit wieder, das Magische fast entkörpert auszusagen, so daß es nur noch die leiseste, zarteste Hülle erträgt. Das Übersinnliche wird durchsichtig, weil es an der Grenze des Sinnlichen anwesend sein darf. Eine weiße Hand, die in ein Veilchenbeet fällt: das Symbol bleibt gegenständlich, aber es ist doch so schwerelos wie diese ganze Geschichte von der heilenden und reinigenden Kraft, die von einer Toten ausgeht. Das alles ist gestalthaft und zugleich geisterhaft bis zu dem stillen Bild der toten Naira, über deren Gesicht mit „Fleiß" ein Schleier gelegt wurde. Die gedämpfte Stilisierung, in der erzählt wird, sucht jede Ironie, aber auch jede psychologische Zergliederung zu vermeiden. Es geht um die magische Gestalt und den magischen Vorgang, der sich dem Sinnlichen einkörpert. Nur der alte Mörike konnte ein solches durchseeltes Märchen schreiben, in dem Magie und Legende sich nicht mehr trennen lassen und in den Zaubervorgängen uns das unbegreifliche religiöse Geheimnis des Seins selbst anredet.

III

Mörike ergreift als Form für seine „Mythologie" vor allem das Märchen – die Dämonen sind in ihm zu Hause, und die Toten sind gegenwärtig, sie üben eine selbstverständliche Macht aus. Die christliche Legende – sie ist dann auch sehr viel weniger durchgestaltet als das Märchen – wirkt nur nach in den Erzählungen von *Jung Volkers Frömmigkeit und wunderlicher Bekehrung*, einer Einlage aus dem Maler Nolten, in der *Episode vom Alexis-Baum*, die der blinde Henni der verstörten Agnes im „Nolten" erzählt, und in der Vers-Legende „*Erzengel Michaels Feder*" (1837). Aber gerade die

Jung-Volker-Erzählungen und -Verse zeigen, wie sehr sich hier bereits die Marien-Legende mit dem heidnischen Abenteurermärchen vermischt hat. Nicht ein Märtyrer ist Jung-Volker, sondern ein frischer, unbefangener Täter, dessen Ursprung im heidnischen Mythos liegt: er wurde als „lustig Kind" eines „schön frech braunen Weibes" mit dem Winde, also als ein halb menschliches, halb elementares Wesen gezeugt. In „Erzengel Michaels Feder" wiederum gehört Mörikes Anteilnahme kaum der sehr matt geschilderten Bekehrung des frommen Juden und seiner Familie, sondern es ist die ans Einfältige grenzende Kindlichkeit des Legendentones, die ihn dichterisch anzieht. Spiegelt sie sich nicht auch in seiner Freude am idyllisch Behaglichen und humoristisch Herzlichen?

Wie ganz anders sieht es für ihn im Bereich des Dämonenmärchens aus! Hier ist Mörike gepackt von der Gewalt des Elementaren. Luft, Wasser, Feuer und Erde sind geisterhaft wirklich, sinnlich und übersinnlich zugleich, jenseits von Gut und Böse, Dämonen, Mächte der unbegriffenen Natur. Das Sein wird hier nicht mehr als bergendes Zu-Hause erfahren, sondern der Mensch sieht sich angsterfüllt einem konturlos und geisterhaft gewordenen Raum gegenüber. Da es aber für Mörike nichts Sinnliches gibt, das nicht zugleich ein Geistiges mitenthüllt, und nichts Geistiges, das nicht auch zur Versinnlichung hindrängt, so wird hier das gespensterhafte dunkle Reich zwischen Sein und Schein, zwischen Sinnlichem und Übersinnlichem, zwischen Zauber und Wirklichkeit sichtbar, das die Seele des Menschen mit magischer Macht anzieht, aber auch das irdische Maß untergräbt und den Menschen ins Bodenlose versinken läßt. Für Mörike war das Elementare nie abstrakt, sondern immer anschaubar konkret, aber doch geisterhaft. Er lebte sein Leben lang noch in einem kindlich frühen Weltbewußtsein, bei dem Dämonen und Geister wirklich begegnen und der Schauder vor dem die Seele überfallenden unsichtbaren und doch verkörperten „Es" als Urangst immer wieder durchbricht.

Ein deutliches Beispiel dafür ist die Windballade „*Die schlimme Greth und der Königssohn*" (1828 und 1837). Das streckenweise in Dialogform gehaltene Gedicht knüpft an Überlieferungen der Volksballade an. Und doch wirkt es nicht eigentlich dramatisch ballend und zuspitzend. Es weicht der Profilierung der Gestalten und Vorgänge bewußt aus, um im geheimnisvoll-unfaßbar flackernden Zwielicht bleiben zu können. Wind und Nebel gewinnen zwar in der schlimmen Greth mythische Verdichtung, aber die Greth ist zum Es geworden, eine rätselhafte Mischung von Jungfrau und Hexe mit der Macht des Lockenden und Verführerischen, das den Menschen, den edlen Königssohn, am Ende einem fast gestaltlosen Grauen schutzlos preisgibt. In der ersten Fassung wird der dämonische Grundzug des Gedichtes noch deutlicher. Denn hier ist der Wind bereits von Anfang an der Gegenspieler des Königssohnes. Er hat die rote Fahne vom Turme seines Schlosses gerissen und ist mit dem Bruder in der Tiefe, dem Erdbeben, verbunden, das den Palast umgestürzt hat. Das Elementare wird zum grauenerregenden Zauber, der den Menschen unaufhaltsam und ohne sein Verschulden in den Abgrund des Todes hinablockt. Der Mensch verfällt dem trügerischen Schein und geht zugrunde. Wille und Vernunft sind dem Dämonischen gegenüber machtlos und vermögen nicht zu retten. Aber auch die Gnade von oben wird nirgends sichtbar.

In Mörikes Operntext „*Die Regenbrüder*" (1839) hingegen,

der im Stil der modischen Zauberopern gedichtet ist, sind Wind und Regen keine elementaren Mächte des Dämonischen, sondern Gegenstände des poetischen Spieltriebes, der sich eine Märchenhandlung ersinnt, die den schulmeisterlich aufgeklärten Rationalismus bewußt karikiert, im übrigen aber nur als unverbindlicher Einfall der Phantasie genommen werden will. Nichts von der Mörikeschen Urangst ist hier spürbar, die dem tödlichen Zauberbann des Elementaren ausgesetzt ist, eher schon etwas von dem märchenhaften Glückszug des Lebens, für den auch die Elemente stets noch ein Spiegel des Göttlichen bleiben. Erst dort strömt die Mörikesche Dichtung ihren geisterhaften Schauder aus, wo das Elementare, sehr viel ursprünglicher, als dem Tod benachbarte Grenze des Menschlichen geschaut wird.

Wie der Wind so ist auch das Feuer ein Dämon. Die Ballade „*Der Feuerreiter*" knüpft an Überlieferungen des Volksglaubens an, an das Vorauswissen und Bannen von Feuersbrünsten. Beim ersten Druck des Gedichtes – es entsteht 1824 und wird 1841 umgearbeitet – fügt Mörike der „*Romanze vom wahnsinnigen Feuerreiter*" folgende Fußnote hinzu: „Ist aus dem Roman: ‚Maler Nolten'. In einer alten Stadt, so wird erzählt, habe im Giebeldache eines kleinen Hauses ein junger fremder Mann gewohnt, von dessen Lebensweise niemand näher wußte, der sich jahraus, jahrein auch niemals habe blicken lassen, außer – nach dem Volksglauben – regelmäßig vor dem Ausbruch einer Feuersbrunst. Dann sah man ihn in einer scharlachroten, netzartigen Mütze unruhig am kleinen Fenster auf und nieder gehen, zum sichern Vorzeichen drohenden Unglücks. Mit dem ersten Feuerlärm kam er auf einem magern Klepper unten aus dem Stalle hervorgesprengt und nahm pfeilschnell, unfehlbar seinen

Lauf nach dem Ort des Brandes.“ Ähnlich wird die sagenhafte Vorgeschichte des Gedichtes auch im „Maler Nolten“ erzählt. Das Irrsinnige des Elementes spiegelt sich in der mythischen Gestalt, die, sonst im Verborgenen, überall dort ist, wo die Katastrophe des Feuers droht, und die den Vorgang im schaudervollen Vorzeichen schon vorwegnimmt. Aber in der endgültigen Fassung des Gedichtes kommen neue Motive hinzu, das magische Besprechen, das zauberhafte, aber auch frevelhaft angewandte Zeichen, „des heiligen Kreuzes Span“, und nunmehr ist der Feuerreiter nicht so sehr eine mythische Verkörperung der Feuersbrunst, sondern der magische Gegner des Elements, der mit ihm zugrunde geht. Aber das Großartige dieser Ballade liegt gerade in der geheimen Verwandtschaft, die den geheimnisvollen Gegner an das Element bindet, das er bekämpft. Beides wird in ihm anschaulich: das Dämonische der zauberhaften Bekämpfung und das Dämonische des Elements, das sich am Ende stärker erweist und den Feuerreiter mitzerstört. Vermag doch sein spukhaftes Dasein die Zeit der Feuersbrunst nicht zu überdauern! Die magische Einheit von Feuerreiter und Feuer geht als Stimmung durch das ganze Gedicht hindurch, bereits am Eingang bildhaft mit der „roten Mütze“ gegeben, deren Auf- und Niedergehen am Fensterlein die beginnende Katastrophe ankündigt. Der dramatische Kampf aber, der sich in der Mühle zwischen dem Feuerreiter und dem vom Dachgestühl herabgrinsenden Feind im Höllenschein abspielt, ist zum Mythos der Feuersbrunst geworden, die sich hier in zwei magisch einander widerstreitende Kräfte auseinandergelegt hat, aber doch eine unheimliche Einheit bleibt. Ist nicht am Ende der Feuerreiter nur der gespensterhafte Doppelgänger des Feuers gewesen, der allein durch das von ihm bekämpfte

Element seine schaudervoll lebendige Dämonen-Wirklichkeit gewinnt?

Am stärksten jedoch hat Mörike der Wassermythos beschäftigt. Die *Schiffer- und Nixenmärchen* (1828–36) bringen die entscheidenden Motive in bezeichnender Abwandlung. Die erste Erzählung vom „*Sieben-Nixen-Chor*" berichtet von dem Magier Drakone, der die Prinzessin Liligi erst mit seiner Lehre „von der Erde, von dem Himmel, von dem Traum der Elemente, vom Geschick im Sternenkreise" unterrichtet, durch solche mächtigen und ungewohnten Wunderdinge aber die Lüsternheit nach Kindermärchen in ihr geweckt hat. Es folgt dann der süße, in Schlaf versenkende Zaubergesang vom Sieben-Nixen-Chor, der das eine Mal von dem versinkenden Schiff und dem Nixengesang erzählt, das zweite Mal vom betörten Königssohn, der zum Nixen-Bräutigam wird und dafür mit dem Tode zahlt. Das dritte, vom Magier gesungene Märchen wird nicht mehr berichtet, wir erfahren nur, daß es die Prinzessin tötet. Die durch die einschläfernde Monotonie des Liedes und durch die Küsse des Magiers betörte junge Fürstin wird am Ende auf dem Zaubermantel des Magiers als Leiche zum Meer getragen, um dort „willkommene Genossin" im Sieben-Nixen-Chor zu werden.

Alle Bezüge in diesem Gedicht sind magisch. Auch die beschwörende, an Wiederholungen in Wort, Klang und Rhythmus reiche Sprache, in der das ewig Wiederkehrende, Einförmige des Wassers sich in der künstlerischen Form spiegelt, gehört in diesen Zusammenhang. Der Magier erscheint zunächst als „ein Mann von ernster Schöne", später dann als der Wohlberechnende, der einen „falschen Dienst" genommen hat. Magie ist das Betörende, das den Menschen aus seiner Welt in die Gestaltlosigkeit des Elementaren herauslockt. Der Magier als Person bleibt dabei unbestimmt und verschwebend, sein Tun ist mit menschlichen Maßstäben kaum zu begreifen. Wie im Märchen geht es auch hier um den edlen Menschen, um die Königstochter. Die Bezauberung, der sie willenlos zum Opfer fällt, ist dreifach: Bezauberung durch die Lehre von Erde, Himmel und Sternen und vom „Traum der Elemente"; Bezauberung durch Kindermärchen, die hier selbst in ein märchenhaftes Geschehen verflochten sind und die magisch tötende Kraft gewinnen; schließlich Bezauberung durch den süßen Gesang, also durch die künstlerische Gestalt, in der das Märchen vorgetragen wird, und durch die begleitenden Küsse. Die drei Bezauberungen stehen in einem inneren Zusammenhang. Denn die Lehre vom „Traum der Elemente" macht lüstern nach den Kindermärchen, die ja dann von dem Mythos des Elementaren handeln. Die Kindermärchen sind aber nicht als Phantasie abgesetzt gegen einen wirklichen Vorgang, sondern der magische Märchen-Vorgang zwischen Drakone und der Prinzessin spiegelt sich nochmals im gesungenen Märchen. Dieser Macht des Dämonischen verfällt die Prinzessin, sie hat einschläfernde, tötende Kraft. Die geistige Lehre vom Elementaren, das Lied mit seinen geheimen sinnlichen Wonnen („der Lippen Milde") und der magische Vorgang selbst bleiben untrennbar miteinander verflochten. Ihnen allen ist das täuschend Betörende gemeinsam, das den Menschen aus der ihm gemäßen Seinsordnung herausreißt, ihn der Person beraubt und im Gestaltlosen (Sieben-Nixen-Chor) versinken läßt.

Immer wieder läßt sich in allen Wassermythen Mörikes diese enge Beziehung des lockenden, Musik gewordenen Wasserelementes zu dem magisch Tötenden und dem Element Versklavenden beobachten. Die Verserzählung vom

„*Zauberleuchtturm*" betont besonders die Täuschung, die vom Wasser ausgeht, wenn im „Sturm- und Wellengraus" der rettende Leuchtturm nur ein Betrug ist, der mit Licht und lieblichem Mädchengesang einen Schein vorgaukelt, tatsächlich aber das Schiff und die Mannschaft unrettbar in die tötende Tiefe hinabreißt. Die magische Zweideutigkeit des Elementaren liegt in dem Widerspruch zwischen dem Schein, den es erzeugt, und der tragischen Wirklichkeit, die es dann in Wahrheit für den Menschen bedeutet.

Freilich ist das Elementare unberechenbar und gerade darin dämonisch. Was im Wasser lockt, ist nicht nur Schein, sondern auch Segen, wenn auch nur heidnischer Zaubersegen. Das Wasser gibt und betrügt, und oft wechselt es vom einen zum anderen hinüber. Der Kontrast des Menschlichen zum Elementaren braucht nicht immer tragisch, er kann auch humoristisch sein, wie in der „*Nixe Binsefuß*", die zwar dem Schiffer seine Netze „schön zerfetzen" will, aber dem frommen und guten Mägdelein und seinem Schatz Zaubersegen verspricht: „ein schilfen Kränzlein" zum Hochzeitsstrauß und „einen Hecht von Silber schwer", magische Zeichen für irdisches Glück. Glück und Tod sind, vom Elementaren aus gesehen, eng benachbart, beide sind Grenzen, vor die der Mensch gestellt wird, beide aber auch magischer Zauber, Geschenk der Mächte im unbegreiflichen, stets vieldeutig bleibenden Sinn.

Die Verse „*Zwei Liebchen*" zeigen das plötzliche Umschlagen vom einen zum andern, vom Glück zum Tod. Das Brautpaar auf der Donau erbittet von der „schönen Frau Done" in unbefangener Naivität sich Glücksgüter füreinander und erhält sie auch: für den Knaben Schwert und Helm, für das Mädchen Perlenband und goldnen Kamm. Aber beim dritten

Male wird die Gunst des Elementes untreu, „Frau Done hat ihr Schmuck gereut“, beide versinken in den Wellen und schwimmen tot ans Land, „er hüben und sie drüben“. Das Element zahlt nur mit Glück oder Tod, vielleicht weil beides nur für den Menschen so viel bedeutet, im Elementaren aber wesen- und gestaltlos wird.

Der magische Zug, der durch das Leben hindurchgeht und in Märchen und Balladen sich spiegelt, ist für Mörike niemals nur Betrug, das Verfallensein des Menschen an dunkle, übergewaltige Mächte grell beleuchtend, sondern stets auch ein verborgenes Glück, Gnade des Lebens. Ja, das Elementare vermag sogar im menschlichen Bereich heimatlich und vertraut zu werden, und die Verbindung mit ihm ist Verbindung mit den Mächten der Natur, die nicht nur zerstören, sondern stets auch segnen. Als selbständige Einlage findet sich in Mörikes Prosamärchen „Das Stuttgarter Hutzelmännlein“ die „*Historie von der schönen Lau*“, nur lose mit der Haupthandlung des Märchens verknüpft. Die Lau ist eine schöne Wasserfrau, die ihrem Gemahl, einem Donaunix, zu ihrem und seinem Leidwesen bisher nur tote Kinder geboren hat. Dafür ist sie nun in den berühmten Blautopf bei Blaubeuren, einen Klostersee, verbannt, bis sie fünfmal gelacht hat. Denn das ist die schalkhafte Märchen-Bedingung für ihre Fruchtbarkeit. Am Ende glückt es ihr mit Hilfe der wackeren Leute vom Nonnenhof, wo die biedere Wirtin, Frau Betha, ein christliches Haus hält. Die „Lau“ gehört in den Umkreis der Melusinen- und Undinendichtung. Es zeigt sich gerade hier, wie verwandt Mörikes mythenbildende Phantasie der ursprünglichen Volksüberlieferung ist. Seine Freunde konnten immer wieder meinen, er habe geschickt an Sage und Sitte angeknüpft, wo es sich in Wahrheit um freie poetische Erfindung handelt. So glaubte Uhland, in einer handschriftlichen Chronik die Quelle für das unsichtbar machende Mittel im „Stuttgarter Hutzelmännlein" – bei Mörike ist es eine Art Zauberstein, ein Bleiklötzle – gefunden zu haben; aber Mörike war über diesen „närrischen Casum", wie er das Zusammentreffen nannte, nur sehr erstaunt und versicherte Storm, auch in den hintersten Kammern seines Gehirns sei nicht die leiseste Spur einer empfangenen Überlieferung vorhanden. Es besteht kein Grund, an dieser Versicherung zu zweifeln. Mörikes Stärke ist seine ins Unbewußte hinabreichende Fähigkeit, aus dem Volksgut heraus zu dichten. Wir untersuchen hier nicht, ob die „Historie von der schönen Lau" eine Sage oder ein Märchen ist. Auf jeden Fall ist sie nicht unheimlich, sondern menschlich-schwankhaft erzählt mit dem freudigen Behagen an der Geschichte dieses Wasser-Dämons im schwäbischen Klosterteich, der erst durch die Menschen zum Lachen gebracht wird, aber dafür den Menschen auch hold bleibt. Welch ein köstlicher Einfall ist allein die damit verbundene Anekdote von dem Koch, der die ohnmächtige Wasserfrau küssen will, um sich sein Leben lang daran zu freuen, auch einmal eine Wasserfrau geküßt zu haben. „Und eh' er es recht dachte, war's geschehen. Da löschte ein Schluck Wasser aus dem Topf das Licht urplötzlich aus, daß es stichdunkel war umher, und tat es dann nicht anders, als wenn ein ganz halb Dutzend nasser Hände auf ein Paar kernige Backen fiel, und wo es sonst hintraf. Die Schwester rief: „Was gibt es denn?" – „Maulschellen heißt man's hier herum!" sprach er: „ich hätte nicht gedacht, daß sie am Schwarzen Meer sottige Ding' auch kenneten!" Aber die so handfest ohrfeigende Wasserfee muß über die ganze Begebenheit so herzlich lachen, daß sie auch dem Koch am

Ende nicht länger böse ist. Das Elementare hat hier nichts mehr vom Unbegreiflichen, sondern erscheint durch seine liebenswürdige Nähe zur Menschenwelt sogar komisch. Das Komische aber entsteht in der „Historie von der schönen Lau", weil die Magie selbst handfest wird, also das Übersinnliche sich derb realistisch gibt, oder, wie im Gedanken des fünffachen fruchtbar machenden Lachens, die Zaubersphäre auf den idyllischen Bereich des Menschenlebens bezogen bleibt und von hier Gemütswärme und trauliche Innigkeit empfängt.

Wo freilich solche Beziehung auf eine in sich ruhende, im Sein geborgene Menschenwelt fehlt, da wird die Unheimlichkeit des Wasser-Zaubers um so deutlicher. In den „*Geistern am Mummelsee*" (1828) sind Wassermythos und Totenmagie eng miteinander verknüpft. Das Gedicht gehört in den Orplid-Mythos und in die Sage von dem tausendjährigen König Ulmon, der nicht sterben darf. Für sich allein genommen ist es geisterhafte, aber ins Lyrische gemilderte Beschwörung einer immer wiederkehrenden, Schauder erregenden Bestattung. Das Totenmagische, die Unwirklichkeit und das angstvoll Beklemmende des Vorgangs – aus „Orplid" wissen wir, daß dieser König ja in Wahrheit noch gar nicht gestorben ist, sondern der Tod immer nur gespensterhaft vorweggenommen wird – steht in engster Beziehung zum Wasserelement. Nirgends wird das ausdrücklich gesagt, aber die Atmosphäre der Ballade erwächst daraus, daß Totenmagie und Wassermythos aufeinander abgestimmt sind. Die in leisen Gebeten auf dem See schwirrenden Geister, das grünspiegelnde, in die Tiefe führende Tor, die lieblich brennenden und glühenden Wasser, die am Ufer geisternden Nebel, das orgelnde Rohr, das klirrende Schilf: alles kündet diese Schauder erregende Einheit von Wasser und Tod, von täuschendem Schein und geisterhafter Wiederkehr, von Lieblichem und Grauenvollem. Dabei lebt dieser Wasser-Mythos ganz aus sich selbst heraus ohne eigentliche Beziehung auf den Menschen, eine totenmagische Dämonen-Wirklichkeit, die nur ihrem eigenen, mit dem Verstand nicht mehr faßbaren Gesetz untersteht. Das Geisterhafte dieses Gedichtes aber ist Verdichtung Mörikescher Urangst vor dem schaudervollen Es, das den Menschen so wie allen anderen Wesen nur noch die Flucht vor dem Unbegreiflichen erlaubt.

Die Ballade „*Die traurige Krönung*" (1828) bringt nur noch Totenmagie. Ein Mord findet durch die geisterhafte Wiederkehr des gemordeten Kindes seine Sühne. Das Gedicht hat im Sinnbild der Krone seine beherrschende Mitte. Sie ist in der ersten Strophe das Motiv des Mordes („Wollte selbst die Krone tragen"); in der zweiten wird sie von dem irr in seine Pracht blickenden königlichen Mörder verlangt („Noch einmal bring die Krone"); in der dritten wird sie im vermummten, geisterhaften Totenzug zum magisch handelnden Wesen („Eine Krone schwankt inmitten"), in der vierten wird sie von dem sterbensweh lächelnden und zum Throne trippelnden Kinde dem König überreicht und damit magischer Anlaß des tiefen Erschreckens, das tötende Kraft hat („Es reichet eine Krone dem Könige, des Herze tief erschrickt"). Man darf den Vorgang nicht plump verstehen, etwa als Bestrafung des mordenden Königs durch das wiederkehrende Kind. Das sterbensweh lächelnde und trippelnde Kind hat weder Macht- noch Rachegelüste. Seine Wiederkehr ist nur Spiegelung eines schuldhaften Geschehens auf der geisterhaften Ebene, unbegreifliches Verflochtensein der Königsschuld in einen als Totenmagie verstandenen Weltzusammenhang. Auch die „Krone", die beides zusammenbindet, wandelt im Lauf der Ballade ihren symbolischen Sinn aus einem Zeichen der Macht in ein Zeichen geisterhaft weiterwirkender und magisch tötender Schuld. So wie die mythische Verflechtung von Wasser und Tod ein Geheimnis des Seins bleibt, so auch die magische von Schuld und Tod. Das Wasser tötet, die Schuld tötet. Der Mensch wird eingeholt von Mächten, die stärker sind als er selbst und ihn in eine Dämonen-Wirklichkeit verstricken. In diesen Zusammenhang gehörte auch noch Mörikes Altersmärchen „Die Hand der Jezerte“, bei dem zu den Motiven von Tod und Schuld die der Legende von Reinigung und Entsühnung hinzutraten.

Es ist mit Recht wiederholt bemerkt worden, daß in Mörikes Balladen das eigentlich Dramatische zugunsten des Lyrischen und Stimmungshaften zurücktritt. Auch die Ballade zeigt das Augenblickshafte der Mörikeschen Lyrik. Nicht auf Erregung von Spannung kommt es ihr an, sondern auf sinnlich wirkende Atmosphäre, in der sich die Urangst des Menschen von dem schaudervollen „Es“ widerspiegelt. Die Balladen zeigen das Hineinragen einer als Geisterwelt gedeuteten Natur in das menschliche Leben. Sie stehen in der Tradition, die von Goethe bis zur Droste und zum Teil noch zu Agnes Miegel reicht, im ausgesprochenen Gegensatz zu allen Formen der heroischen Heldenballade von Schiller über Uhland bis zu Fontane und Münchhausen. Die Ballade ist bei Mörike eine zum Mythischen, zum Numinosen, hindrängende Ausdrucksform, die in ihrem Gehalt der magischen Welt des Märchens aufs engste benachbart bleibt.

Wie sehr Magie und Tod bei Mörike zusammenhängen, haben wir schon gezeigt. Aber auch wo wir es nicht mit ausdrücklicher Totenmagie zu tun haben, behält der Tod eine magische Bedeutung. Er ist ein Geheimnis, dessen Sinn sich uns unerbittlich entzieht. Seine enge Beziehung, ja sein Einssein mit der Schönheit begegnete uns schon in der „Hand der Jezerte“ und wird uns bei der Auslegung der Mozartnovelle noch einmal beschäftigen. Den Tod empfindet Mörike oft ganz antik als eine Grenze, an der das bergende Sein gespensterhaft und unwirklich wird. Es ist bezeichnend, daß auch in seinen wenigen religiösen Gedichten die Ergriffenheit durch das Kreuz keine wesentliche Rolle spielt. Eine Ausnahme scheinen nur die Gedichte „*Karwoche*“ (1830) und „*Auf ein altes Bild*“ (1837) zu sein. Aber „Karwoche“ beschwört den Ernst des Kreuzes nur als Hintergrund zum Verjüngenden und Jubelnden des Frühlings. Fast klingt es wie eine Klage, daß mit dem „Bräutigam in Todesgrüften“ Lieb’ und Frühling versunken sind. Offenbar gelangt Mörike mit der Erfahrung der christlichen Passion an einen Grenzbereich, der seinem eigenen Wesen zu widersprechen droht. Von seinem mehr passiven, gefühlsmäßigen Festhalten am „Kreuz“ in den Nöten des allzu wandelbaren Herzens war bereits die Rede. In dem Gedicht „Auf ein altes Bild“ steht das Jesuskind, auf dem Schoße der Jungfrau spielend, inmitten der grünen Landschaft des Sommers mit kühlem Wasser, Schilf und Rohr.

Und dort im Walde wonnesam
Ach, grünet schon des Kreuzes Stamm!“

Wiederum beherrscht der Gegensatz von Natur und Kreuz das kleine Gedicht, wiederum ist beides verwoben zu einer geheimnisvollen, das Herz mit Trauer erfüllenden Einheit. Das Kreuz wird für Mörike zum Symbol, wenn die Schönheit des Seins in die unbegreifliche Tragik des Todes umschlägt. Aber die Motive der Schuld und der Erlösung treten dabei ganz deutlich zurück. Auch Mörikes Religion behielt etwas Dichterisches, da sie ganz und ausschließlich von den Kräften des Gemüts bestimmt war – ihr enger Zusammenhang mit dem schwäbischen Pietismus ist unverkennbar. Auf keinen Fall jedoch darf man Mörikes Bindung an Jesus als nur konventionell auffassen. Erlebte er doch bereits das Sein nicht nur antik, sondern auch christlich, weil es in seinem Ursprung eins mit der Liebe ist und das Ja zur Schöpfung aus der Liebe entspringt. Antike und Christentum hat Mörike nicht als Gegensätze empfunden, er hat sie gefühlsmäßig miteinander verbunden. Nicht nur die Verse „*Schlafendes Jesuskind*“ (1862), wiederum Bildbeschreibung, weisen in die Richtung der „Herrlichkeit des Vaters“, sondern vor allem das noch wichtigere Gedicht „*Göttliche Reminiszenz*“ (erster Druck 1846). Zum dritten Male, aber ungleich tiefer greifend, wird der Jesusknabe im wundersam gemalten Bilde festgehalten. Es ist bezeichnend für Mörike, daß ihn gerade das göttliche Kind inspiriert. Hier allein vermochte er für sein eigenes Kindsein das ewige Gegenüber zu finden, nicht aber im eifernden oder richtenden Gott. Jesus, auf dem Gestein sitzend, den Mund von „unnennbarem Reiz umfremdet“, spielt mit einer versteinerten Muschel, die ihm ein Hirte freundlich zum Zeitvertreib gegeben hat.

Der Knabe hat das Wunderding beschaut, und jetzt,
Gleichsam betroffen, spannet sich der weite Blick,
Entgegen dir, doch wirklich ohne Gegenstand,
Durchdringend ew'ge Zeitenfernen, grenzenlos:
Als wittre durch die überwölkte Stirn ein Blitz
Der Gottheit, ein Erinnern, das im gleichen Nu

Erloschen sein wird; und das welterschaffende,
Das Wort von Anfang, als ein spielend Erdenkind,
Mit Lächeln zeigt's unwissend dir sein eigen Werk.

Der sich unbewußt an die welterschaffende Gottheit zurückerinnernde Jesusknabe spielt mit seiner eigenen Schöpfung und bleibt zugleich ahnungsloses Erdenkind: diese Vision spiegelt Mörikes Weltbewußtsein in christlichem Gewande. Auch das ist ein Mythos vom Sein, nicht aber vom Tode, und zugleich ein Mythos vom Kinde, das die Welt im Spiel erschafft, besitzt und vergißt. Das tiefere Erinnern ist nur der Nu eines Augenblicks, der mit dem Bewußtwerden auch schon wieder ins Vergessen sinkt.

Tod aber ist Grenze des Spiels, weil das Reich der Erscheinungen hier zu Ende ist. Mörike erlebt die Zukunft selten als ahnungsvolle Hoffnung, sondern meist als Schicksal, das von außen zerstörend einzubrechen droht. Im Gedicht „*Denk' es, o Seele!*" (spätestens 1852), das die Mozartnovelle beschließt, wird die Stimmung der unausweichlichen Trauer auf einem Umwege hervorgerufen. Zwei ganz gegenständliche, wirkliche Bilder sind festgehalten, die erst in ihrer vom Dichter gestifteten Beziehung auf den Menschen und seinen Tod eine unheimliche Kraft gewinnen. Das irgendwo im Walde grünende Tännlein und der in irgendeinem Garten wurzelnde Rosenstrauch sind ebenso wie die zwei auf der Wiese weidenden schwarzen Rößlein für sich allein genommen ohne jedes Geheimnis, ohne Beunruhigung und ohne Trauer. Aber in der dunklen Vorherbestimmtheit des Tännleins und des Rosenstrauches, auf *meinem* Grab zu wurzeln und zu wachsen, und in dem Vorauswissen, daß die Pferde, die jetzt noch in munteren Sprüngen zur Stadt zurückkehren, später schrittweise mit meiner Leiche gehen werden, erhalten die gleichen Bilder einen allmählich wachsenden magischen Bezug des Grauens und der unausweichlichen Verknüpfung mit dem Menschen. Was unabhängig von ihm in seiner eigenen, fraglosen Wirklichkeit zu Hause war, ist mit einem Schlage Sinnbild für den Tod geworden, der noch in weiter Ferne verborgen schien, aber mit jedem Vers eindringlich näher auf die Seele zukommt. Dieses Herannahen gipfelt in dem zugleich verhüllenden und aufdeckenden „Vielleicht", das eine bestimmte, liebevoll schwäbische, für sich allein genommen harmlose Zeitspanne, bis das Eisen an den Hufen der Pferde sich löst, mit der Zeitspanne vergleicht, die das Ich vom Tode trennt, und sie noch unterbietet. Die erste Strophe wird noch von der dunklen, aber auch süßen Melancholie durchtränkt, die „Tännlein" und „Rosenstrauch" als Schmuck des Grabes ausströmen; die zweite steigert das Unbestimmte und Stimmungshafte zur unausweichlichen Schicksalsschwere, in der das Geheimnis der auf den eigenen Tod zulaufenden Zeit in seiner ganzen Unerbittlichkeit und Wucht ausgesagt wird.

Noch ergreifender wird das gleiche Thema in Mörikes einzigartigem Altersgedicht „*Erinna an Sappho*" (1863) gestaltet. Das Gedicht ist eine Mitteilung der Erinna, einer jungen Schülerin Sapphos, von der wir wissen, daß sie als Mädchen von neunzehn Jahren gestorben ist, an ihre große Freundin. In seiner dichterischen Gestaltung erinnert es mit seiner zugleich freien und gebundenen Form, seinem jungfräulichen Schmelz und seiner zarten und doch im Gegenständlichen bleibenden Seelenschwingung an die Verse frühgriechischer Lyrik. Was sonst vergessen und von der Brandung des Lebens übertönt wird, erschreckte in einem plötzlichen, unbegreiflichen Erlebnis das ahnungsvolle Herz.

Als ich am Putztisch jetzo die Flechten löste,
Dann mit nardeduftendem Kamm vor der Stirn den Haar-
Schleier teilte, – seltsam betraf mich im Spiegel Blick in Blick.
Augen, sagt' ich, ihr Augen, was wollt ihr?
Du, mein Geist, heute noch sicher behaust da drinne,
Lebendigen Sinnen traulich vermählt,
Wie mit fremdendem Ernst, lächelnd halb, ein Dämon,
Nickst du mich an, Tod weissagend!
– Ha, mit eins durchzuckt' es mich
Wie Wetterschein! wie wenn schwarzgefiedert ein tödlicher Pfeil
Streifte die Schläfe hart vorbei,
Daß ich, die Hände gedeckt aufs Antlitz, lange
Staunend blieb, in die nachtschaurige Kluft schwindelnd hinab.

Der Vorgang ist an sich völlig natürlich. Ein junges Mädchen, am Putztisch beschäftigt, sieht sich selbst im Spiegel. Aber das Bild im Spiegel wird zum magischen Doppelgänger „mit fremdendem Ernst, lächelnd halb, ein Dämon, Tod weissagend". Das Ich im Spiegel ist das gleiche wie das am Putztisch und doch ein anderes, mehr und weniger zugleich. Denn das Ich im Spiegel gehört schon dem Unbegreiflichen und Kommenden an, während das Ich am Putztisch noch nichts vom Zukünftigen weiß, sondern sich gegen den Einbruch des „Dämons" zur Wehr setzt. Die romantische Vorstellung des Doppelgängers hatte bereits der junge Mörike an sich selbst erfahren. Er kannte das Erlebnis der Spaltung, das Rätselhaftwerden der eigenen Person und ihren seltsamen inneren, aber „immer wieder sanft aufgelösten Widerspruch". Etwas Ähnliches, aber als Todesweissagung gedeutet, begegnet auch hier. Die Verdoppelung bedeutet ein Auseinanderfallen in zwei Wesen, von denen das eine noch im Sein geborgen, das andere dem Tod ausgesetzt ist. Im Spiegel wird das Vertraute und Behauste plötzlich zum Unheimlichen und Rätselhaften. Augen und Geist sind sich selbst fremd geworden. Mit einem Male ist die Geborgenheit aufgehoben, und Erinna schaut in die „nachtschaurige Kluft“ hinab. Das Leben verliert im Zulaufen auf das Unausweichliche seinen ursprünglichen, als Seinsfrömmigkeit gedeuteten und nunmehr durch Schwermut bedrohten Sinn.

Es ist nicht selbstverständlich, daß das Wissen um den eigenen Tod eine Spaltung im Lebensgefühl hervorruft. Es wäre auch denkbar, daß der Mensch den Tod vorwegnehmend in sein Leben einbezieht, ja das Leben vom Tode aus versteht und ihm von dort aus erst seinen eigentlichen Sinn gibt. Aber gerade das ist nicht Mörikes Art. Auch die im Leben noch festgehaltene Erinna, die das eigene Todesgeschick erwägt, vermag den Tod nur als Verhängtes mit Tränen hinzunehmen, als Abschied von den Freundinnen und der „anmutigen Musenkunst“, Abschied also von Liebe und Schönheit. Nicht um den Tod geht es ihr, sondern um das Leben. Weil sie so ganz und hold im Leben steht, wirkt der Tod für sie so vernichtend und so spaltend. Das Gesicht im Spiegel bleibt fremd und furchtbar, und sie möchte seinem dunklen Vorzeichen durch das Opfer des köstlichen Byssosgewebes, einem Geschenk der Sappho, beim blumigen Fest der Persephone ausweichen.

Daß du zu früh dir nicht die braune Locke mögest
Für Erinna vom lieben Haupte trennen.

Aber das ist nur eine Illusion, und der Leser des Gedichtes weiß, daß sich das Geschick erfüllen muß und daß der spiegelbildlich vorweggenommene Tod in Wahrheit schon den vollzogenen Tod bedeutet. Die Schwermut dieses Gedichtes beschwört im magischen Erlebnis einen „Dämon“, vor dem im Leben nichts mehr zu schützen vermag.

Auch die 1829 gedruckten, aber nicht in die „Gedichte“ von 1867 aufgenommenen Verse „*Leben und Tod*“ kreisen um das Rätsel der Begegnung dieser beiden doch auf ewig getrennten Mächte.

Sucht das Leben wohl den Tod?
Oder sucht der Tod das Leben?
Können Morgenröte und das Abendrot
Sich auf halbem Weg die Hände geben?

Die stille Nacht tritt mitten ein,
Die sich der Liebenden erbarme!
Sie winkt: es flüstert: „Amen!“ – Mein und dein!
Da fallen sie sich zitternd in die Arme!

Leben und Tod werden hier im mythischen Bild der Liebenden gesehen, die sich wechselseitig suchen und doch getrennt sind und erst im Erbarmen der „stillen Nacht“ ihre „zitternde“ Vereinigung finden. Das ungewöhnliche Gedicht fällt aus Mörikes sonstigem Werk fast heraus, es ist eines der wenigen Zeugnisse, in denen Lebensüberschwang noch als Todessehnsucht, das Zulaufen auf den Tod aber als Steigerung des Lebens empfunden wird. Die durch „Leben“ und „Tod“ hervorgerufene Spaltung des Bewußtseins wird in der Liebe überwunden, die beides zugleich umgreift. Von diesen geheimnisvollen frühen Versen geht eine unterirdische Strömung weiter bis zu jener überschwenglichen Einheit des ganz dem Leben hingegebenen und doch schon vom Tode gezeichneten Mozart in Mörikes letzter Novelle.

Mythos der Natur und Magie des Todes, zwischen diesen beiden Polen bewegt sich Mörikes Weltgefühl. Der eine ruft notwendig den anderen herbei. Aber wenn der Tod hier auch Inbegriff der Seinsverneinung ist, so bleibt er doch eine Macht des Seins selbst, eine notwendig mit dem Sein gesetzte Grenze. Hier kehren die Vorzeichen sich um, und das Leben des Menschen wird tragisch. Freilich vermochte Mörike diese Tragik meist nur von außen, als schicksalsverhängt zu erleiden, ohne sie von innen zu übernehmen. Der stärkere Gegenpol bleibt für ihn der Mythos, der das Sein bejaht, und er gewinnt seinen lebensvollsten Verbündeten im Humor. Hieß doch Mythologie für Mörike stets auch Spiel. Das dichterische Spiel aber bewegte sich innerhalb des magisch geschlossenen Zauberkreises seiner eigenen Schöpfung, die auch der Tod nicht mehr anzutasten vermochte. Wie sehr aber eine solche Mythen schaffende Phantasie vom Geist des Humors durchseelt ist, kann am deutlichsten die Gestalt zeigen, die zu Mörikes frühesten Eingebungen gehört, der „sichre Mann", Suckelborst, der „Urweltsgöttersohn", noch Orplid benachbart, von dem die „*Erbauliche Betrachtung*" (1846) rückschauend berichtet, daß er:

In Flößerstiefeln vom Gebirg' zum Himmel sich
Verstieg und mit der breiten Hand der Sterne Heer
Zusammenstrich wie einen Habersack und den
Mit großem Schnaufen bis zum Rand der Schöpfung trug,
Den Plunder auszuschütteln vor das Weltentor –

Das „*Märchen vom sichern Mann*" (1838) ist humoristisch und mythisch zugleich. Das Humoristische liegt in dem phantastischen Kontrast einer ins Überdimensionale gesteigerten Vitalität zur dennoch unerreichbaren Sphäre der Götter und ihres himmlischen Gelächters; das Mythische in der Urwelts-Abkunft, in der Zugehörigkeit des sichern Mannes zu den kosmischen Kräften. Nirgends aber ist es Allegorie, die der abstrakten Ausdeutung bedürfte, sondern der sichre Mann ist eine Figur des Mörikeschen Spieltriebes, Maske seiner spottenden, lachenden, in das Leben verliebten Phantasie, die im Übermaß des als „barem Schmerz" empfundenen Jugendglückes Geister erfindet und mit ihnen vertraulich umgeht.

Das Märchen wird in Hexametern erzählt und verwandelt die antike Kunstform in das anmutige Deutsch der schwäbischen Idylle. Im Grunde ist der „sichre Mann" ein mit liebenswürdigem Spott gedichteter mythologischer Scherz. Aber Scherz ist hier nicht weniger, sondern mehr als Ernst. Er setzt freilich voraus, daß die geglaubte Bindung an den Mythos verloren gegangen ist. Aber Mörike behält eine Freiheit zum Spiel, in der das Lachen des Dichters ein göttliches Scherzen mit der Fülle des Seins ist. Ursprung und Abstammung des sichern Mannes liegen im sagenhaften Dunkel: die Mutter eine „steinerne Kröte", „ein mächtiger Fels in den Bergen des Schwarzwalds", der Vater ein tückischer und grausamer Waldmensch, „allen Göttern ein Greu'l und allen Nymphen gefürchtet". Diese als Sage übernommene Überlieferung verwandelt sich in der schalkhaften Rede des lieblichen Götterjünglings Lolegrin ins Spielerisch-Mythologische, vorgetragen „mit trüglichem Ernste". Suckelborst ist das von einem Halbgott mit einer noch lebenden und erst nach der Empfängnis in Stein verwandelten Riesenkröte gezeugte, mit allen Kräften kosmischer Erinnerung und dem traumhaft seherischen Blick für die Zukunft begabte Wesen, das seinen göttlichen Ursprung nur vergessen hat und ins riesenhaft Unholde, ins borstig Urwelthafte hinabgesunken ist. Mit der Rede Lolegrins, des „Lustigmachers“ unter „den seligen Göttern“, erhält in Suckelborst das nur vitale und ins Geistfremde entartete Sein den göttlichen Auftrag, sich auf die Uroffenbarung zurückzubesinnen, das Erinnerte ins prägende geistige Wort zu bannen und es auslegend zu den Toten der Unterwelt zu tragen.

Das Thema der Verserzählung bringt die beiden Pole Mörikescher Mythologie, den Naturmythos und den Totenmythos, in anmutig schwebende Verknüpfung und erfindet mit dem sicheren Mann eine animalisch-göttliche Urgestalt, die, in der Besinnung auf den geoffenbarten Ursprung des Seins, des Geistes trächtig ist und ihn zum Lande der Toten hinübertragen soll. Aber die Durchführung dieses hier von uns schon fast zu spekulativ gefaßten Themas bleibt humoristisch. Denn das Ganze ist nur ein Scherz der himmlischen Mächte, das heißt im Grunde ein Scherz der frei spielenden, ihrer selbst gewissen dichterischen Phantasie. In Wahrheit bleibt der Gegensatz zwischen dem animalisch Vitalen und der göttlichen Schönheit des Geistes unauflösbar. Vom Blickpunkt der Götter aus, denen die Taten des sichern Mannes nur „das himmlische Mahl mit süßem Gelächter“ würzen sollen, ist der tolpatschige, mit ungeheurem Aufwand und unerschütterlichem Ernst unternommene Aufbruch zum Geist nur komisch. Es fehlt ihm das Entscheidende, was den Geist erst zum Geiste macht, die Freiheit des Spiels. Was der sichre Mann unternimmt, beginnt er gleichsam am verkehrten Ende. Er fängt nicht mit dem Geist an, sondern mit dem Buch. Das Buch aber wird auf dem Weg über die schwäbische Idylle gefunden. Die schwankhaft liebenswürdige Erzählung von dem

Unhold, der sich die Blätter des Riesenbuches aus den Torflügeln der Bauernscheunen zusammenstiehlt, während die entsetzten, aus dem Schlaf aufgestörten Bauern sich in der eigenen Ortschaft nicht mehr zurechtfinden, ist ein Stück schwäbisches Biedermeier, in seiner skurrilen Verkauztheit mitten hineingestellt zwischen die beiden Urmythen von der Natur und vom Tode, aber in seinem phantastischen Realismus bruchlos verflochten mit dem Ganzen dieser schwerelos-heiteren Erzählung.

Aus der vitalen Leistung wächst der Geist bis zum letzten „Punktum, groß wie ein Kindskopf". Es folgt die Reise „auf einsamen Pfaden gen Mitternacht", der Weg zu den Toten. Was hier verkündet wird, ist nur Wiederholung der göttlichen Eingebung und Einflüsterung, kosmische Urerinnerung des Weltwerdens, die im erhabenen Vortrag den still aufhorchenden Schatten mitgeteilt wird. Aber man darf die Botschaft nicht zu gewichtig nehmen, so würdig sie auch vorgetragen wird. Sie findet offensichtlich noch in der Nähe des Eingangs zur Unterwelt statt, wo sich der „unliebsame Kehricht niederen Volks" sammelt. Die „Könige, Helden und Sänger" sehen wir sehr viel weiter hinten in weit zerstreuten Gruppen, die durch „Hügel und Fels und Gebüsch und die finstere Wand der Zypressen" getrennt sind. Auch hier ist der humoristische Unterton nicht zu überhören, wenn der mit soviel Aufwand unternommene kosmische Vortrag am Ende nur das „unermeßliche Beifallklatschen des sämtlichen Pöbels" findet. Die Götter scherzen auch noch, wo sie die Wahrheit künden! Das Göttliche, dem Animalischen anvertraut, bleibt für sie ein unerschöpflicher Stoff des Gelächters. Der richtige Leser des Gedichtes muß sie gleichsam immer mitlachen hören.

Dazu gehört denn auch die Störung, die im Vorgang der Rede erfolgt. Der Teufel, „das schwarze, gehörnte Scheusal aus fremdem Gebiet des unterirdischen Reiches“ hat sich neugierig, boshaft eingedrängt und sucht durch possenhaftes Treiben den Fortgang zu stören, bis am Ende der sichere Mann den in die Hintertasche seines Rockes gesteckten Schwanz ergreift, ihn krachend bei der Wurzel herausreißt und dann als Lesezeichen in sein Buch legt. Der übermütige dichterische Einfall ist von überwältigender Komik. Die vitale, durch die Einflüsterung des Geistes auf einen absonderlichen Weg gebrachte Kraft schlägt wiederum ins Urwelthafte um und überwindet gerade dadurch das Böse als den Widersacher der verkündeten Uroffenbarung. Die Komik wurzelt in dem Überraschenden dieser Verknüpfung: der schwanzlose, mit Wehlaut zur Hölle entfahrende Teufel und der zum Seher gewordene Urweltriese, der die prophetischen Worte von der doppelten Wiederkehr des nun ins Mythische erhobenen Kampfes zwischen dem sicheren Mann und dem Teufel spricht, bei dem das Böse immer mehr an Mut und Stärke verliert, das Vitale aber in Gestalt des sicheren Mannes zum „lieben Genossen der Götter“ wird. Wir wollen die Prophezeiung nicht auf die Waagschale legen, auch sie ist vielleicht nur ein Scherz der göttlichen Muse. Denn noch ist es nicht soweit, und die Kunde vom sichern Mann klingt im himmlischen Gelächter aus.

Auch in diesem Mörikeschen Versmärchen spielt die Phantasie mit sich selbst. Dazu gehört das Aneinanderreihende und nur lose Verknüpfende der Erzählung, die sich beliebig fortspinnen ließe, weitere Taten des sicheren Mannes berichtend. Eine zugleich mythologisch und humoristisch gesehene Zauber-Welt wird gespiegelt, die ohne Anfang und ohne Ende ist. Fragen wir uns aber, was diese aus so verschiedenen Elementen gemischte Erzählung zusammenhält, in der das deutsche Märchen, Mythologien und Sagen, die griechische Unterwelt, das schwäbische Biedermeier und der christliche Teufel sich ein Stelldichein geben, so ist es nicht nur die antik stilisierende Form, die einen realistischen und zugleich phantastischen Gehalt mit der Anmut des Verses beseelt. Es ist auch nicht bloß die Freiheit des Humors, die mit dem Kleinen und dem Großen kindlich zu spielen vermag, weil sie beides aus dem Abstand des Göttlichen sieht. Das Gemeinsame in diesen verwegenen Verknüpfungen der Phantasie liegt in Mörikes Seinsfrömmigkeit, die jenseits aller Selbstgerechtigkeit und alles moralischen Besserwissens das Lebendige liebt und aus seinem Urgrund ergreift. Daher vermag auch das Böse nur als das Närrische zu erscheinen, ein humoristischer Kontrast zur Fülle des Lebens. Am Ende wird es „alt“ und „kindisch“, „ein Bettler, von allen verachtet“, weil in dieser von Heiterkeit und Überschwang durchglühten Schöpfung kein Raum für sein Dasein mehr übrigbleibt. Auch das Reich der Toten ist hier nur noch ein Gegenstand des künstlerischen Spiels, und die Botschaft, die es auf so merkwürdigem Wege erhält und die ihm nicht allzuviel zu sagen hat, sondern ein „Spektakel“ bleibt, ist eine Botschaft des Lebens und nicht des Todes. Zwar sollte sie für die alten Weisen und Helden bestimmt sein, „welche da traurig sitzen und forschen das hohe Verhängnis, schweigsam immerdar, des erquicklichen Wortes entbehrend“. Aber das ist wohl auch mit dem „trüglichen Ernst“ des göttlichen Spaßmachers gesagt, denn am Ende ist es doch nur der Pöbel der Unterwelt, der sich dabei amüsiert hat. Mörikes Märchen vom sichern Mann bezieht zwar Tod und Teufel mythenbildend mit ein, aber es geht ihm dabei nur um das Walten der Mächte im Zauberspiegel der Phantasie.

Wer diesen so durchaus antiken Überschwang nicht mit vollziehen kann, wer das göttliche Scherzen nicht begreift, mit dem hier Elementares, Halbgotthaftes und Geistiges in künstlerischer Freiheit verwoben werden, der wird freilich im Märchen vom sichern Mann nur Absurdes und Absonderliches finden, nicht aber das, was diese Verserzählung zur bedeutenden Dichtung erst erhebt: Mythologie des Seins, gespiegelt in der Seele des Humors.

DIE LIEBE

Nirgends wird die geheime Bedrohung, der Mörike ausgesetzt ist, so sichtbar wie in der Liebe. Die Erschütterung, die der junge Student in Tübingen durch das Schankmädchen Maria Meyer erfahren hat, wirkt sein Leben lang nach, wenn er sie auch als unantastbares Geheimnis in sein Innerstes verschlossen und alles vernichtet hat, was daran erinnern könnte. Nur die Gedichte sind übriggeblieben als Pfänder überschwenglichen Glücks und trostlosen Elends. Was das bedeutet, kann nur ermessen, wer bedenkt, mit welcher Sorgfalt Mörike auch noch das Alltäglichste sammelte und pflegte – Zeichnungen, Briefe, Musterkärtchen – Dinge, an denen die Atmosphäre des Gewesenen haftete, Zeugnisse, an denen das Herz im liebevoll erinnernden Zurückgreifen seiner selbst gewiß wurde.

Mörike wollte vergessen um jeden Preis. Aber das innere Gesetz seines Wesens ist Erinnerung, nicht Abbruch. Nicht vergessen können wird zur Qual, in der das Gewesene den Menschen foltert. Die Untreue der Geliebten offenbart Mörike die Bodenlosigkeit des Lebens. Und doch ist für ihn Liebe der Grund allen Seins, der innere Zustand, in dem die Welt erst durchsichtig wird. Sie ist Gnade – wie Kindheit, Märchen, Traum, sie ist Bezauberung und Verzauberung. Mörike erfährt sie nicht nur als leidenschaftliches Hingerissensein, auch nicht allein als geistige Begegnung, er erfährt sie vielmehr als eine den ganzen Menschen verwandelnde Macht, neben der nichts anderes mehr Raum hat. Jetzt erst beginnt alles Seiende von innen zu leuchten; jetzt erst entfaltet sich seine verborgene Schönheit, jetzt erst erscheint die geheime Mitte aller Dinge. Lieben heißt dem Sein auf den Grund kommen, der Gnade teilhaftig werden, die uns hier immer schon anredet, aber erst in der Liebe durchströmt. Traum und Wirklichkeit begegnen einander dort, wo der Mensch ganz aus den Sinnen lebt, das Sinnliche aber durch den Schmelz der Seele eine phantasiedurchtränkte Zartheit und Anmut erhalten hat.

Die für Mörike unbegreifliche, wehrlos hingenommene Untreue der Geliebten zerstört ihm den Glanz der Welt. Aus der Gnade der Liebe wird die Tragik der Liebe. Das im Irdischen erfahrene Göttliche wandelt sich in sein Gegenteil, in das allzu Menschliche. Das höchste Glück, darin dem Herzen die Einheit wie ein gnadenreiches Geschenk aufging, ist zugleich vom Wahnsinn bedroht. Der erfüllte Traum muß in der Vergänglichkeit unseres irdischen Daseins wieder versinken; er ist nur Traum gewesen – nicht mehr, weniger noch als die Wirklichkeit. Die Magie des Glücks enthüllt sich als Betörung, der Zauber als Illusion, der selige Überschwang als Fieber der Leidenschaft. Das Süßeste wird zum Bittersten, des „Jugendglückes Übermaß“ zum „baren Schmerz“, die Wonnen des Elementaren zum schaudervollen Grausen, die beflügelnde Trunkenheit zur unstillbaren Sehnsucht. Der Mensch, in der Liebe der unio mystica des Seins teilhaftig, verliert durch die elend gewordene Liebe die Fülle der Welt und stürzt in das Nichts. Aus dem gnadenvollen Glück ist der trostlose Schmerz der Vereinzelung geworden.

Mörike vermochte als Liebender auch später niemals das erfüllte Gefühl tätig mit dem eigenen Lebensschicksal zu verknüpfen. Seine Liebe lebte immer zurückgewandt oder dem Eindruck des Augenblicks verhaftet, nie aber in der Zukunft. Das gibt ihr das Unwirkliche, das Bodenlose und Zerbrechliche. Im Grunde hat er immer nur die Liebe, nicht aber einen Menschen geliebt. Er konnte nur innerhalb des magischen Zauberkreises leben, der in seiner Dichtung Gestalt und Musik wurde. „Die vollkommene Liebe hat wenig mit der Zeit zu schaffen", schreibt er an Luise Rau am 28. Dezember 1829, oder er spricht von dem „heiligen Bewußtsein der Unveränderlichkeit unsrer Liebe und ihres höheren Ursprunges" (Brief vom 27. 8. 1830). Aber Zeit und Umstände sind oft mächtig genug, und dann bleibt bei Mörike nur der „unglaublich verzärtelte Gang seines inneren Wesens", wehrlose Verletzbarkeit und willenloses, ja gedankenloses Hintreiben übrig. Diese Gefährdung seines Wesens spiegelt nicht nur die Peregrina-Epoche, sondern sie zeigt sich auch in den scheinbar so harmonischen Brautjahren mit Luise Rau. Wohl hat Mörike die vielleicht bezauberndsten Liebesbriefe geschrieben, die wir in deutscher Sprache besitzen. Aber die Liebe ist hier ein poetisches Spiel, dem es um das Innewerden des eigenen, ursprünglichen Wesens geht, ein Sich-Einspinnen des Herzens in wehmutsvoll süße Erinnerungen, ein Entfalten des inneren Menschen, der zum höchsten Selbstgenuß seiner poetischen Freiheit gelangen möchte.

In der Peregrina-Zeit hatte auch das Glück noch etwas rätselhaft Bedrohendes; hier ist es nur noch poetische Magie, worin die Phantasie sich selbst beschaut und das geliebte Bild in tausend Farben und helle Wunderspiegel taucht (vgl. Brief an Luise Rau vom 17. Juli 1831). Aber das furchtbare

Wissen aus dem Peregrina-Erlebnis um die alles enttäuschende Zeit klingt auch jetzt nach. Sie streift den Goldfirnis von der Traumwelt ab, so daß es Mut kostet, noch „die alten Zaubergärten zu durchwandeln und an manches verwitterte Monument die nachträumende Stirne anzulehnen“ (Brief vom 2. Sept. 1829). Mörike verwandelt Vergangenheit, Gegenwart und Zukunft in ein süßes, zeitloses Märchen, und die lebendige Gegenwart der Geliebten wird zu einem Traum von der Geliebten, noch unter geschlossenen Augenlidern geträumt. In der Abwesenheit verwandelt sich ihm die Geliebte in ein Märchen-Wunder: „Welch eine unbeschreiblich schöne Nacht! – ich öffne ein Fenster, höre die Melodie des Brunnens – blicke aufs Gärtchen hinunter – alles so leicht, so geistig in Schatten und Licht! Wie schwimmend sind alle Gegenstände. Könnt ich Dich eine Minute lang haben! Nicht einen Kuß gäben wir uns, sondern stille, staunend, andachtvoll säh' ich Dich mir an die Seite gezaubert wie eine leichte Verkörperung meines heiligsten Gedankens, die ich nicht zu berühren wage, die leisen Trittes wieder entweicht, aber in mir eine unnennbare Seligkeit zurückläßt, die mich in den Schlaf hinüber begleitet. Ist mir aber nicht jetzt schon so zu Mute? Tritt, o Kind, diesen Augenblick herein! und ich will nicht erschrecken, will nicht fragen: Bist Du Luftbild oder Leben? Ich wäre auf jedes Wunder gefaßt“ (Brief vom 9. November 1829). Mörike erfährt die Liebe in der überwältigenden Fülle ihrer Wirklichkeit und wird sich so des tragenden Grundes seines Lebens bewußt. Alles andre erscheint, damit verglichen, nur als ein gewöhnlicher Traum: „Ich schauderte einen Augenblick vor der Größe und vor der Wirklichkeit meines Glükkes! – denn, gibt es nicht solche seltene Momente, wo gleichsam ein rascher Blitz des innersten Bewußtseins uns das, was wir besitzen und sind, in seiner ganzen Gestalt sehn läßt – in der überwältigenden Fülle seiner Wirklichkeit, während es dann scheint, als wäre man bisher nur wie in einem gewöhnlichen Traum befangen gewesen?“ (Brief vom 4. Dezember 1829). Das sind die geweihten Augenblicke, „wo der Mensch gleichsam mit angehaltenem Atem auf den Grund der eigenen Seele niederschaut oder den geheimsten Puls seines ahnungsvolleren geistigen Lebens fühlt“ (Brief vom 2. Dezember 1829). So beseligendes Glück, dem sich an Vollkommenheit nichts vergleichen läßt, gründet in zeitenthobener, poetischer Zauberkraft, die die Gegenwart des Göttlichen im Irdischen besitzt.

Mörike beschwört in solchen Briefen die Liebe als ein liebliches, göttliches Spiel. „Ist das ein Spiel, so ists ein solches, wie die Engel es treiben, und wir schämen uns seiner nicht. Glaubst Du, es könnte eine Zeit kommen, wo wir dessen satt werden? Ich kanns nicht denken; mich schauert, wenn ichs denke!“ (Brief vom 18. Februar 1830). Hier also liegt die Grenze des Glücks, in dem Übergang der Zeit, in dem Schauer der Vergänglichkeit, in dem geheim geahnten, schon einmal erlittenen Wandel des Schicksals. Der göttliche Zustand des Spieles in der Liebe, das Mysteriöse und Geisterhafte dieser herrlichen und reinen Augenblicke, diese Zaubergärten der Erinnerung und diese kunstvollen Arten des Sich-Liebhabens mit ihren zärtlichen und kinderfrohen Stimmungen sind von der abgründigen, im Peregrina-Erlebnis zum erstenmal bewußt gewordenen Lebensangst überschattet, daß ein solches Dasein übermenschlich ist. Nur selige Geister vermögen so zu lieben, nicht aber Menschen. In der erwachenden Liebe nimmt Mörike immer schon ihr Ende vorweg. Das ist „die bange Liebe“, die „den bittern Stachel“ kennt. „Mich faßt ein Schauder bei dem unerhörten Gedanken, daß wir Luise! wir uns jemals wieder fremd werden könnten" (Brief vom 30. März 1831). Auch als die Trennung bereits vollzogen ist und er dem Urfreund Hartlaub auf seinen Wunsch die Liebesbriefe von einst sendet, schwingt das Entsetzen über das Unverständliche und grauenvoll Unbegreifliche der Trennung mit. „Nun wirst Du daraus sehen, daß ich das Mädchen unsäglich liebte. Es ist deshalb auch nicht Ein falscher Hauch darin; sonst wären sie lange ins Feuer geworfen. Es schwindelt mir, wenn ich hineinblicke und denke, wir sind auseinander" (Brief an Wilhelm Hartlaub vom 19. Dezember 1837). So traumhaft gegenwärtig für Mörike die gelebte Liebe war, um so vernichtender, gespenstischer war ihm der Bruch. Die bloße Möglichkeit eines solchen Schicksals, das ihm dreimal im Leben zustieß, mit Maria Meyer, mit Luise Rau und später, wenn auch abgemildert, mit seiner Frau Margarethe von Speeth, erfüllte ihn mit der Angst vor dem Nichts. Denn die Liebe ist für Mörike eine dichterisch gelebte unio mystica, die das Ewige in den Augenblick hineinzieht und es doch nicht halten kann, weil außerdichterische Mächte stärker sind, auch wenn er sie nicht wahrhaben will. Traum und Bezauberung können auf die Dauer nicht gelebt werden. Als zeitüberwindende Mystik der geisterhaften Begegnung mit dem zartesten sinnlichen Schmelz und der seraphischen Beseelung entzieht sich die Liebe dem Du. Sie muß, um zu dauern, in die Wirklichkeit des Lebens und des Schicksals hineingenommen werden, sich in die unerbittlichen Grenzen fügen, die unseren irdischen Bereichen gesetzt sind. Gerade das aber vermochte Mörikes Liebe nicht. Wo ihm die innerlich nicht anerkannte Grenze von außen gezogen wurde, konnte er nichts als leiden, vereinsamen, verstummen. Das ist der Preis, der für ein solches entbundenes, liebliches, göttergleiches Spiel auf Erden bezahlt werden muß. Mörike war ein Liebling des Glücks, begnadet im Überschuß, selig im Überschwang, aber er war es nur dort, wo er aus dem Traum heraus leben durfte. Dann ist ihm freilich eine Zartheit vergönnt, die etwas Geisterhaftes und unbeschreiblich Holdes hat. Man lese in seinen Briefen, wie er frische Schneeglöckchen für die Geliebte gepflückt hat, am Felsen des Breitenstein gefunden, und dazu schreibt: „Wär es nicht möglich, daß eine süße magische Erschütterung den Fels durchzuckt hätte, als Du neulich Deinen Fuß dort aufsetztest, und daß diese Knospen in jenem Augenblick zum ersten Male sich öffneten?“ (Brief vom 25. März 1832). Der Traum ist zur Wahrheit und Wirklichkeit geworden, Ding und Gefühl sind magisch verknüpft. Solche Augenblicke sind eine purpurische Nacht der süßen Gedanken, der lieblichsten, zartesten Wehmut. „Ich sage Nacht und Purpur, denn jene lichte Dämmerung verdichtet sich zuletzt auch wohl, je tiefer die Gedanken gehn, bis zur dunkelseligen Selbstvergessenheit, wo die äußeren Sinne sich zu schließen scheinen, Alles, was uns umgibt, verschwindet und versinkt und die innerste Seele die Wimpern langsam erhebt und wir, wenn ich so sagen darf, nicht mehr uns selbst, sondern den allgemeinsten Geist der Liebe, mit dem wir schwimmen, wie im Element, empfinden“ (Brief vom 8. April 1832).

Die Liebe ist hier ein Geheimnis des Seins, das nur mystisch in einer purpurnen Nacht der Seele gelebt werden kann, wenn sich die äußeren Sinne schließen und die Seele, dunkel sich selbst vergessend, eins wird mit dem allgemeinsten Geist der Liebe. Aber wer die *entstaltende* Seligkeit der Liebe so sublim sinnlich und zugleich so ganz geistig erfahren durfte, dem mußte gerade die *gestaltende* Kraft der Liebe abgehen, bei der es hieß, die verhangenen Zaubergärten zu verlassen und sich auf dem Boden dieser Erde wieder anzusiedeln. Die Liebe gelingt Mörike dort, wo sie, wie die Schönheit, selig in sich selbst ist; aber überall, wo er aus dieser Traum-Magie zurückkehren muß in das Tägliche und Wirkliche, bleibt er ein hilflos verwirrtes Kind. Die Geliebte vermochte Mörike nur als Märchen-Wunder, nicht aber als wirklicher Mensch zu begegnen. Bereits nach dem Verlust der Peregrina kannte er nur noch einen unbegreiflichen Zustand der Leere, einen wohltätigen Schleier, eine Verblendung gegen die Wirklichkeit, die ihm allein das Bewußtsein des Entsetzlichen und Unbegreiflichen erträglich gemacht hat (vgl. Brief an Hartlaub vom 16. April 1827). Die Liebe zu Luise Rau war eine stillere, aber darum nicht weniger gefährliche Flamme. Auch sie begegnete ihm in der „süßesten Beklemmung" als „etwas Feierliches, Mysteriöses, ja zuweilen etwas Geisterhaftes, das mir heilig und unantastbar war". Mörike, der dem Schönen zu gebieten vermag, ist dem Schönen auch verfallen, beglückt und bedroht in der Liebe, dem „Element" des Seins, in dem alle Gnade und alle Tragik des Menschenloses ihre Wurzel hat.

Es ist bezeichnend, daß eines der frühesten Liebesgedichte Mörikes an die Jugendgeliebte Klara Neuffer den Titel „*Erinnerung*" (1822) trägt. Es hält die holde und wehmütige Stimmung an der Grenze von Kindheit und Jugend fest:

Ja, das war das letztemal,
Daß wir uns wie Kinder freuten.

Alle Mörikesche Liebe ist immer schon Erinnerung. Nur in der Bindung an das Vergangene gewinnt sie jenen magischen Traumglanz, der das Herz ins Zeitlose entrückt. Im Augenblick ist Liebe erfüllte Gegenwart, die sich verewigen will. Aber solche Verewigung gelingt ihr nur im Erinnern, im ständigen Zurückrufen des im Vergangenen gelebten Glückes in die Gegenwart des Gedichtes.

Aber Erinnerung bedeutet immer auch schon ein Nicht-mehr-Haben. Weil aber alles Lieben immer schon Erinnern ist, so ist es auch ständig schon Schmerz. Sich der Liebe erinnern heißt zugleich, die Liebe als bereits verlorene, entgleitende, dem Sterben preisgegebene doch noch besitzen und zurückrufen. Gerade die schmelzenden, verwehenden Übergänge von Glück und Leid, von Gegenwart und Erinnerung, von Traum und Wachen, von Sich-Haben und Nicht-Haben geben der Mörikeschen Liebesdichtung ihren unvergleichbaren Stimmungsreiz. „Erstlings-Paradieseswonne", „Liebes-Zauberschwindel", das ist eine zu schwebend-überwirkliche, zu magisch-übersinnliche Welt, als daß sie festgehalten werden könnte, ohne daß sich der Lust die Klage gesellte. Aber oft ist die Klage selbst zur Lust geworden. Dann mischt sich die Nähe mit der Ferne, und das in Schmerz verwandelte Glück erfährt im erinnernden Zurückrufen seine höchste Steigerung.

Weder Freude hab' ich, die mich freute,
Weder Kummer, der mir nahe ginge,
Als nur jene, daß du mein gedenkest,
Als nur diesen, daß ich dich nicht habe.
(„Aus der Ferne")

Im Jugendgedicht „*Nächtliche Fahrt*" (1823), bei dem die Gestalten von Klärchen Neuffer und Maria Meyer vielleicht schon ineinander übergehen, wird die Liebe vom Bereich des Unbewußten her erlebt. Zwei Bilder gehen durch die Traumhandlung: ein halb verschlossener Wagen, vor dem ein Trauerzug gespannt scheint, fliegt durch mondbeglänzte Wälder und am Heimatort der Geliebten vorbei; die goldene, von der Geliebten zum Geschenk erhaltene Kette, wird, wie „vom bösen Geist“ getrieben, der am Wege stehenden Bettlerin, der traumverhangenen, unerkannten Geliebten zugeworfen; sie bindet magisch das Gefährt. Der Wagen, das Vorbeifliegen, der Trauerzug, das alles deutet auf Wechsel, Vergänglichkeit, auf den Tod hin. Die Kette hingegen wird zum Sinnbild des Bleibenden, der Treue. Aber die als treulos gescholtene Geliebte, die unter dem Giebeldache schlummert, während der Geliebte wacht, erscheint nunmehr als die allein Treue. Ihre vom Geliebten allzu rasch fortgeworfene Kette hält den Wagen: sie leitet das von Unbeständigkeit bedrohte Gefühl in die Treue zurück. Dieses Glück suchen die Schlußstrophen selbst im Traum noch festzuhalten:

Unter uns vergeh' die Erde,
Und kein Morgen soll mehr sein!

Hinter dem Traumglück der Liebe lauert die Traumangst des Verlustes, die Bedrohung durch das Unbeständige des „Morgen“. Die im Traum aufsteigende Angst soll durch die Liebe als Traum gebannt werden.

Ist es nur ein „süßer Trug“, der das Herz bezaubert? Aber das Wagnis des „wachen Traums“ der Liebe, von dem das Gedicht „*Liebesglück*“ (1830) spricht, beginnt an jener Grenze von Trug und Wahrheit, wo nicht mehr nach der Zeit, nach dem Gestern, dem Heute und Morgen gefragt wird, weil die Liebe selig in sich selbst ist. Das gleiche zeitenthobene Glück dichtet die Ballade „*Schön-Rohtraut*“ (1838):

Und würdst du heute Kaiserin,
Mich sollt's nicht kränken!

Raum und Zeit können die Liebe ebensowenig entmutigen wie die blühende Blume und den ins Grenzenlose fliegenden Adler.

Und Liebe, darf sie nicht dem Adler gleichen?
Doch fürchtet sie; auch fürchten ist ihr selig,
Denn all ihr Glück, was ist's? – ein endlos Wagen!
(*„Nur zu!"*)

Man muß diese Einheit von Traum und Liebe durchspüren, um Mörike richtig zu verstehen. Der Traum ist der magische Schlüssel, der das Sein erst in seiner Tiefe aufschließt; aber er ist auch das nur Scheinhafte, das Trugbild. Selbst wo in der Geliebten sich ein „Engel" verhüllt, dessen leise Atemzüge dennoch vernommen werden, die Geliebte Gesandte der nächtigen Gottheit ist, wie in dem Gedicht „*An die Geliebte*" (1830), fragt der Dichter fast ängstlich, ob nicht ein Traum ihn betrüge. Im Traumhaften der erinnerten Liebe lebt ihr Unbewußtes, ihr Zeitloses in allem Wechsel, aber auch das Unwirkliche ihres Zaubers, das Zerrinnende und Illusionistische, das den großen trunkenen Augenblicken anhaftet. Ist der Traum vorbei, dann bleibt nur die „fremde" Welt, in die sich das Ich verstoßen sieht wie im Gedicht „*Heimweh*" (1830). Das Sein ist ins Kalte, Fremde und Falsche entzaubert. Es ist so, als ob der Mensch seiner ursprünglichen Teilhabe an ihm verlustig gegangen und dadurch alles ins Schiefe verrückt wäre.

Im Zyklus der *Peregrina-Gedichte* (1824 und später entstanden) wird Mörikes tiefste Liebeserschütterung in berückenden und schwermütigen Versen sichtbar. Die Geliebte ist bei ihm weder das romantische Bild eines Engels, der später als satanisch entzaubert wird, noch eine dämonische „Sirene“, der es standzuhalten gilt, um nicht unterzugehen. Mörikes eigentümlicher Ton liegt in dem untrennbaren Ineinander von heilig Reinem, kindhaft Treuem und dämonisch Zerstörerischem, von Zauber und Leid, von ewiger Gegenwart und unvermeidlicher Trennung, von festgehaltener Erinnerung und Not des Vergessen-Müssens. Bereits das erste Gedicht gibt im rätselhaften Spiegel „dieser treuen braunen Augen“ ein Bild der Geliebten. Eine geheimnisvolle Schwermut breitet sich über dieses „unwissende Kind“ aus, die es unbeschreiblich anziehend, aber auch gefährlich und todbringend macht. Diese Liebe ist von dem jungen Mörike in einer so nur ihm möglichen Mischung von Seligkeit und Angst, von Bezauberung und Todesgrauen, von Schwermut und Süßigkeit, von Verführung, Mitleid und Sünde, von Kindlichem und Dämonischem erlebt worden. Alles das ist in die „Nacht des Blickes“ eingegangen, in der sich das Urgeheimnis der Liebe entzündet, und in welcher der „Tod im Kelch der Sünden“ gereicht wird. Die später gestrichene zweite Strophe der ersten, erweiterten Fassung spiegelt die Liebe im Traum:

Einst ließ ein Traum von wunderbarem Leben
Mich sprießend Gold in tiefer Erde seh'n,
Geheime Lebens-Kräfte, die da weben
In dunkeln Schachten, ahnungsvoll verstehn;
Mich drang's hinab, nicht konnt' ich widerstreben,
Und unten, wie verzweifelt, blieb ich stehn, –
Die goldnen Adern konnt' ich nirgend schauen,
Und um mich schüttert sehnsuchtvolles Grauen.

Der Traum deutet die Sehnsucht der Liebe als ein Hinab in die Tiefe der Erde, Sehnsucht nach „Gold“, dem Symbol des Glückes. Auch im Spiegel der „treuen, braunen Augen“ hat dieses Gold seinen Widerschein gefunden. Aber in dem magischen Gezogensein in die Tiefe verbirgt sich nicht nur die Ahnung des Traum-Glücks, sondern auch das „sehnsuchtvolle Grauen“, die Angst vor dem Sich-Verlieren im Nichts. So faßt das Eingangsgedicht Gnade und Tragik des Peregrina-Erlebnisses schon vorwegnehmend zusammen: das erst geahnte, überschwengliche Traumglück ist zugleich Traum-Angst vor dem Dämonischen, das in den Schmerz der Verzweiflung verstrickt.

Auch noch das Spätgedicht „*Margareta*“ (1845), an Margarethe von Speeth gerichtet, zeigt das Zwielichthafte im „namenlosen“ Bild der Geliebten, die unschuldige Schläfe, vom Gram mit dunklem Kranz geschmückt, aber gerade dadurch lockend, ein „Rätsel, das um Lösung fleht, daß eins im andern sich auf ewig stillte“. Der Liebe haftet bei Mörike stets etwas von einem Abenteuer an, das man bestehen muß, bei dem Mysterien warten, aber auch die Seele in einen Bann gezogen wird, aus dem sie sich vielleicht nie mehr lösen kann. Seit der Peregrina-Begegnung ist Liebe für Mörike immer „dämonisch“: beglückend, aber auch ein „schaurig Ding“ wie im „*Ersten Liebeslied eines Mädchens*“ (1828). Die „blinde Fischerin“ weiß nicht, ob sie den süßen Aal oder die Schlange greift, die an die Brust schlüpft, sich durch die Haut hindurchbeißt, ins Herz hinunterschießt, um dort wonniglich zu graben.

Das zweite Peregrina-Gedicht – im „Nolten“ hieß es „*Die Hochzeit*“ – gehört zu Mörikes schönsten Liebesversen. Ist die Liebe Urgrund des Seins oder Abgrund des Nichts? Wird sie nicht gerade darum für Mörike so rätselhaft verführerisch, weil sie beides ist? In der Erfüllung der Hochzeit ist sie nur Gnade, unio mystica mit dem Sein, das im Einswerden der Liebe farbig, klingend, beseligend erfahren wird. Hier ist alles Gegenwart des irdisch-überirdischen Glückes. Die Natur beginnt in diesem Zauberkreis erst zu leuchten. Die brennenden Rosen, der um Lilien zuckende Mondstrahl, das sanfte, schwermütige Halbdunkel in dem schwarzen Haar der Weymouthsfichte, die „den Spiegel des Teiches halb verhängt", die ganze Umwelt der Natur schwingt mit in dem mythischen Vorgang der Hochzeit, selbst noch das verrinnende und verströmende Echo des Spring-Quells. Süßeste, fast elfenhafte Zartheit ist jenes Bild der Wimpern, die „wie Schmetterlingsgefieder auf und nieder gehen". Das gleichmäßige Auf und Ab der Hebungen und Senkungen fängt alles Holde und Spielende des Gedichts in rhythmischer Bewegung auf.

Zwischen der *„Hochzeit"* und dem *„Scheiden von Ihr"* liegt eine unermeßliche Kluft. Sie ist durch nichts zu überbrücken. Es ist die Kluft, die Ewigkeit von Zeitlichkeit, erfülltes Traumglück vom wirklichen Schicksal trennt. „Ein Irrsal kam in die Mondscheingärten einer einst heiligen Liebe." Der Einbruch in die Traumwelt der Liebe geschieht von außen, unverständlich, ein „Irrsal". Das einzige, was wir noch erfahren, ist die Treulosigkeit. Sie erzwingt die Trennung, aber diese, so unvermeidlich sie ist, bleibt sinnlos. „Denn sie liebte mich." Die Treulosigkeit wird nicht sittlich gewertet, auf jede Begründung wird verzichtet, sie ist ein unbegriffenes Verhängnis, das im Sein selbst auf der Lauer liegt, um die Gnade der Liebe zu zerstören. Zwischen einst und jetzt liegt der Abgrund der Erinnerung. Die Trauer, die Mörike bei diesem Unwiderruflichen empfindet, hat mit Empörung oder Anklage, mit Mitleid oder Verzeihen nichts zu tun. Sie ist der untröstliche Schmerz über den Verlust des Göttlichen in der irdischen Welt. Das grausame Hinausstoßen der Geliebten in die „graue Welt“ aber deckt das Sein in seiner Entzauberung auf, das zum Nichts geworden ist, nur noch grau, profan, ohne schwingende Seligkeit. Auf rätselhafte Weise ist nicht nur die Geliebte, ist auch der Liebende vor dem Sein schuldig geworden – beide sind in das Uneigentliche verstoßen. Diese Qual ist darum so unermeßlich, weil in ihr das Glück der Liebe immer noch anwesend ist, anwesend als Schmerz um das Verlorene. Der luftgesponnene Zauberfaden wandelt sich in ein „ängstig Band“. Die harte Trennung steht im Widerspruch zum geheimen Wunsch klagender Liebe, die Zurückgekehrte mit dem Wanderbündel an der Schwelle des eigenen Hauses wiederzufinden, treuherzig zu ihm aufschauend, als ob nichts geschehen wäre.

Eine frühere Fassung des dritten Peregrina-Gedichts rückt die Qual des Alleinseins und der Sehnsucht, den Zustand „seliger Krankheit“ ins traumhaft Unbewußte, in „Träume voll schöner Trübe, wie gesponnen auf Nebelgrund“. Zwischen dem Träumenden und der „dunklen Welt“ zieht sich „ein Vorhang finster und groß ins Unendliche“. Dahinter wird ein nächtlicher Heidesturm geahnt, der bis in die Falten des Vorhangs greift. Aus dem Traumbild des trennenden Weltvorhangs taucht dann am Ende die liebliche und doch so beängstigende Vision des plötzlich durch den Vorhang guckenden „Zaubermädchens“ auf.

Das Dunkle, der Vorhang und der dahinter nur geahnte Heidesturm spiegeln den Zustand der Seele, die das Wirkliche nicht mehr greifen kann, ins Finstere verstoßen ist, von der

Eduard Mörike (Scherenschnitt von Paul Konewka).

Mörike als Pfarrvikar
in seinem Arbeitszimmer (Selbstbildnis).

Rechte Seite:
Die Mutter des Dichters Eduard Mörike
(zeitgenössische Silhouette).

Vertonung der Gedichte von Eduard Mörike für eine Singstimme und Klavier von Hugo Wolf, Notendruck.

Welt abgeschieden, aber doch so, daß hinter dem „Vorhang" ein Bereich der Weite und des Windes geahnt wird, des Unbehausten, in dem die Verstoßene herumirrt und aus dem sie unversehens zurückkehren kann.

Im Alleinsein wird das Glück der Erinnerung gespensterhaft. Der Mensch, in der Treue geborgen, sieht sich in der Treulosigkeit preisgegeben. Denn Liebe verlangt nach Treue, weil sie sich verewigen will. Treue bedeutet den Anspruch, das Traum-Glück in allem Irdischen zu bewahren. Dennoch ist die Treulosigkeit schicksalhaft. Sie ist ebenso im Sein angelegt wie die Sehnsucht der Liebe nach Treue und Ewigkeit.

Lieb ist wie Wind,
Rasch und lebendig,
Ruhet nie,
Ewig ist sie,
Aber nicht immer beständig.

Diese Verse aus dem „*Lied vom Winde*" (1828) verstehen die Liebe als das Elementare, als das lebendig Ruhelose, das nie ans Ziel kommt, als das Ewige, das immer dauert, und als das Unbeständige, das vorübergeht. In der Ewigkeit der Liebe gründet ihre Treue, in der Unbeständigkeit ihre Treulosigkeit. Das Motiv der Treulosigkeit kehrt in Mörikes Lyrik immer wieder, ein diffizil schmerzhaftes Grunderlebnis.

„*Nächtliche Fahrt*" (1823), „*Ein Stündlein wohl vor Tag*" (1837), „*Suschens Vogel*" (1837), „*Das verlassene Mägdlein*" (1829), „*Agnes*" (1831), „*Die Tochter der Heide*" (1861), die *Peregrina-Lieder* (1824 ff.), selbst noch das Gedicht „*Abreise*" (1846) gehören in diesen Zusammenhang. Die Erfahrung der Treulosigkeit weist über den menschlichen Bereich hinaus in den des Naturhaften, des Elementaren. Wie im Volkslied verklagt das Schwälblein die treulos gewordene Geliebte:

> *– Ach, Lieb' und Treu' ist wie ein Traum*
> *Ein Stündlein wohl vor Tag.*

Mörikes Nähe zum Volkslied hängt mit dem Augenblicksverhafteten seines Wesens zusammen. Gedichte wie „*Suschens Vogel*", „*Ein Stündlein wohl vor Tag*", „*Die Soldatenbraut*" (1837), „*Lied eines Verliebten*" (vor 1838) oder aus der Nachlese „*Der Schäfer und sein Mädchen*", „*Fischermädchen singt*", „*Zwei Kameraden*" haben die holde Naivität, die mythische Bildkraft, die sinnliche Unmittelbarkeit und den gemüthaften Humor, wie er sonst nur in der Volksdichtung zu finden ist. Sieht man jedoch genauer hin, so findet man auch hier das Schwanken der Stimmungen, das Doppeldeutige der Gefühle und die Vereinigung entgegengesetzter Möglichkeiten der Seele, das sich vom Ungebrochenen und niemals Zwiespältigen des Volksliedes deutlich unterscheidet. Im Seelischen ist Mörike keineswegs ein schlichter, sondern ein sehr widerspruchsvoller Mensch gewesen; so manche Gefahr der Auflösung und Dekadenz der Jahrhundertwende sehen wir bereits in ihm vorweggenommen. Auch in seinem Kindsein steckte ja nicht nur das Ursprüngliche, sondern stets auch die Maske. Er lebte immer auf den „Spitzen des Gefühls", ohne sich jedoch, wie der echte Volksliedsdichter, ganz der Lust oder ganz dem Schmerz hinzugeben.

Die Verlassenen aber, die doch nicht aufhören können zu lieben, leben ohne die bergende Gnade, ausgestoßen aus dem Paradies. Sie besitzen nur noch die Versunkenheit ihres Leids, das hingenommene und erduldete Schicksal. Sie stehen dabei im Widerspruch zur Außenwelt, die an ihrem Kummer keinen Anteil nimmt. Im Gedicht „*Das verlassene Mägdlein*“ ist gerade mit dem immer Wiederkehrenden des Vorgangs, den morgendlich krähenden Hähnen und dem Funken sprühenden Herdfeuer, die hoffnungslose Einsamkeit der vom Geliebten Verlassenen noch inmitten des tätigen Lebens gedichtet. Das Kommen und Gehen der Tage ist zum leeren Ablauf geworden. Nur noch das verstörte, gleichgewichtslose Herz bleibt übrig.

Das vierte Peregrina-Gedicht sucht der Klage des Herzens durch die wieder strenge Form des Gedichts einen Halt zu geben. Die Verse setzen mit einem unbegriffenen „Warum“ ein:

Warum, Geliebte, denk' ich dein
Auf einmal nun mit tausend Tränen,
Und kann gar nicht zufrieden sein,
Und will die Brust in alle Weite dehnen?

Ach, gestern in den hellen Kindersaal,
Beim Flimmer zierlich aufgesteckter Kerzen,
Wo ich mein selbst vergaß in Lärm und Scherzen,
Tratst du, o Bildnis mitleid-schöner Qual;
Es war dein Geist, er setzte sich ans Mahl,
Fremd saßen wir mit stumm verhalt'nen Schmerzen;
Zuletzt brach ich in lautes Schluchzen aus,
Und Hand in Hand verließen wir das Haus.

Der „helle Kindersaal“ ist ein Zurückgreifen auf die Heimat, in der das Herz Vergessen sucht. Will es wirklich vergessen? Sucht es nicht in Wahrheit, wie im „Besuch in

Urach", den „guten Knaben" von einst, dem die Geliebte mit den „treuen, braunen Augen" begegnet ist? Sucht es nicht im Leid der Heimatlosigkeit die verlorene Welt der Kindheit? („Lärm und Scherzen"). Aber was es sucht, wird nicht gefunden. Wohl kehrt die Geliebte als Traumbild zurück, aber der erfüllte Traum von einst ist zum Gespenst des Jetzt geworden, zum „Bildnis mitleid-schöner Qual", mit dem nur noch eine Geister-Gemeinschaft möglich ist, ein fremdes und stummes Beieinander der Schmerzen. Das gemeinsame Verlassen des Hauses aber ist Vertreibung aus der Unschuld der Kindheit, aus dem bergenden Raum der Erinnerung. In einer einzigen Zeile: „Und Hand in Hand verließen wir das Haus" ist der Widerstreit dieser Liebe noch einmal zusammengefaßt. Die Liebenden haben nicht mehr sich selbst, aber auch noch im geisterhaft unwirklichen, zum Nichts gewordenen Traum gehören sie qualvoll für immer zusammen.

Das letzte Peregrina-Gedicht, Mörike hat es „*Verzweifelte Liebe*" genannt, ist schon formal durch die Sonettform von den anderen geschieden. Darin äußert sich der künstlerische Wille, die persönliche Aussage ins Gültige, Unwiderrufliche zu steigern. Nirgends hat Mörike die Tragik der Liebe so ergreifend ausgesprochen wie hier:

Die Liebe, sagt man, steht am Pfahl gebunden,
Geht endlich arm, zerrüttet, unbeschuht.

Arm gewordene Liebe! Welche Verkehrung des Einst! Liebe wandelt ihre Fülle in Elend, ihren Zauber in Siechtum. Nicht als ob Mörike die Liebe als Liebe entwertete! Nicht als ob er nur zeigte, daß ein für echt gehaltener Zauber nur Gaukelei, eine gelebte Seligkeit nur Täuschung war! Nein: im Verlust des Zaubers wird erst die Macht des Zaubers sichtbar. In dem nur als schattenhafte Erinnerung Festgehaltenen lebt die ganze verzehrende Sehnsucht nach dem einmal gelebten, wirklichen Glück weiter. Im Bild der treulos gewordenen Geliebten wird immer noch das Bild der einst treuen, überschwenglich Beseligenden festgehalten. Aber eine Rückkehr ist unmöglich. Das gelebte Glück kehrt niemals wieder. Wahrer Zauber ist immer einmalig, nicht wiederholbar. Auch im Märchen kann die Fee die drei Bitten nur einmal gewähren. Die Gestalt der Braut, der in der Hochzeitsnacht das Sein als Liebe begegnete, selbst die Inbrunst der Natur noch überstrahlend, ist nunmehr zur Gestalt der Wahnsinnigen geworden; das unzerstörbare Urbild der Schönheit kann in ihr nur noch in trostloser, erniedrigter Weise sichtbar sein. Ihre Rückkehr deckt das Unwiderrufliche des Verlustes, aber auch die Unmöglichkeit des Vergessens auf. Denn die Liebe bleibt in die Sehnsucht gebannt, sie kann ihrer Ewigkeit nicht entrinnen, auch wo sie durch Treulosigkeit verkehrt und ihrer Traum-Gnade beraubt wurde. Was uns im lieblichen Spiel zu göttergleichen Wesen machte, wird in einer Welt, die dem Schicksal und der Vergänglichkeit verfallen ist, zur Trostlosigkeit des Verlustes. Das Wunder der Liebe begegnet uns hier nur noch in der Entbehrung.

Was entzaubert, ist die Vergänglichkeit, das Schicksal als „Irrsal", als Einbruch. Eine „graue" und gespensterhafte Welt bleibt zurück. Auch in den Gedichten aus der Nachlese finden wir noch Verse, die wir mit dem Umkreis der Peregrina-Dichtung in Verbindung setzen müssen: die Gedichte „*Im Freien*" und „*Nachklang*". Bei den wehenden Lüften, bei der „ruhigen, guten Natur“ wird Trost für das heftig schluchzende Herz gesucht, aber nicht gefunden. „Jetzt verlässet mich alles!“

Oder bin ich dir gestorben,
Du unsterblicher Geist der Natur?
Konnte die weichliche Pein
Jener unseligen Liebe
Dich mir auf ewig entfremden?
Und so verzweifel’ ich jetzt,
Weil ich mein Herzblut gab
Für einen Schatten?

Die Natur wird angerufen, um den durch die Liebe einsam und weltlos gewordenen Dichter wieder zu heilen oder durch Tod vom Leben zu scheiden. Im „*Nachklang*“ aber, einem Gedicht an seine Schwester Luise, sucht er sich von dem stets verhehlten Geheimnis „dieses unverdienten Kummers“ zu befreien. Er möchte es in die reine Seele der Schwester versenken:

Denn so lang ich mag die Hoffnung hegen,
Jenes Bild, das längst für mich verschieden,
Könnte mir noch holden Gruß entbieten,
Will mich nichts zur Freude mehr bewegen.

In der Liebe gewinnt und verliert der Mensch das Sein – in der Liebe und in der Natur. Natur und Liebe sind die beiden offenbaren Geheimnisse, die wechselseitig aufeinander hindeuten, die beiden magischen Zauberkreise, deren „Wonnestreit“ im menschlichen Herzen ausgetragen wird:

Du, Liebe, hilf den süßen Zauber lösen,
Womit Natur in meinem Innern wühlet!
Und du, o Frühling, hilf die Liebe beugen!
(„Zu viel“).

Das Geschehen in der Natur, die Bewegung durch die Liebe sind elementar miteinander verwandt, fast vertauschbare Zeichen der inneren Schwingung allen Seins. Die von den Feuerküssen der Sonne zu mächtiger Fülle anschwellende Granate und das von den Feuerküssen des kecken Knaben brennende Mädchen im Gedicht „*Liebesvorzeichen*“ (1828) mögen noch als spielerisch tändelnder Vergleich gemeint sein; aber hinter dem „witzigen“ Einfall steckt bereits das Wissen des Dichters, daß beide sich aus der gleichen Wurzel entfalten. Himmel und Fluß sind einander wie Seele und Leib zugeordnet, die „vertiefte Bläue“ beider ist nicht erschwingbar – nur die Liebe ist so tief wie sie *(„Mein Fluß“).* Die geisterhaften Flügel des Windes und die süßen Quellen des verborgenen Wassers, die bitter-holde Qual der Liebe, sie alle sind nicht aufzuhalten, ihr Ursprung bleibt verborgen, ihr Weg unendlich („*Frage und Antwort*“, 1846). Morgenwinde tragen die Botschaft der Liebenden von einem zum andern:

Weht, o wehet, liebe Morgenwinde!
Tragt ein Wort der Liebe hin und wieder!
(„*Aus der Ferne*“, 1846).

Im Gedicht „*Götterwink*“ (1846) findet das Wonnevolle, das Dämonische des Glückes in der aus dunklem Gebüsch leuchtenden, hochglühenden, götterberührten Rose seine Verkündigung:

Plötzlich, wie Fackelschein, eilig vorüber ein Licht,
Stark herstrahlend zu mir, und hebt aus dem dunkeln Gebüsche
Dicht mir zur Seite die hoch glühende Rose hervor.
Heil! o Blume, du willst mir verkünden, o götterberührte,
Welche Wonne noch heut mein, des Verwegenen, harrt
Im verschloßnen Gemach. Wie schlägt mein Busen! – Erschütternd
Ist der Dämonien Ruf, auch der den Sieg dir verspricht.

Die träumende, zwischen Gegenwart und Vergangenheit schwebende Seele wird von der Natur gehalten, ist in ihr geborgen. Sie versteht sich selbst und bleibt vor dem Zerfließen bewahrt. Im eigenen Empfinden und im Fluß der Zeit würde sie sich ruhelos verströmen, wenn ihr die Natur nicht zu Hilfe käme und sie vor dem „Wahnsinn" beschützte. Die Liebe wird durch die Natur aus der Ungewißheit des eigenen Erlebens in die Gewißheit des Seins zurückgeholt. Denn die Natur antwortet dem menschlichen Herzen in einer Sprache, die es zwar nicht immer versteht, die aber doch mit der Sprache des Herzens übereinstimmt. Natur und Seele können auf eine unergründliche traumhafte Weise eins werden. Nirgendwo spiegelt es sich deutlicher als in dem Gedicht „*Früh im Wagen*" (1843/46).

Der Augenblick der noch ganz gegenwärtigen, aber schon in die Erinnerung tretenden Liebe ist ebenso ein Augenblick und Übergang der Natur, beginnenden Tagwerdens; der Morgenstern vergeht bald im Lichte, und doch steht der Fichtenwald noch im vollen Mond. Noch lebt das Herz im „Schmerzensglück" der Abschiedsnacht, aber gleichzeitig drängt der scheue Blick in die Ferne. Noch ist das gelebte, unbegriffene

Glück in seiner rätselhaften Fülle von Lust und Schmerz gegenwärtig: das blaue Auge wie ein dunkler See, das Umwehende des Kusses, des Hauches, des Flüsterns, die weinende Klage des letzten Beieinanders, das Gesicht am Hals der Geliebten begraben, die vor den Augen bebende Purpurschwärze. Aber das Noch ist schon Übergang, zerfließender Traum, es entgleitet unaufhaltsam, je mehr es festgehalten wird, und mit der durchbrechenden Sonne verschwindet das Traum-Glück der Nacht:

Und von den Bergen streicht
Ein Schauer auf mich zu.

Ist nicht der Schauer von den Bergen wie eine Antwort der Natur auf den Traumvorgang der menschlichen Seele, mit der sie trotz allem eine neue Bergung findet und ohne die sie hoffnungslos dem Chaotischen dieses Zerrinnens preisgegeben wäre?

Das Anmutige in Mörikes Liebesdichtung ist seine Fähigkeit, naiv zu träumen. Auch sein leidenschaftliches Fühlen bleibt stets an die mit allen Sinnen erlebte Welt gebunden. Das Einzigartige seiner Dichtung – darin hebt sie sich aus der gesamten Romantik heraus – liegt in dem Verzicht auf jede Überhöhung. Die Wirklichkeit wird nicht in ein phantastisches, ungewöhnliches Licht gesetzt, nicht „romantisiert", mit Empfindungsseligkeit überschüttet. Mörike fängt nur den Zauber ein, der ihn in der Begegnung mit Mensch und Ding angerührt hat. Nur noch bei Adalbert Stifter läßt sich etwas Verwandtes finden. Seine dichterische Einbildungskraft ergreift die Wirklichkeit, die sich ihm von selbst in ein Märchen verwandelt. Daher nimmt Mörike auch niemals seine eigene Person wichtig. Selbst die Liebe kann ihm Anlaß zum Scherz sein. Gerade weil sie das Göttliche auf Erden ist, kann sie hier nur gespielt werden. So behält der Mensch inmitten aller Bedingtheit seine Freiheit. Was im Leben noch Gefährdung einer hingerissenen, wandlungsreichen Seele ist, kann in dem göttlichen Abstand des Gedichtes sich zum reinen Spiel erheben. Lächelnd läßt Mörike den Maler „*Das Bildnis der Geliebten*" (1845 oder 1846) doppelt malen, das Gesichtchen von vorn und von der Seite, zwei ähnliche Schwestern, ein Paar, zwischen dem er selbst, der „zweideutige Freund", steht. In der Catull-Übersetzung „*Akme und Septimius*" (1838) treibt Mörike mit der Liebe, sich anmutig in der klassischen Form bewegend, ein heiteres Versteckspiel: am Ende braucht die Liebe nichts anderes als sich selbst, um glücklich zu sein. Im Humor schwingt das Wissen um den Kontrast bejahten Traum-Glückes zum irdisch Unzulänglichen mit. Aber unsere menschliche Bedingtheit gewinnt einen göttlichen Schimmer, sobald wir sie lächelnd zu bejahen verstehen.

Die Welt verklärte sich Mörike immer wieder aus sich selbst heraus. Wo die Verklärung Lächeln ist, ist es freilich oft ein Lächeln verhaltener Wehmut. Immer wurde die Grenze der Liebe in Vergänglichkeit, Treulosigkeit und Tod mit gewußt. An dieser Grenze aber entstehen die wenigen Liebesgedichte, die nicht mehr auf den Menschen, sondern auf Gott gerichtet sind. Sie wachsen aus erschütternder Einsamkeit. Der dem Leben so überselig aufgeschlossene Dichter hat auf die lockende Welt verzichtet, weil er das liebe Licht der Sonne nur noch unter Tränen zu sehen vermag und den Schmerz in aller Lust nicht mehr erträgt. Nur wer so inbrünstig das unermeßliche Glück der Liebe erfahren hat, das alles irdische Dasein in einen einzigen Wach-Traum zu verwandeln vermochte, konnte so unter der Grenze der Liebe leiden, um deretwillen am Ende doch kein Mensch dem andern ganz, wie er möchte, gehören kann. Immer wird die unübersteigbare Wand bleiben, die keine unio mystica der Liebe mehr überwinden kann. Mörikes unerschöpfliche Liebessehnsucht richtet sich auf Gott als die Erfüllung aller Liebe („*Neue Liebe*“, 1846). Hier allein findet das menschliche Herz in seiner ruhelosen Bewegung zwischen Verzauberung und Entzauberung, zwischen ewiger Gegenwart und Erinnerung, zwischen beständiger Treue und schicksalhafter Treulosigkeit, den Trost, der auch noch aus Tod und Sünde rettet und eine Liebe schenkt, die mit der Treue für immer eins geworden ist.

DAS SCHICKSAL

Mörikes Roman „*Maler Nolten*" ist im Jahre 1832 erschienen und wurde damals von ihm als „Novelle in zwei Teilen" bezeichnet; erst in der Umarbeitung – Mörike konnte sie nicht zu Ende führen, weil der Tod ihm die Feder aus der Hand nahm – sollte die Dichtung den sehr viel gemäßeren Titel „Roman" („in drei Teilen") erhalten. Unserer Deutung ist die Jugenddichtung zugrunde gelegt. Sie zeichnet sich durch ihre Unmittelbarkeit und Frische vor der zweiten Fassung aus.

Der „Maler Nolten" gehört im engeren Sinne zum sogenannten Künstlerroman, im weiteren in die Reihe der durch Goethes „Wilhelm Meisters Lehrjahre" eingeleiteten Entwicklungs- und Bildungsromane, einer vorwiegend romantischen Gattung, die aber über die Romantik hinaus, bis zu Stifters „Nachsommer", Gottfried Kellers „Grünem Heinrich", ja noch bis zum Roman der Gegenwart – man denke an Hermann Hesses „Glasperlenspiel" – weitergewirkt hat. Entwicklungsroman und Künstlerroman war für die Romantik fast das gleiche. Die Voraussetzungen für das rasche, fast hemmungslose Aufblühen dieser Gattung waren mit der Goetheschen Bildungs- und Gesellschaftslehre gegeben, mit der Fichteschen Philosophie des Ich und dem romantischen, vorwiegend ästhetischen Subjektivismus. Romane waren für die Romantik Bekenntnisse eines bedeutenden, sich selbst ins Phantastische erhöhenden Menschen, dem die Welt zum Bild des eigenen Innern wird. Aber sie blieben doch, wie zum Beispiel Friedrich Schlegels „Lucinde", oft mehr programmatische Forderung, als daß sie dichterisch gestaltet wurden. Im unendlichen Spieltrieb wird die sich selbst genießende Individualität verherrlicht, die das Leben zum Kunstwerk formt und für die das Kunstwerk bereits Leben bedeutet. – In Novalis' „Heinrich von Ofterdingen" geht es um die Seelengeschichte eines Dichters. Seine Begegnungen mit der Welt sind Chiffren für einen magischen Weltzusammenhang, dessen Tiefe sich dem Dichter öffnet. Alles Äußere ist nur bedeutsam, soweit es auf diesen Weg nach innen hinweist, die Seele verwandelt. Novalis' Roman muß sich deshalb zum Märchen ausweiten: das Märchen ist für ihn die umfassendere Gattung, die *alle* dichterischen Formen in sich schließt, romantisches Universalpoem, bei dem jede Erscheinung der wirklichen Welt von Natur und Geschichte als Zeichensprache für geistige Lehren und Bedeutungen verstanden wird. – Ludwig Tiecks Roman „Franz Sternbalds Wanderungen" schildert einen empfindsamen Jüngling, der durch die Kunst der Malerei die innere Verschmelzung mit einem göttlichen Lebensgrund erfährt. Besonders in die ersten Teile dieses Romans ist Wackenroders andächtige und schwelgerische Kunstreligion eingedrungen, für welche die Kunst eine mystisch entstaltende, nicht aber eine plastisch bildende Macht ist. Altdeutsches und Christliches sind hier eng miteinander verschmolzen worden. Solche Motive verbindet Tieck mit seinen persönlichen Erfahrungen: die Schaffenskraft des Künstlers wird durch Selbstbespiegelung gehemmt, die Wirklichkeit in ihrer Bedingtheit stellt die schöpferische Freiheit leidvoll in

Frage. Schon in Wackenroders „Leben des Kapellmeisters Berglinger“ hatte die Kunst ein Janusgesicht: einmal zeigt sie sich als Mysterium, als göttliches Geheimnis wie die Religion, ja sie ist selbst ein Teil der Religion; aber sie erscheint auch als Bedrohung der Seele; das stets Überirdische, Unwirkliche der Kunst und die Sehnsucht nach einer Erfüllung des Lebens durch die Kunst tritt in Widerspruch zum Leben selbst und seinen praktisch begrenzenden und ernüchternden Forderungen. – In Brentanos „Godwi“, dem Bildungsroman der zweiten romantischen Generation, kreuzen sich die verschiedenen Elemente der Überlieferung: das sinnlich Genießerische und Genialische von Heinses „Ardinghello“, die Verherrlichung des Künstlers und die romantische Ironie von Tiecks „William Lovell“ bis zu Friedrich Schlegels „Lucinde“, die lyrische Konfession des Goetheschen „Werther“, das humoristisch-satirische Doppelgängertum Jean Paulscher Romane, die Bildungstendenzen des Goetheschen „Wilhelm Meister“ und das ziellose Wandern, die unbestimmte Sehnsucht von Ludwig Tiecks Roman „Franz Sternbalds Wanderungen“. Alle Widersprüche des Brentanoschen Wesens, über die er sich später mit dem Wunderbaren des Märchens naiv und ironisch hinwegzuspielen verstand, Widersprüche von Scherz und Ernst, von Haß und Liebe, von Phantasie und Ironie, von Realismus und Mystik, von Dämonie und Gnade sind in diesem Jugendwerk bereits absichtslos oder bewußt am Werke und mischen es zu einem bizarren, verwilderten Ganzen. Mittelpunkt aber ist die Künstler-Wüstlingsgestalt des französischen Rokoko, in der deutschen Romantik freilich nicht mehr von der Gesellschaft aus erlebt, sondern von einem Gefühl, das sich selbst Maßstab ist und die Gesetze der Gesellschaft nicht anerkennt. Das Geschehen wird nun nicht mehr, wie in der Frühromantik, spekulativ-philosophisch, sondern phantastisch ausgedeutet. – Am Ende dieser langen Reihe romantischer Künstler-Romane steht Eichendorffs „Ahnung und Gegenwart“ und seine Taugenichts-Novelle, im Kern Mörikes Wesen verwandt: Künstlertum als inneres Leben des Gemüts, befreit von allen irdischen Zwekken und Ordnungen, selig in sich selbst. Es bringt den verborgenen Klang in den Dingen dieser Welt zum Tönen und verwandelt die Welt von innen naiv und selbstverständlich ins Wunderbare und Märchenhafte.

Im Gegensatz zu allen diesen romantischen Künstlerromanen greift Mörikes „Maler Nolten“ nicht nach Sinnbildern, deren Wahrheit auf einen Bereich jenseits der Erscheinungen hindeutet, sondern gestaltet wirkliche, mit den Sinnen aufgenommene Welt, hierin schon auf Gottfried Kellers „Grünen Heinrich“ und auf Stifters „Nachsommer“ vordeutend. Es geht Mörike auch gar nicht so sehr um den Künstler. Er stellt weder Forderungen auf, noch sollen Gefährdung und Möglichkeiten des künstlerischen Daseins durch den Roman sichtbar gemacht werden. Gewiß entspringt auch hier das Künstlertum aus einer verfeinerten und empfindlichen Seele. Aber wenn Nolten untergeht, so geschieht es doch nicht durch sein Schicksal als Künstler. Seine künstlerische Entwicklung führt über eine phantastische, verwegene und bizarre Periode zu einem immer stärker werdenden Streben nach dem Allgemeinen, worin sich gerade seine „volle geistige Gesundheit beurkundete“. Nolten suchte als Maler das Charakteristische und das reine Schöne miteinander zu vereinigen. Wie Mörike selbst strebt er nach einer Durchdringung des Romantischen mit dem Antiken. Die Kunst ist das Beste, was Nolten besitzt. Denn auch er versucht, das Künstlerische von den Widersprüchen des Lebens frei zu halten und rein in sich zu verwinden. Ja, das kräftig Einseitige in seinem Charakter erhält durch die Kunst erst Verdichtung und Fülle. Sie ist in seinem Leben nicht Tragik, sondern Gnade. Künstlerische Konzeptionen entstehen mit „einem holden energischen Wahnsinn bei ungeheuren Übergängen des Schicksals“, und die Kraft der Kunst vermag die Wirklichkeit in solchen Augenblicken wie „mit einer Zaubertapete“ zu bedecken, bis die gefährliche Lebens-Krisis vorüber ist. Dem Künstler wird die Welt wie dem Kinde zur „schönsten Fabel“. Der Zusammenhang solcher Gedanken mit der romantischen Überlieferung ist freilich unverkennbar. Kunst wird zu dem phantasievollen Versuch, das zu ersetzen und zu ergänzen, was uns die Wirklichkeit versagt. Sie gestaltet immer aus dem Element der Sehnsucht heraus. Wenn die gemeine Erfahrung des Lebens das glühende Ideal zerstört, so bleibt der Weg in den Zauberkreis der Kunst, wie ihn Mörike selbst gegangen ist.

Aber solche Motive sind für den Roman nicht wesentlich. Denn Mörike will nicht in erster Linie ein reines Künstlerschicksal darstellen. Es geht im „Maler Nolten“ aber auch nicht um Welt- und Gesellschaftserfahrung wie im „Wilhelm Meister“ und im „Grünen Heinrich“, sondern um Seelenkämpfe und Seelenerschütterungen, die den Bereich der Gesellschaft sprengen und den Menschen an jenen geheimnisvollen Schnittpunkt stellen, wo Seele und Schicksal sich begegnen. Sein eigentliches Thema ist die Erhebung und die Vernichtung der Seele durch dunkle Schicksalsgewalten; das Künstlertum aber ist nur ein besonders geeignetes Beispiel für ein gesteigertes, ungewöhnliches Schicksal der Seele, das im Gegensatz zum Gesetzmäßigen und Alltäg-

Schattenriß von Mörikes Braut,
Luise Auguste Rau (1806–1876).

Zeichnung von Moritz von Schwind
»Die Historie von der schönen Lau«.

Eigenhändige Niederschrift aus dem Jahre 1828
von Mörikes Gedicht »Heimweh«.

Heimweh.

Anders wird die Welt mit jedem Schritt,
den ich weiter von der Liebsten mache;
Mein Herz, das will nicht weiter mit.
Andre Menschen, andre Berge!
Sogar die Blumen am Bache!
Hat jede Sache
So fremd eine Miene, so falsch ein Gesicht!
Das Bächlein murmelt wohl und spricht:
Armer Knabe, kom̄' zu mir vorüber,
Siehst auch hier Vergißmeinnicht!
– Ja die sind schön an jedem Ort,
Aber nicht wie dort
Fort, nur fort!
Mir gehen die Augen über!

Foto aus dem Jahre 1865,
das Eduard Mörike zu Besuch bei
seinem Vetter zeigt.

lichen steht. „Mein Roman ist das Gemälde eines *eigensinnigen Schicksals*, das sich auch sonst wohl darin zu gefallen scheint, seine Lieblinge (und dergleichen einer ist mein Nolten), noch ehe es dieselben ganz zur Reife hatte kommen lassen, wiederum preiszugeben, ihren Lebenszweck, wenigstens für die Station dieser irdischen Existenz, rein zu vernichten und andere in den Abgrund mit zu ziehen."

Durch die Idee des Schicksals in ihrer Verbindung mit dem Wunderbaren oder zum mindesten mit dem Seltsamen und Außergewöhnlichen rückt der „Maler Nolten" wiederum in die Nähe der romantischen Romane. Aber das Wunderbare ist hier nicht, wie bei Tieck, Fouqué, E. Th. A. Hoffmann, ein mit literarischen Stilmitteln bewirktes Grauen, das eine sonst normale Welt verrückt, verzaubert, verwünscht. Für Tieck spiegeln sich in der Magie des Traums und des Wunders seltsame Zustände der menschlichen Seele. Für Novalis wird die gegenständliche Welt durch den magischen Idealismus aufgehoben und auf das Überirdische bezogen. Für E. Th. A. Hoffmann ist das poetische Wunderreich ein erträumtes Gegenbild zur satirisch gesehenen, entzauberten Wirklichkeit. Für Eichendorff ereignet sich das Wunder im traumhaften Einswerden des Gemütes mit der gegenständlichen Welt. In Mörikes Roman hingegen steht das Wunderbare in einem eigentümlichen Zwielicht. Auf der einen Seite ist es Verhängnis, das sich dem menschlichen Begreifen entzieht. Es ist die undeutlich gewordene Grenze, an der sich das Hiesige in das Dämonische verliert. In diesen Zusammenhang gehören Erzählungen wie die Hochzeit mit einer Toten oder der okkulte Vorgang am Schluß des Romans; hier nimmt der blinde Henni die beiden Toten als Geistergestalten wahr. Mörike hat auf diesen seltsamen Ausgang durchaus Wert gelegt. In seinem Brief an Vischer vom 23. Mai 1832 schreibt er darüber: „Angedeutet wird, daß sein Verhängnis ihn auch jenseits des Grabes an die Geliebte seiner frühen Jugend, die rätselhafte Elisabeth, welche ihm nur wenige Tage im Tode vorangegangen, gekettet haben will." Der Schicksalsbegriff Mörikes scheint hier über das Diesseitige in das Jenseitige hinauszugreifen. Aber mit dem christlichen Gedanken einer Vorsehung hat diese Deutung nichts oder zum mindesten sehr wenig zu tun. Es handelt sich vielmehr nur um einen okkulten Vorgang. Gemeint ist: Noch nicht einmal im Tode – er allein ist im „Nolten" schon tragisch genug – findet der Mensch Hoffnung auf Erlösung oder wenigstens auf Ruhe.

Daß „okkulte" Erfahrungen auch in Mörikes eigenem Leben eine Rolle gespielt haben, zeigt ein Bericht, den Isolde Kurz gibt, und den sie aus seinem Munde gehört haben will: „Zur Zeit, wo er Pfarrer von Cleversulzbach war, wanderte er eines Tages nach Sonnenuntergang zwischen den Feldern heimwärts, als er auf einem Acker einen Bauersmann sah, der ihn durch Abnehmen des Käppchens grüßte. Mörike, dem das Gesicht fremd war, blieb stehen und fragte den Mann, wer er sei. Dieser nannte seinen Namen, den auch die andere Ohrenzeugin vergessen hat, und sagte, er besichtige seinen Acker. Der Pfarrer besann sich hin und her, er konnte sich durchaus nicht erinnern, unter seinen Schafen dieses Gesicht gesehen zu haben. Zu Hause ließ es ihm keine Ruhe: er holte das Kirchenbuch, suchte lange und blätterte zurück, bis er unter den schon vor seiner Zeit Verstorbenen den Namen jenes Mannes fand, der ehemals wirklich der Besitzer des Ackers gewesen." (Isolde Kurz, Ein Genie der Liebe, S. 134 ff.)

Das Schicksal steht für Mörike in überpersönlichen Zusammenhängen, denen sich der Einzelne nicht entziehen kann. Einmal greift Mörike zurück auf die Geschichte der Familie. Als Nolten eine Begebenheit aus seiner Kindheit erzählt, knüpft er unbewußt an weit zurückliegende Ereignisse aus dem Leben seines Onkels an. Andererseits greift Mörike voraus, das Schicksal kommt mit dem Tode nicht an sein Ende, weitere Verflechtungen in einem künftigen Leben, gegen die der Wille des Menschen nichts vermag, werden angedeutet. Hier liegt für Mörike der Kern seines Romans. Er selbst hat darauf hingewiesen, daß die geheimnisvolle Elisabeth, Spiegelung des Peregrina-Erlebnisses, der innere Mittelpunkt dieser Dichtung sei. Der Rückblick auf die Jugendgeschichte Noltens schildert die Begegnung des Knaben mit der wahnsinnigen Zigeunerin, in der ihm das oft gesehene Bild im väterlichen Haus – es ist darüber hinaus längst ein Bild seiner Phantasie geworden – als leibhaftige und gerade dadurch gespenstische Wirklichkeit plötzlich gegenübertritt. Erst später erfahren wir, daß dieses Mädchen aus dem leidenschaftlichen Ehebündnis seines Oheims, des Malers Friedrich Nolten, mit der glutvollen Loskine stammt. Im Zusammenhang mit dieser Jugendgeschichte macht Mörike eine sehr wichtige Bemerkung: „Durchläuft man dies Bruchstück aus unsers Nolten Leben mit Bedacht, und vergleicht man damit seine spätere Entwicklung bis auf die Gegenwart, so erwehrt man sich kaum, den wunderlichen Bahnen tiefer nachzusinnen, worin oft eine unbekannte höhere Macht den Gang des Menschen planvoll zu leiten scheint. Der meist unergründlich verhüllte, innere Schicksalskern, aus welchem sich ein ganzes Menschenleben herauswickelt, das geheime Band, das sich durch eine Reihe von Wahlverwandtschaften hindurchschlingt, jene eigensinnigen Kreise, worin sich gewisse Erscheinungen wiederholen, die auffallenden Ähnlichkeiten, welche sich aus einer genauen Vergleichung zwischen früheren und späteren Familiengliedern in ihren Charakteren, Erlebnissen, Physiognomien hie und da ergeben (so wie man zuweilen unvermutet eine und dieselbe Melodie, nur mit veränderter Tonart, in demselben Stücke wieder klingen hört), sodann das seltsame Verhängnis, daß oft ein Nachkomme die unvollendete Rolle eines längst modernden Vorfahren ausspielen muß – dies alles springt uns offener, überraschender als bei hundert andern Individuen hier am Beispiel unseres Freundes in das Auge." Das Wunderbare des Schicksals besteht also für Mörike nicht nur in der geheimnisvollen, planmäßigen, aber auch unbegreiflichen Lenkung durch die „unbekannte höhere Macht", sondern nicht weniger in der Verflechtung des „inneren Schicksalskerns" eines Menschen mit seiner Vergangenheit, die noch vor seiner Geburt beginnt und mit seiner Zukunft, die noch nach seinem Tode liegt. Denn ein Nachkomme muß hier „die unvollendete Rolle eines längst modernden Vorfahren spielen". Diese Verflechtung von Einzelschicksal und Familienroman im „Maler Nolten" ist bisher zu wenig beachtet worden. Sie läßt sich nur mit Immermanns Roman „Die Epigonen, Familienmemoiren aus den Jahren 1823–1835" vergleichen, wo ein im Naturhaften gründendes Familienverhängnis geschildert wird, das zugleich in einer sittlichen Schuld wurzelt. Bei Mörike hat das Walten des Schicksals einen dämonischen Charakter. Den sittlichen Kategorien ist es völlig entrückt. Weder ist es eine Schuld, noch ist es durch die Tat des Menschen zu beeinflussen. Es handelt sich vielmehr um eine rätselhafte Verflechtung von Personen, die diese noch gegen ihren Willen in den Untergang hineinreißt und die den zunächst sich organisch entfaltenden Lebenslauf eines Künstlers zu einem begnadeten, innerlich reichen und vom Glück begünstigten Dasein auf eine unheilvolle Weise durchkreuzt.

Aber diese Mächte, die noch jenseits der eigenen sittlichen Persönlichkeit und jenseits der gesellschaftlichen Ordnungen lauern, um selbst und gerade den vom Schicksal erwählten Menschen in ihr unheimliches Netz zu ziehen, werden von Mörike nicht im Sinne eines antiken Mythos ausgedeutet, sondern – und das macht ihre Zwiegesichtigkeit aus – vom Erzähler nachträglich natürlich erklärt und psychologisch begründet. Mit einem Male hört das Wunderbare auf, wunderbar zu sein. Was uns zunächst als Atmosphäre in seinen Bann zog, wird im weiteren Verlauf ursächlich abgeleitet. Daher hat man durchaus mit Recht von einer „doppelten Motivierung" in diesem Roman gesprochen. Die Zigeunerin Elisabeth ist nicht nur der düstere Bote unbegreiflicher Mächte, sondern zugleich auch eine Wahnsinnige, deren Irresein sich medizinisch-realistisch begründen läßt. Ihr geheimnisvolles Eingreifen in das Leben anderer, besonders Noltens, hat zwar immer wieder fast magisch wirkende Folgen, aber stets lassen sich die seelichen Vorgänge mit psychologischen Mitteln durchschaubar machen. Auch der Wahnsinn der Agnes ist am Ende durch die Gemütslage des Mädchens und durch den Einfluß der Zigeunerin durchaus verstehbar geworden. Die für den „Maler Nolten" eigentümliche Stilform ist das Halbdunkle, die Mischung von dämonisch Unverstehbarem und verstandesmäßig arbeitender Psychologie. Nicht zufällig hat der Roman im Wahnsinn von Elisabeth und Agnes seine paradoxe Mitte. Mörikes angespannte künstlerische Aufmerksamkeit gilt dem Zwischenland, das sowohl okkult-dämonisch als auch medizinisch-pathologisch angesehen werden kann.

Der Wahnsinn steht für ihn an der Grenze des noch Begreifbaren und dennoch Unverstehbaren. Einmal ist er ein unpersönliches Schicksal, bei dem sich jede mögliche Ordnung tragisch auflöst; dann wieder ist er seelische Erkankung eines Einzelnen, der mit fast wissenschaftlicher Sorgfalt nachgegangen wird.

Auch in der 1834 veröffentlichten Novelle „*Lucie Gelmeroth*" und in den „*Bruchstücken eines Romans*" begegnet uns Mörike als Psychologe, dem Hellhörigkeit für die Nachtseiten der menschlichen Natur gegeben ist. Er ist darin nicht nur von romantischen Strömungen beeinflußt; auch das eigene, nicht nur naive, sondern ungemein verwickelte und maskenreiche Wesen läßt ihn den seltsamsten Spielen in der menschlichen Seele nachgehen. Was die Phantasie vermag, nicht nur als Heil, sondern auch als Unheil, das wußte Mörike nur allzu gut aus der Selbstbeobachtung. In der „Lucie Gelmeroth", einer Kriminalgeschichte, schildert er mit höchster Nachempfindung die Gefühlsverwirrung eines Mädchens, das sich selbst eines Mordes anklagt, den es nicht begangen hat: das schillernde Ineinander von übersteigerter echter Regung und Selbstbetrug. Die in die frühe Kindheit zurückreichende Liebesgeschichte, die Mörike mit seiner Novelle verwoben hat, trägt Züge seines eigenen Erlebens in die Novelle hinein: die Anziehungskraft, die gerade von der im unheimlichen Zwielicht stehenden Geliebten ausgeht, der scheinbaren Diebin, der schönen Schuldigen. Die Einbildungskraft wird, wie in der Peregrina-Zeit, durch die „heilige Sünderin", durch das „reuebringend Liebesglück in Sünden", durch das Ineinander von Erniedrigung, Schönheit und Mitleid verführerisch gebannt. Mörike wußte um so manche gefährliche Wonne, so manche Verführung der Phantasie, die man bei dem braven Vikar und späteren Pfarrer von Cleversulzbach nicht so ohne weiteres vermutet.

Gerade der „Maler Nolten" ist ohne solche Seelenerfahrungen unverständlich. Aber um den Kern des Romans, den tragischen Schicksalsgedanken, angemessen deuten zu können, müssen wir zunächst wenigstens in Grundzügen uns die Vorgänge vergegenwärtigen. Wir verzichten dabei auf die arabeskenhaften Einlagen, die uns zum größten Teil schon in anderen Zusammenhängen beschäftigt haben: den „Letzten König von Orplid", die Peregrina-Lieder oder die Legende von Jung Volker. Wir folgen in unserer Wiedergabe nicht dem Aufbau des Romans selbst. Denn Mörike läßt die Zusammenhänge zunächst meist im Dunkeln, weil er die Atmosphäre des Geheimnisses verstärken will. Erst allmählich sucht er mit Einschüben und Rückgriffen, zum Beispiel in der Form von Tagebuchaufzeichnungen, Vergangenes in seine Erzählung hineinzunehmen und nachträglich die undurchsichtigen Zusammenhänge aufzuhellen. Diese Erzähltechnik dient dem doppelten Zweck: einmal den Eindruck des Wunderbaren und Schicksalhaften bis ans Ende festzuhalten, andererseits nachträgliche Brücken des Verständnisses zu bauen, ohne dabei das Geheimnis als solches völlig zu zerstören.

Wir beginnen mit der später erzählten Vorgeschichte des Oheims Friedrich und der Zigeunerin Loskine. In ihr spiegelt sich ein seltsames Maler- und Liebesschicksal, das aus allen bürgerlichen Bindungen herausreißt und das sich später, ins Tragische gesteigert, im Leben seines Neffen abgewandelt wiederholt: Noltens Schicksal bleibt unlösbar mit ihm verflochten. Aus dem Liebesbund des Oheims mit der Zigeunerin Loskine ist Elisabeth hervorgegangen, die dann später als Irre an den verschiedensten Punkten im Lande herumstreicht, auftaucht und verschwindet, die sich in keine Ordnung mehr einfügen kann, weil die unstillbare Sehnsucht nach der Freiheit der Berge und der grünen Seen unterirdisch in ihr weiterglimmt. Elisabeth ist durch das von dem Oheim gemalte Bild bereits mit der Kindheit Noltens verknüpft. Denn dieses Bild war für ihn wie „das geliebte Idol eines Schutzgeistes". Der Augenblick, da dieses Wunderbild dem Knaben zum ersten Male lebendig entgegentritt, mußte ungeheuer und unauslöschlich sein. „Es war, als erleuchtete ein zauberhaftes Licht die hintersten Schächte seiner inneren Welt, als bräche der unterirdische Strom seines Daseins plötzlich laut rauschend zu seinen Füßen hervor aus der Tiefe, als wäre das Siegel vom Evangelium seines Schicksals gesprungen." Hier findet in den Knabenjahren „ein gegenseitiges Gelübde der geistigen Liebe" statt, deren „geheimnisvolles Band, an eine wunderbare Naturnotwendigkeit geknüpft, beide Gemüter, aller Entfernung zum Trotze, auf immer vereinigten solle". Nolten, der durch seine Phantasie gefährdete Charakter, den alles Seltsame eigentümlich anzieht, versinkt beim ersten Anblick der Elisabeth tief in sich selbst „wie in einem Abgrund", weil er durch diese Gestalt träumend bis zum Ursprung seiner Kindheit zurückgleitet, „in einen unendlichen Brunnen, darin das Rätsel" seines Lebens liegt. „Eine mächtige und tief gegründete Leidenschaft hat sich dieses reizbaren Gemüts bemeistert, deren Ursprung vielleicht ohne Beispiel ist und deren Gefahr dadurch um nichts geringer wird, daß eine reine Glut in ihr zu liegen scheint." Was der Knabe hier erfährt, ist eine zwar durchaus geistige, aber darum nicht weniger heftige Leidenschaft, ein magisches Verknüpftsein mit der seltsamen, sich in Musik mitteilenden Fremden, deren Gesang bald wie eine Äolsharfe, bald wild und flatternd ist. So kündet sich der dämonische Zug des Schicksals an, in der Traumphantasie der Kindheit verankert und bereits durch die Geschichte des Geschlechts vorweggenommen.

Aber der Sinn dieser Begegnung ist für das Leben beider sehr verschieden. Für Elisabeth wird sie zum Bild, das durch ihren Irrsinn ständig hindurchgeht und niemals auslöscht. Noltens Schicksal hingegen führt von Elisabeth völlig fort, ohne daß sie ganz vergessen wird. Sie bleibt die tragisch verwirrende Gegenspielerin, die in seinen eigenen Lebenslauf an entscheidenden Wendepunkten unheilvoll eingreift. – Die zweite Begegnung, die Noltens Schicksal entscheidend formt, heißt Agnes. Im Gegensatz zu der phantastischen Liebe der Kindheit ist Agnes eine Gestalt des Idylls, ein bürgerliches Mädchen in einer traulichen Umwelt, von einer zarten, fast engelhaften Kraft der Hingabe. Aber genauer gesehen ist das nur ein vordergründiger Schein, und auch Agnes ist – wiederum in unbegriffener Verflechtung mit der Zigeunerin – dem Dämonischen des Schicksals unterworfen. Zunächst freilich scheint Noltens Leben durch die vor der eigentlichen Romanhandlung liegende Verlobung mit Agnes in eine klare, geordnete Bahn zu kommen. Aber durch verwirrende, in Zeiten der Trennung hervorgerufene Mißverständnisse und durch mangelndes Vertrauen in die Geliebte gelangt Nolten zu einer inneren Abwendung.

Der völlige Bruch wird nur vermieden, weil sein Freund, der Schauspieler Larkens, sich ohne sein Wissen einschaltet und Nolten die Liebe des Mädchens durch von ihm in bester Absicht untergeschobene Liebesbriefe zu erhalten sucht. Während Agnes auf Grund dieses Briefwechsels in dem Wahn lebt, daß ihr Verlobter in unverbrüchlicher Treue ihr weiter angehört, hat dieser inzwischen eine erfolgreiche Laufbahn als Maler gemacht, verkehrt in höfischen Kreisen und verliebt sich leidenschaftlich in die Gräfin Konstanze, die seinem andrängenden Gefühl einen immer schwächer werdenden Widerstand entgegensetzt. Aber politische Verwicklungen und ein nochmaliges Eingreifen des Freundes, der der Gräfin die von ihm selbst geschriebenen Liebesbriefe an Agnes als solche von Nolten in die Hände spielt, zerstören die Beziehung völlig. Nach dieser Krise erfährt Nolten durch einen Brief von Larkens die Wahrheit, der Freund tritt vom Schauplatz ab und verschwindet aus dem Leben des Malers. Noch einmal gelingt es Nolten, in seine schon gespenstisch gewordene Vergangenheit zurückzukehren; noch einmal geschieht das Unmögliche, daß Altes wieder neu wird und er sich „dem göttlichen Elemente, das uns trägt", getrost überlassen darf. Er kehrt zu seiner Braut Agnes zurück, die von all diesen dramatischen Vorgängen, die sich in der Zwischenzeit abgespielt haben, keine Ahnung hat, und es folgt eine länger ausgesponnene Zeit der Idylle, gelegentlich schon überschattet durch die Melancholie der Agnes und ihre Furcht vor einem drohenden Unglück. Als Nolten später seinen Freund Larkens in einer völlig anderen und ihm gänzlich unangemessenen Gesellschaft wiederfindet, oder, richtiger gesagt, beinahe wiedergefunden hätte, nimmt Larkens sich das Leben. Die Erschütterung über diesen Tod löst in Nolten das Bekenntnis der Vergangenheit Agnes gegenüber aus – er will ihr beweisen, wie sehr sie ihr jetziges Glück dem toten Freunde und seiner Treue verdanken. Die Folgen dieser Aufdeckung sind furchtbar. Die Geliebte verstummt kalt und versteinert, stößt den Maler zurück, und ihr Herz blutet aus tausend alten Wunden. Alle Versuche, dieses tief getroffene Herz zu heilen, versagen, zumal die wieder aufgetauchte Zigeunerin noch einmal verwirrend und verhängnisvoll eingreift. Am Ende verfällt Agnes dem Wahnsinn, die Gestalten von Nolten und Larkens gehen auf eine trügerische und beängstigende Weise ineinander über. Im Wahnsinn findet sie den Tod, und der völlig verzweifelte Nolten stirbt bald danach auf eine seltsame, nie ganz aufgeklärte Weise. An seinen Tod schließt sich jener okkulte Vorgang an, den wir schon früher berichtet haben.

Der Kern des Romans ist – wir wissen es bereits – ein tragischer Schicksalsgedanke. Aber was heißt das bei Mörike? In der schon angeführten Stelle wurde gesagt, daß Nolten einer der Lieblinge des Schicksals sei, das ihn am Ende unbegreiflicherweise wieder fallen läßt. Nolten selbst glaubt sich von ihm geführt. Wenn das Leben wie von selbst gelingt, zum Beispiel in den wenigen Glücksstunden der Konstanze-Episode, drängt sich ihm „der alte Glaube auf, daß es Augenblicke gäbe, wo ein innerer Gott den Menschen unwiderstehlich, besinnungslos vorwärtsstoße, einer großen Entscheidung entgegen, so daß er, daß sein Schicksal und sein Glück sich selber gleichsam übertreffen müssen“. Nolten weiß sich von einer Gottheit geführt, aber doch so, daß diese Gottheit ganz mit seinem eigenen Willen und seinen eigenen Gedanken übereinstimmt. Larkens verurteilt diese Haltung, die dem Leben eine Art dämonischen Charakters beilegt und sich „von einem wunderlichen Spiritus familiaris, der in seines Vaters Rumpelkammer hängt“, gegängelt glaubt. Noltens Lebensgefühl, seinen Glauben an den schicksalsvoll gesteigerten Glücksaugenblick teilt auch Konstanze, wenn sie „mit schauderndem Lächeln in die reizende Kluft des Schicksals“ hinabschaut. Der Augenblick der „süßen Gärung“, der ersten Hingabe an das Liebesglück wird ihr in der nachträglichen Betrachtung zu einer Hingabe an „den Mutterschoß eines allwaltenden Geschicks“, das die Waage über dem Menschen schweben läßt. In solchen Momenten erfaßt der Mensch „die höhere Bedeutsamkeit einer Lebensepoche“, und das „macht ihn in seinen eigenen Augen gleichsam zu einem seltenen Pflegekind der Gottheit, es ist, als fühle er sich hoch an die Seite seines Genius gehoben“.

Aber was hier von Nolten und auch von Konstanze erlebt wird, stellt sich im weiteren Verlauf des Romans als eine Illusion heraus. Das Schicksal ist dann keineswegs mehr diese im Innersten empfundene Einheit des Menschen mit einem ihn tragenden und begeisternden Geschick, es ist nicht die holde Gabe für den Götterliebling, sondern vielmehr der Einbruch dunkler und rätselhafter Verhängnisse. In der Gestaltung des Romans wird es zum Abreißen der vorgezeichneten Lebenslinie durch die jähen und ungeheuren Wendepunkte, ja zur Auflösung des eingehüllten Wesenskernes eines Menschen bis zur Dämonie des Wahnsinns. Diese Verhängnisse sind unfaßbar, aber doch nicht ein bloßes Teufelswerk, das nur von außen zerstörerisch eingreift. Sie sind seelische Krisen und Erfahrungen, die nicht nur an den Rand des Abgrunds, sondern in den Abgrund hineinführen. Jetzt ist das Schicksal nicht mehr ein „Daimonion“ des besonderen erwählten Menschen, sondern eine dem Sein selbst innewohnende Macht, die nicht zu greifen und die trotzdem da ist. Schicksal ist weder eine romantische Einlage in ein realistisches Weltbild, noch eine Maschinerie, die die Menschen marionettenhaft lenkt. Es ist die Grenze des Daseins, unbegreiflich und doch gesetzlich, auf die die Seele wie auf etwas

Fremdes stößt, von dem sie dennoch von innen zerstört wird. Trotz aller Goethe-Nähe Mörikes in seiner Hingabe an die sinnliche Welt und in der Geborgenheit im Sein – in dieser Erfahrung des Schicksals wird der wesentliche Gegensatz beider Dichter sichtbar. Mignon konnte niemals die Hauptgestalt des „Wilhelm Meister" werden. Sie geht zwar in den „Gedächtnissaal" der Gesellschaft vom Turm ein, aber die entscheidenden Antriebe liegen für Goethe nicht in dem Bereiche, in dem Mignon und der Harfner beheimatet sind. Erst im Überwinden des Dämonischen baut sich die gesellschaftliche Welt der Humanität auf. Sie ist von dem Willen getragen, das Schicksal noch vernünftig zu meistern und den dunklen Mächten des Seins den Glauben an eine bleibende Ordnung der Menschenwelt entgegenzustellen. Peregrina-Elisabeth hingegen sprengt jeden Willen zur Ordnung und zur geschlossenen menschlichen Gemeinschaft. Wer von dem Duft dieser schönen Zauberblume einmal geatmet hat, kommt niemals mehr davon los. Hierin liegt das Dämonische des Schicksals, an dem Nolten und Agnes zugrunde gehen müssen. Alle Versuche, ihren Bund zu retten, können nicht gelingen, weil nicht die ordnende, sondern die dämonisch verwirrende Macht, die in der Wahnsinnigen sich verkörpert, das letzte Wort behält. So ist es nicht ein bloßer Zufall, sondern undurchschaubares Verhängnis, daß Agnes an den entscheidenden Wendepunkten immer wieder der Zigeunerin begegnet und von ihr bis auf den Grund der Seele verstört wird. Selbst Nolten muß zu der Erkenntnis gelangen, „daß eben jene dunkle Klippe, woran Agnesens sonst so gleichgewiegtes Leben zum ersten Male sich brach, dieselbe sei, nach der auch sein Magnet von früh an unablässig strebte, ja daß (man gönne uns immer das Gleichnis) die schlimme Zauberblume, worin des Mädchens Geist zuerst mit unheilvollen Ahnungen sich berauschte, nur auf dem Grund und Boden seines eigenen Schicksals aufgeschossen war. Notwendig daher und auf ewig ist er mit ihr verbunden, Böses oder Gutes kann für sie beide nur in einer Schale gewogen sein". In solchem unheilvollen, magischen Bezug liegt für Mörike das Unabwendbare und Tragische des Schicksals. Nüchterner ausgedrückt ist Schicksal das „Außerordentliche in dem Zusammentreffen der Umstände"; bestimmte menschliche Figuren sind noch gegen ihren Willen unentrinnbar aufeinander zugeordnet und werden damit in ein tödliches Verhängnis hineingestoßen. Das Leben von Nolten und Agnes muß mit jener „schlimmen Zauberblume" verknüpft bleiben, die ihren Ursprung bereits in Noltens Kindheit, ja in der Vorgeschichte seines Oheims hat. Dadurch bekommt die Verbindung von Nolten und Agnes, so glückhaft sie an sich erscheint, etwas Dämonisches, das auch ein gleichgewiegtes Leben zerstören muß. Denn Agnes wird noch wider Willen zu dem unheilvollen Magnet des Noltenschen Lebens hingezogen, gerade weil sie unlösbar an Nolten gebunden ist. Verknüpfung der Personen bedeutet für Mörike auch noch Verknüpfung ihrer Schicksale und Schicksalswelten. Wenn Nolten in einen dämonischen Dunstkreis eingehüllt ist, nicht so sehr als eigene Gestalt, sondern weil sein Schicksal durch die ins Unbewußte hinabreichende Bindung an die Zigeunerin etwas willenlos Preisgegebenes erhält, so wird Agnes ohne ihr Zutun in diesen Dunstkreis mit hineingerissen. Gerade diese fast naturnotwendige Bindung beider an das über ihnen Waltende verstrickt sie noch tiefer ineinander, gibt ihrer Liebe einen gefährlichen, unbegreiflichen Hintersinn und läßt sie gemeinsam zugrunde gehen.

Daß dieser Schicksalsbegriff nicht christlich ist, zeigt besonders der Ausgang des Romans. Für den durch den Wahnsinn und Tod der Agnes in seinem Lebensnerv getroffenen Nolten gibt es keinen Trost mehr. Wohl versucht der Präsident noch einmal, sein Schicksal als göttliche Vorsehung zu deuten: „Unglücklicher, geliebter Freund, es ist mir vorlängst einmal der Spruch irgendwo vorgekommen: wir sollen selbst da noch hoffen, wo nichts mehr zu hoffen steht. Gewiß ist das ein herrliches Wort, wer's nur verstehen will; mir hat es einst in großer Not den wunderbarsten Trost in der Seele erweckt, einen leuchtenden Goldblick des Glaubens; und nur auf den Entschluß kommt es an, sich dieses Glaubens freudig zu bemächtigen. O daß Sie dies vermöchten! Ein Mensch, den das Schicksal so ängstlich mit eisernen Händen umklammert, der muß am Ende doch sein Liebling sein, und diese grausame Gunst wird sich ihm eines Tags als die ewige Güte und Wahrheit enthüllen. Ich habe oft gefunden, daß die Geächteten des Himmels seine ersten Heiligen waren. Eine Feuertaufe ist über Sie ergangen, und ein höheres, ein gottbewußteres Leben wird sich von Stund' an in Ihnen entfalten." Das ist ganz christlich gedacht: Schicksal ist Prüfung, auch im Unbegreiflichen – ein Werkzeug der Vorsehung. Aber der Präsident behält nicht das letzte Wort, sondern Nolten. Wohl hatte der Maler in seiner künstlerischen Entwicklung nach einer mysteriösen und phantastischen Epoche, in der die frühen Eindrücke der Jugend weiterlebten, eine christliche durchgemacht, worin er „eine analoge Befriedigung fand". Aber das Mysteriöse, der dämonische Schicksalsgedanke und alles, was damit zusammenhängt, ist doch das Ursprünglichere und Stärkere in Nolten und wohl auch in Mörike, wenn sich auch der Dichter mit dem Christlichen auf seine Weise wieder ausgesöhnt hat. Was antwortet Nolten auf den christlichen Trost in aller Trostlosigkeit? „Ich kann zur Not verstehen, was Sie meinen, und doch – das Unglück macht so träge, daß Ihre liebevollen Worte nur halb mein stumpfes Ohr noch treffen – O daß ein Schlaf sich auf mich legte, wie Berge so schwer und so dumpf! Daß ich nichts wüßte von gestern und heute und morgen! Daß eine Gottheit diesen mattgehetzten Geist, weichbettend, in das alte Nichts hinfallen ließe! ein unermeßliches Glück – –!" „Er überließ sich einen Augenblick diesen Gedanken, dann fuhr er fort: ‚Ja, läge zum wenigsten nur diese erste Stufe hinter mir! Und doch, wer kann wissen, ob sich *dort* nicht der Knoten nochmals verschlingt! – – O Leben! o Tod! Rätsel aus Rätseln! Wo wir den Sinn am sichersten zu treffen meinten, da liegt er so selten, und wo man ihn nicht suchte, da gibt er sich auf einmal halb und von ferne zu erkennen und verschwindet, eh' man ihn festhalten kann!'" Was hier von Nolten gesagt wird, brach schon beim ersten Anblick von Agnes' Wahnsinn auf: „Mir schießt in der wachsenden Todesnot kein Götterflügel aus den Schultern hervor und entreißt mich dem Dunstkreis, der mich erstickt, denn dies ist wirklich, dies ist da, kein Gott wird's ändern." Das ist nicht eine christliche Aussöhnung des Menschen mit seinem Schicksal, wie immer es auch sei, sondern Widerspruch von Menschenleben und Schicksal, der in seiner tragischen Wirklichkeit nur als unauflösbar hingenommen werden kann. Trotz aller modernen Gebrochenheit ist dieses Weltgefühl dem der antiken Tragödie verwandter als dem Christentum. Die Wirklichkeit des furchtbaren Leides ist stärker als jeder, auch noch als der auf das Göttliche bezogene Trost. Hier wird das unerträgliche Leid zum Gegenspieler der Gottheit und verdunkelt ihr lebendiges Dasein. Mit einer solchen Erfahrung gehört Mörike in den tragischen Pessimismus des 19. Jahrhunderts hinein, wie er in Georg Büchners Dramatik gipfelt, aber selbst der frommen Annette von Droste nicht völlig fremd gewesen ist.

Die Auflösung des Schicksalsproblems suchte Nolten zunächst in der Einheit von Mensch und Schicksal, im begnadenden Glück der hinaufreißenden Stunde. Aber der weitere Verlauf des Romans mündet in das Gegenteil. Das Schicksal wird außer- und übermenschlich und spiegelt sich im Innerseelischen nur als Zerstörung bis in Wahnsinn und Tod hinein. Es ist nicht mehr möglich, einen Sinn zu finden, weil sich am Ende das menschliche Lebensgefühl und das Walten des Schicksals unlösbar widersprechen. Ebensowenig gelingt es, durch das Verhüllte hindurchzugreifen und einem überirdisch Rettenden zu vertrauen. Denn der Schritt nach dem Drüben ist ebenso rätselhaft wie das Leben. Der matt gehetzte Geist verlangt nur noch nach vollkommener Ruhe. Aber es bleibt ungewiß, ob der Tod solche Ruhe, die zugleich Leere wäre, zu bieten vermag, oder ob sich das neu verkörpernde Leben nicht zu neuen, furchtbaren Knoten verschlingt. Die okkulte Andeutung, daß auch jenseits des Grabes Nolten und Elisabeth zueinander verdammt sind, zeigt, wie Mörike seinen Roman verstanden haben will. Die magische Macht des Schicksals schließt auch mit dem Tode nicht ab, sie greift in neue gespensterhafte Zusammenhänge hinüber, die im Grunde ebenso unbegreiflich bleiben und bei denen die Sinnfrage ebenso zum Scheitern verurteilt ist wie bereits in unserem irdischen Dasein. Welche gefährlichen und bis an den Rand des Abgrunds führenden Spannungen mußten in dem christlichen Vikar und Pfarrer von Cleversulzbach lebendig gewesen sein, der ein solches Buch schreiben konnte, in dem auch die Möglichkeit der christlichen Sinngebung menschlichen Lebens vor die tragische Grenze des Schicksals, des Wahnsinns und des Todes gestellt wurde!

Es bleibt uns noch weiter zu zeigen, wie die einzelnen Menschen des Romans in diesen unheilschwangeren Zauberkreis verflochten sind. Sie sind fast alle keine besonders bizarren, ungewöhnlichen oder seltsamen Charaktere. Merkwürdig werden sie erst durch den Zusammenhang, in den sie gestellt sind, nicht aber durch ihre eigene Person. Mörike ist bereits der erklärende und verstehende Psychologe des 19. Jahrhunderts, der Zustände aus seelischen Bedingungen abgeleitet hat, aber auch die Einwirkungen der Umwelt auf das innere Verhalten zeigt. Man könnte zum Beispiel die Krankheitsgeschichte der Agnes fast wie ein medizinisches Protokoll lesen. Selbst die von magischen Schauern umwitterte Zigeunerin gewinnt erst durch den seltsamen Anteil am Schicksal der anderen, nicht aber durch ihre eigene Person geheimnisvolle Kraft. Daraus ergibt sich der unverwechselbare Ton, mit dem Mörike erzählt; als Kenner der menschlichen Seele bleibt er wirklichkeitsnah; aber jenseits aller Psychologie schwingt auch noch das unbegriffene Weltgeheimnis in seiner Sprache mit.

Nur bei einem Menschen liegt das Schwergewicht weniger im Schicksal, sondern sehr viel stärker in seinem Charakter: bei Larkens. In den beiden so verschiedenartigen Freunden, Nolten und Larkens, spiegeln sich mancherlei Züge Mörikes, der die verborgenen Spannungen seines Wesens hier auf zwei einander entgegengesetzte Gestalten verteilt hat. Der Charakter des Malers ist einfach und eindeutig. Wohl ist Nolten durch die Phantasie gefährdet, aber seine Entwicklung hat nichts Abwegiges, sondern bleibt gesund. Das Schicksal ist der bizarre Gegenspieler seines Wesens, das zu Glück und schöpferischer Leistung bestimmt scheint. Am Ende jedoch wird er auf unbegreifliche Weise von der dunklen Macht fallen gelassen, so daß er fast sinnlos zugrunde geht. Nolten ist kein tragischer Charakter. Mit einem kräftigen Sinn verbindet er Leidenschaft; bei aller begabten Einseitigkeit, ja Genialität, besitzt er sittliche Haltung. Er ist redlich und gerade, zwar sensibel und in seinem Vertrauen schwankend, aber keineswegs besonders zerrissen oder gar von innen zum Untergang gezeichnet. Es ist schon hervorgehoben worden, daß das romantische Lebensgefühl mit seinen Schwankungen zwischen Kunst und Wirklichkeit, zwischen Gefühl und Verstand, zwischen freier Phantasie und irdischer Bindung in Mörikes Roman durchaus zurücktritt. Sein Nolten hat kaum etwas von der Verklärung des Künstlers in der Romantik, für die das Künstlertum immer Ausnahme und darum einen Gegensatz zum Normalen, zum vernünftigen Mittelmaß bedeutet hat.

Ganz anders sieht es bei Larkens aus. In ihm steckt so etwas wie ein Doppelgänger Mörikes, der ja auch sich selbst ein Rätsel ist und unter „heimlichem Zwiespalt und unausfüllbarer Leere“ leidet. Freilich ist Larkens auch eine rein literarische Figur, die die Gestalten der Entzweiung in den Jean Paulschen Romanen voraussetzt. Trotzdem bleibt er eigentümlich genug. Der Schauspieler, der die Liebesbriefe für seinen Freund schreibt und sich selbst auf eine phantastische Weise in dieses verwegene, kühne, aber auch frevelhafte Spiel hineinlebt, ist nicht wie Nolten eine im Wesenskern gesunde Natur, sondern trotz ungewöhnlicher Begabung ein Mensch, der ständig in die Gefahr gerät, in der „Finsternis seines eignen Selbst“ zu versinken, um so „die freiwillige Beute eines feindseligen Geistes“ zu werden.

Seine beherrschende Eigenschaft – und das ist ein echter Mörike-Zug – ist die Fähigkeit zu spielen: mit sich selbst, mit den Mitmenschen und mit den Gestalten, in die er sich als Schauspieler verwandelt. Aber Mörike hat an dieser Gestalt nicht so sehr die lösende Gnade des Spiels aufgedeckt, die Traumfreiheit, die ins Paradiesische entrückt, sondern das Spiel als Gefährdung des eigenen Selbst. In der Larkensschen Verspieltheit verdoppelt und vervielfacht sich das eigene Wesen und wird, wie in einem Vexierspiegel, in immer neuen Gestalten gebrochen. So liegt in seiner Begabung zugleich die Gefahr einer ständigen Untergrabung, einer „Heimatlosigkeit des Geistes“, der immer wieder fort und ins Nirgendwohin verlangt. Wer so, wie Larkens, nicht nur die Kunst, sondern auch das Leben in tragischen und komischen Rollen durchspielt, gerät in die Gefahr, am Ende nichts mehr ganz ernst zu nehmen. Er wird zum Zuschauer seines Ich und verbraucht gerade damit sich selbst. Denn dieser Larkens ist ja nicht ein gewissenloser Spieler, jenseits von Gut und Böse, noch nicht einmal der reine Typus des ästhetischen Menschen, der nur in der Unverbindlichkeit der Phantasie lebt. Auch der Zynismus ist bei einer Natur wie Larkens nur eine seiner vielen Masken. Aus Scheu vor einer unzarten Berührung der Welt sucht Larkens das eigene Wesen in der verwirrenden Vielheit seiner Gesichter zu verstecken. Ursprüngliche Echtheit verhüllt und verkleidet sich; innere Anteilnahme am Menschlichen will ihr Gefühl nicht direkt bekennen, sondern nur in einem koboldhaften Versteckspiel. Der eigentliche Kern dieses Menschen ist Weichheit und Güte bis in sein tragisches Ende hinein, und „die heitere Geistesflamme“ „nährte sich vielleicht vom besten Öl des innerlichen Menschen schmerzhaft“. Larkens ist der geborene Humorist. Aber es ist ein durchaus tragischer Humor, der ihn prägt, und es ist bezeichnend, daß er eigentlich tragische Rollen spielen wollte, aber nur in den humoristischen, gegen seinen Willen, Erfolg hatte. Seine Freunde wußten jedoch, „daß seine humoristische Stimmung jederzeit nur die günstige Krise eines schmerzhaft bewegten und bedrückten Gemütes war". Humor wird hier, wie bei Mörike selbst, zu einer Möglichkeit der Seele, die Zwiespältigkeiten des eigenen Wesens aufzulösen, indem man sie belächelt und hinter sich läßt. Hierhin gehört bei Larkens auch seine Neigung zum Paradoxen, mit der er jedermann zum Angriff reizt und dann mit lustigem Scharfsinn eine beliebige These verficht. Aber sein Humor ist auch unheimlich, weil man nie weiß, wo die Grenze von Ernst und Spaß liegt und weil in seinem ganzen Verhalten zum Leben etwas Koboldartiges steckt, das auch noch mit den tragischen Situationen wie mit wohlgelungenen „Zauberspässen" umspringt. Es ist unabhängige Freiheit des Geistes, aber auch bedingungsloses Abenteurertum, wenn Larkens sich daran freut, die Menschen zum besten zu haben, wenn er „seine Gleichgültigkeit und Geringschätzung hinter der Maske des feurigsten Enthusiasten" verbirgt, wenn er in Geheimverbindungen mitspielt und mit frevelhaftem Mutwillen das als ironische Rolle durchprobiert, was den anderen tief ernst ist.

Mörike hat die schillernde und vieldeutige Gestalt des Larkens durch einen kurzen Abriß seiner Lebensgeschichte auch vom inneren Werden her verdeutlicht. Auffallend ist das Planlose, das durch dieses Leben hindurchgeht, keine organische Entfaltung, keine Metamorphose eines Lebenskernes – wie bei Goethes Wilhelm Meister –, sondern das sprunghafte Hinüberwechseln eines allzu vielseitigen und widerspruchsvollen Geistes von einem Extrem zum andern. Zunächst sucht er sein Wesen in künstlerische Gestalten zu verwandeln. Aber der Konflikt zwischen den eigenen poetischen Eingebungen und den engen Begrenzungen des Bühnenhandwerks bringt „die ersten Stockungen und Unordnungen in seinem Leben hervor". Der quälend empfundene Widerspruch aber von „höherer Geisteswelt" und ernüchternder Wirklichkeit führt zum Gegenschlag in einem zügellosen Ausrasen der Leidenschaft. Aber auch auf dieser Stufe seines Lebens zeigt sich der Spieltrieb als der beherrschende Zug seiner Natur; nunmehr hat er eine besondere Freude daran, sich unter seinen Freunden „durch Erfindung und Durchführung fein angelegter Intrigen zu zeigen. Larkens spielte in einem gutartigen Sinne hierin gerne den Meister, aber leider verwickelte ihn dies Unwesen bald mit einer als schön und witzig gleich bekannten Schauspielerin, ein Umgang, der ihn bald in einen Wirbel der verderblichsten Genüsse niederzog". Dieser „fleckenvollen Zeit seines Lebens" folgt dann wiederum ein Gegenschlag. Er entreißt sich diesem ganzen unwürdigen Wirbel, weil das Idealische in ihm durch eine solche zerstreuend genießerische Lebenshaltung auf die Dauer nicht befriedigt werden kann. Aber diese Rettung ist zugleich auch ein Schiffbruch. Sie hinterläßt „eine unüberwindliche Unruhe, eine Leere bei ihm", sie löst „eine tiefe Hypochondrie" aus, weil er sich einbildet, sein Körper sei zerrüttet, und die ursprüngliche Stärke seines Geistes sei für immer eingebüßt. Hiermit setzt dann jene Selbstunterhöhlung ein, der am Ende Vergangenheit und Gegenwart zu einem grinsend verzerrten Bild werden, die nur noch im Selbstmord eine letzte Freistatt zu finden glaubt und allein aus dieser Hoffnung wieder Heiterkeit, Freiheit und Mut schöpft.

Der größte Teil dieses geschilderten Lebens liegt bereits hinter dem Larkens, der uns zu Beginn des Romans entgegentritt. Er sagt von sich selbst: „Das Bißchen, was noch aus mir glänzt und flimmt, ist nur ein desperates Vexierlichtchen, durch optischen Betrug in euren Augen vergrößert und verschönert, weil sich's im trüben Hexendunste meiner Katzenmelancholien bricht." Von dieser inneren Verfassung aus muß die Beziehung zwischen Larkens und Agnes verstanden werden. Das Spiel mit den Briefen gründet tief in der Natur dieses seltsamen Menschen, der frivol und gütig, mitfühlend und desperat, genial und ausgebrannt zugleich ist. Es ist ein verwegenes Spiel, und es hat alle die zweideutigen Züge, die Larkens zu eigen sind: die Freude an einer selbstgeschaffenen, ungewöhnlichen Verwicklung, den Übermut des Geistes, der sich noch allen Realitäten gewachsen glaubt, das phantastische, alle Wirklichkeit verkennende Verlangen, das Leben seines Freundes „durch Zutat seiner Einbildung mit einem magischen Firnis aufzuhöhen"; aber auch die Güte, die sich selbst über dem Wohl des Freundes völlig zu vergessen vermag. Trotzdem gewinnt diese Schein-Beziehung zu Agnes auch in seinem eigenen Leben eine besondere Bedeutung. Diese „Maskenkorrespondenz mit dem Liebchen" zeigt ein doppeltes Gesicht wie der ganze Larkens. Sie ist nicht nur ein selbstloses Opfer für den Freund, sondern auch ein letzter Versuch des von Hypochondrie und Leere gequälten Geistes, seinem Leben noch einmal einen geheimen, erborgten, idealischen Glanz zu verleihen. Larkens spielt sich mit geheimer Wonne in seine Rolle ein, so daß es ihm manche Mühe kostet „sein Ich von der Teilnahme an diesem zärtlichen Verhältnis auszuschließen". Man schreibt nicht ungestraft Liebesbriefe, in die man sein ganzes Herz hineingießt

– und sei es auch für einen anderen! Larkens spielt die Liebe wie eine Theaterrolle, in dieser Rolle genießt er noch einmal ein erhöhtes Bewußtsein seiner selbst, aber zugleich droht sie ihn schmerzhaft ins Leben zu ziehen, und nur der Adel seiner Natur bewahrt ihn davor, daß die Rolle nicht zur gefährlichen, ihn herabwürdigenden Wirklichkeit wird. Auch so bleibt sie bedrohlich genug, und „die sorgsam, aber grillenhaft angelegte Mine", mit der Larkens die Standorte anderer Menschen auseinanderzusprengen sucht, entlädt sich in den Beziehungen zu Konstanze auf eine recht tückische Weise, wenn sie zur vorübergehenden Verhaftung der beiden Freunde führt und alle Beteiligten mit bitterem Unheil bedroht. Hier ist freilich das Schicksal noch einmal gnädig, und die plötzliche Gefahr geht vorüber. Aber die inneren Bedrängnisse, die aus dem bizarren Spiel erwachsen, sind damit nicht gebannt. Wohl sieht alles zunächst sehr harmlos aus. Ein Freund widmet sich aus der lautersten und brüderlichsten Liebe mit zarter Pflege einem gebrochenen Liebesverhältnis; ein vielversuchter Abenteurer erfreut sich „mit unschuldiger Innigkeit an der eingebildeten Liebe eines engelreinen Wesens" und begnügt sich mit seiner Fähigkeit, „ein schönes Ideal noch in sich aufzunehmen und außer sich fortbilden zu können". So gesehen ist das Maskenspiel mit Agnes für Larkens selbst eine späte Aussöhnung mit der Welt, eine Anwendung seiner geistigen Spiel-Freiheit für eine sittliche Aufgabe. Aber den Leser läßt dabei doch das Gefühl nicht los, daß alles *auch* unerlaubt, *auch* frevelhaft, *auch* untergrabend ist, weil die festgezogenen Grenzen zwischen Sein und Schein hier auf eine mutwillige Weise verletzt und verwischt werden, und weil man mit Gefühlen nur in der Poesie, und vielleicht noch nicht einmal dort, bestimmt aber nicht im Leben spielen darf – und sei es auch im Dienste einer ehrlichen und guten Sache. So konnte das Ergebnis am Ende nur tragisch sein. Tragisch ist es zunächst für Larkens selbst, der durch sein Spiel an der Grenze von Schein und Wahrheit die „Kohle seines abgelebten Herzens" mühsam angefacht hat und so zu einem „Märtyrer" der Liebe wird. Indem er der Liebe Rosenkränze flicht, bohrt er zugleich den Dorn in das eigene Fleisch. Von vornherein zum Verzicht gezwungen, bleibt ihm am Ende nur das bittere Gefühl, sein Leben ausgespielt, sich selbst überlebt zu haben. Er geht „in die Wüste", um dort, wie so mancher grillenhafte Heilige, „seine Tagedieberei gottgefälliger zu treiben". Aber auch das ist vielleicht nur „eine neue Fratze", womit er sich selbst hintergehen möchte. Die Liebesbriefe aber, die Agnes an Nolten richtet, und die Larkens erhält, mußten für ihn ebenso zu gestohlenen Gefühlen werden, wie seine eigenen Briefe Gefühle spielten, die eigentlich ein anderer haben sollte. So bekommt diese idealische Aussöhnung mit dem Leben zugleich etwas Gespensterhaftes, weil hier nicht ein Ich zu einem Du und ein Du zu einem Ich spricht. Bei dieser Maskenkorrespondenz scheinen sich Luftgebilde schattenhaft zu begegnen, denen es unmöglich ist, das eigentliche Wesen des anderen zu ergreifen. Erst so wird es uns voll verständlich, warum die Aufdeckung des Geheimnisses für die zarte und zur Lebensangst neigende Agnes am Ende eine furchtbare Zerstörung bedeutet, die sich bis zu jenem Wahnsinn steigert, in dem sich das Scheinhafte und das Wirkliche, das Gespielte und das Wahre unlösbar vermischt haben, das eigene Selbst und das Du aber nicht mehr erkannt werden. Für Larkens ist es fast noch ein Glück zu nennen, daß er diesen Zusammenbruch seines im selbstherrlichen Spiel errichteten Lebenswerkes nicht mehr miterleben muß. Aber sein eigenes Ende bleibt traurig genug: die Heimatlosigkeit, die sich zur Selbstverbannung gezwungen sieht, der „verjährte Schmerz", der ihn in die Weite treibt, seine freiwillige Erniedrigung, in einer für ihn unangemessenen Umgebung zu leben, und schließlich der halb erzwungene, halb freiwillige Selbstmord. Er stirbt, weil bei der Begegnung mit dem geliebten Freund „der Gedanke an eine zerrissene Vergangenheit mit überwältigender Schwere auf das Gemüt des Unglücklichen hereinstürzte", und weil ihn „der Fluch seines eignen Schicksals" aus dieser reinen Glücksnähe für immer verbannte. Noch in seinem Tode bleibt er seiner Umwelt ein Rätsel. Mörike löst es nicht auf. Nur das Urteil, auch dieser Tod sei noch eine eitle Bizarrerie, wird entschieden abgewiesen. Aber das Gerücht, das behauptet, „daß den Schauspieler eine geheime Leidenschaft für die Braut seines Freundes zu dem verzweifelten Entschluß gebracht habe", wird vom Autor nicht schlechthin verworfen: „wenn es wirklich zu erweisen wäre, daß Larkens, wie allerdings vorgegeben wird, kurz nachdem er seine Laufbahn geändert, Agnesen bei einer öffentlichen Gelegenheit, und unerkannt von ihr, zu Neuburg gesehen habe". In dieser absichtlich schwebend gehaltenen Vermutung wird noch einmal die makabre Zwiespältigkeit dieser Larkens-Agnes-Beziehung sichtbar: ein unerhört kunstvolles Spiel mit Gefühlen, eine Maskerade der Liebe, aus einem edlen Wollen entsprungen, aber doch vom geheimen Wunsch dirigiert, das eigene zerrissene Leben durch solche Kunst des Spieles neu aufblühen zu lassen, dann tragisch verstrickt in den „Märtyrer" der Liebe, weil sich Schein und Wahrheit nicht mehr scheiden lassen, am Ende zur hoffnungslosen Selbstverbannung gezwungen und vielleicht noch – wer will es entscheiden? – von einer nunmehr ganz echten und wirklichen Leidenschaft für die unerreichbar gewordene Geliebte verzehrt.

Larkens ist, von der Eigenart des Charakters her gesehen, die bedeutsamste Gestalt des Romans. Sein Schicksal entspringt durchaus seiner inneren Anlage. Er wird daher auch als einziger kaum von der schicksalhaften Macht der Elisabeth ergriffen und berührt. Nur die Peregrina-Lieder haben ihn in eine etwas unmotivierte, nähere Beziehung zu ihr gebracht. Seine von innen angelegte Selbstzerstörung hebt sich höchst merkwürdig ab von jenem von außen einbrechenden Dämonischen, an dem Agnes und Nolten zugrunde gehen müssen. Aber gerade die verwegene Liebesmaskerade mit den Briefen wird zu einem ungewollten Werkzeug der dunklen, unbegreiflichen Seelenmächte, die Nolten, den Günstling des Glücks, zerstören. Wohl scheint das, was Larkens tut, noch zu gelingen, soweit es nicht ihn selbst, sondern Agnes und Nolten angeht. Aber das ist eben nur ein Schein, ein trügerisches Idyll über einem Abgrund. Rückblickend gewinnt gerade das Spiel mit den Briefen eine dämonische Bedeutung, Werkzeug jenes Schicksals, das seine ganze zerschmetternde Wucht erst entlädt, als Larkens nicht mehr lebt und sein tollkühnes Spiel von einer höheren, unheimlichen Macht grauenvoll widerlegt wird. Indem Mörike, in der Gestalt seines Larkens, auf eine tiefsinnige Weise die tragische Gefährdung des nur spielenden Menschen sichtbar macht, zeichnet er auch einen geheimen Doppelgänger seiner selbst, den gefährdeten und in der Mitte seines Lebens bedrohten Mörike, den man zusammensehen muß mit jenem anderen, dem das reine In-sich-Selbst-Verwinden der Kunst und die magische Gnade des Schönen geschenkt war. In Larkens steckt Mörikesche Selbstkritik, wie niemand sie schonungsloser üben könnte.

Keine der anderen Gestalten des Romans läßt sich mit Larkens, seinem tiefsinnig von der tragischen Anlage her verstandenen Wesen, vergleichen. Am blassesten bleibt die Gräfin Konstanze mit den gewohnten Zügen der vornehmen Dame, die Leidenschaft und Sitte auszugleichen sucht – sie erinnert ein wenig an die Prinzessin in Goethes „Tasso". Aber Gesellschaft ist in Mörikes Roman nur Kulisse, die er nicht mit eigener, ursprünglicher Wahrnehmung zu gestalten vermochte. Nur wo das Geschehen in einem außer- und übergesellschaftlichen Schicksalsraum sich abspielt, konnte es Mörike von innen durchseelen und geisterhaft durchsichtig machen. Seine Stärke lag in der psychologischen Durchdringung merkwürdiger, ja krankhafter Seelenzustände, wie bei Larkens, Agnes und Elisabeth, sie lag darüber hinaus im Beschwören eines Zauberkreises, der auch noch eine ganz dinglich und sinnenfroh aufgenommene Wirklichkeit durchdringt; sie lag schließlich in den behaglich-idyllischen Partien des bürgerlich-selbstgenügsamen Glückes, bei der so manche Erinnerung aus dem eigenen Leben in die Welt des Romans mit hinübergenommen wurde. In der Schilderung der Konstanze-Episode hat nur der eine Augenblick dichterischen Gehalt, in dem eine elementar gesehene Leidenschaft diese sonst ins Gesellschaftliche stilisierte Gestalt ergreift. „Er zog die Zitternde, Verstummte an sich. Ihr Haupt sinkt unwillkürlich an seine Brust, indes ihre Tränen fließen und sein Kuß auf ihrem Halse brennt. Den Mund in die dichte Lockenfülle drückend, hätte er ersticken mögen vom süß betäubenden Dufte dieser üppigen Haare – der Boden schien sich zu teilen unter den Füßen Konstanzes – Erd' und Himmel zu taumeln vor ihrem geschlossenen Auge – In eine unendliche Nacht voll seliger Qualen stürzt ihr Gedanke hinab – liebliche Bilder in flammendem Rosenschein, wechselnd mit drohenden, grünäugigen Larven, dringen auf sie ein – aber noch immer halten ihre Knie sich aufrecht, noch immer entfährt ihr kein Laut, kein Seufzer, nur von einem flüchtigen Schauder zuckt augenblicklich ihr Körper zusammen." Liebe ist hier wieder ein schaudernd süßes Verhängnis, eine „unendliche Nacht voll seliger Qualen", bei der die lieblichen Bilder mit den drohenden Larven wechseln. Aber sie bleibt nur Episode. Konstanzes Liebesqualen werden durch das irre Getriebensein der Elisabeth zu dem guten, lieben Jungen in den Schatten gestellt, durch diese unermüdlich sich sehnende Liebe, die in süßer, wilder Plage „im gelben Sonnenbrand durch Nacht und Ungewitter, durch Dorn und Sumpf" den „Spuren des leidigen Flüchtlings" nachkeucht. So traurig auch die Liebesgeschichte der Konstanze ist – durch die untergeschobenen Briefe gerät sie ebenso in eine ihre Liebe tötende Vertrauenskrise gegen Nolten hinein wie Nolten gegen Agnes – viel eindringlicher ist doch das Bild der mit Liebeswahnsinn geschlagenen Elisabeth und ebenso die sehr viel feiner und zarter entwickelte Liebesgeschichte der Agnes.

Der am Ende des Romans ausbrechende Wahnsinn der Agnes ist in einer ganzen Reihe von Zügen dieser empfindlichen und melancholisch überschatteten Natur vorbereitet. Bereits aus ihrer Kindheit werden Absonderlichkeiten berichtet. Ein „unheimlicher Hang" machte sich trotz einer sonst „reinen und schönen Natur" frühzeitig bemerkbar. Wenn zum Beispiel das Kind in einer Art phantastischer Einbildung glaubte, daß die Erwachsenen ganze Länder und

Städte, die in ihren Gesprächen auftauchen, bloß erfinden, um ein geheimnisvolles, aber täuschendes Erziehungswerk an ihm vorzunehmen, so steckt darin bereits ein Stück Verfolgungswahn, der sich später zur Angst vor ganz ichbezüglich gedeuteten Vorzeichen steigern sollte. „Sie vermutete", so heißt es über diese kindliche Periode, „man wisse überall, wohin sie komme, wer ihr da und dort begegnen werde, und da seien alle Worte abgekartet, alles auf das sorgfältigste hinterlegt, damit sie auf keinen Widerspruch stoße."

Die Neigung zur „Nervenkrankheit" wird aber erst deutlich sichtbar in den verwickelten Beziehungen zu Nolten und dem Vetter, die unter der Einwirkung der Zigeunerin eine gefährliche Wendung nehmen. Den Anstoß zur Krise gibt eine Prophezeiung der Zigeunerin, deren selbstsüchtige Hintergründe Agnes nicht zu durchschauen vermochte, weil ihr die seltsame Jugendbindung zwischen Elisabeth und Nolten zu dieser Zeit noch unbekannt war. Die Zigeunerin redet ihr auf eine geschickte Weise ein, daß es nie zu einer Vereinigung zwischen ihr und Nolten kommen, daß sie hingegen ihren Vetter Otto einmal heiraten wird. Von diesem Augenblick an glaubte Agnes „einer fremden, entsetzlichen Macht anzugehören", und auch die liebevollsten Briefe ihres Verlobten sah sie „vom vergiftenden Hauche der Zukunft" angeweht. Der Glaube an einen „höheren Wink" in der Voraussage, die innere Überzeugung von „der Unvereinbarkeit ihres Schicksals und Noltens", die allmähliche Entstehung eines Widerwillens gegen den Verlobten und der vergebliche Versuch, ihm zu entsagen und ihre Liebe von innen heraus zu wandeln – das alles wird von Mörike mit der Meisterschaft des Psychologen entwickelt. Dennoch bleibt bereits hier der schwer beschreibbare Eindruck von etwas Rätselhaftem zurück; man fragt sich, ob hier nicht in der Tat unheimliche Gewalten des Schicksals gegenwärtig sind und Agnes wirklich in den Händen einer „höheren Macht" ist. Dieser nirgends ausgesprochenen Deutung kann man sich um so weniger entziehen, als ja der weitere Verlauf des Romans bezeugt, daß die Liebe zwischen Agnes und Nolten tatsächlich zu einem unvermeidlichen Scheitern verdammt ist. Gewiß, das Geschehen ist auf Agnes' Krankheit zurückzuführen. Reizbarkeit, mangelndes Gleichgewicht, sonderbarer Wechsel von Lustigkeit und Melancholie, Mangel an Verstand – das alles ist bezeichnend für den Zustand des Mädchens, für die Verfassung einer wehrlosen Seele, deren sich der Aberglaube völlig bemächtigen konnte. Der befremdende Schein einer aufkommenden Leidenschaft zum Vetter Otto mußte entstehen, der dann später auf Grund halb falscher, halb zutreffender Berichte jenes verhängnisvolle Mißtrauen des Verlobten auslöst. In Nolten, der von den verborgenen Ursachen aller dieser Vorgänge nichts ahnte, bildete sich die Vorstellung einer „verschraubten, kindischen Kreatur", er glaubte sich um den „ersten heiligen Begriff von Reinheit, Demut, ungefärbter Neigung" für immer bestohlen. Damit waren die Voraussetzungen dafür geschaffen, daß sich der gefährliche Schein-Briefwechsel mit Larkens entwickeln konnte. Wohl kommt es dann später, als das verborgene Eingreifen der Elisabeth erklärt wird, zu einer Heilung und zu einer Rückkehr der Vernunft. Aber sind das nicht alles auch Warnungen gewesen, die deutlich zeigen, wie wehrlos Agnes dämonischen Einwirkungen preisgegeben ist, und wie leicht sich die gläserne Schutzwand, die sie umgibt, durchstoßen läßt? Auch in der Zeit des trügerisch wieder hergestellten Friedens, wo nur noch eine glückliche Zukunft sie zu erwarten scheint, bricht die Lebensangst noch einmal auf. Agnes sieht sich für ein größeres Unglück aufgespart, das erst im Anzug ist, und wird verstummend in eine Einsamkeit hineingedrängt, die niemand mit ihr teilen kann und die ihrem Wesen mit einem Male etwas Feierliches verleiht. Diese dunkle Furcht vor dem allzu großen Glück, mit dem das Schicksal gleichsam herausgefordert wird, ist wiederum sehr bezeichnend für eine Seele, die dem Leben nicht gewachsen ist und damit die dämonischen Mächte geradezu aus ihrem Hinterhalt herauslockt. Ist doch dieses schlichte, anspruchslose Mädchen jetzt plötzlich ein „Rätselwesen", von dem selbst Nolten empfindet, daß es einer „dunklen Klippe" entgegengetrieben wird, deren letzter Ursprung in der „schlimmen Zauberblume" liegt, die auf dem Grund und Boden seines eigenen Schicksals aufgeschossen ist. Das Dämonische dieser Schicksalsverkettung ist rein psychologisch und medizinisch nicht mehr ableitbar. Aber es wirft sich gerade auf jenen Menschen, dessen seelische Anlage die Zerstörung besonders herausfordert.

Agnes geht endgültig zugrunde, als Nolten ihr das Briefgeheimnis aufdeckt. König Ulmon spricht im Orplid-Spiel einmal von der „edlen Kraft der Rückerinnerung" – sein tragisches Leiden entsprang ja gerade aus dem Verlust der Vergangenheit, die ihn als bloßes Schemen weiter verfolgt. Aus der lebendigen Erinnerung schöpft Mörikes Seele immer wieder die Kraft zum gegenwärtigen Augenblick. Daß die Vergangenheit für Mörike aber nicht nur Glück der Geborgenheit bedeutet, verraten besonders Larkens und Agnes. Larkens bricht unter der Last der Erinnerung zusammen und steht am Ende als ein Ausgebrannter des Lebens vor uns. Agnes wird um ihre Vergangenheit betrogen. Die Verfälschung des Gewesenen aus Wahrheit in Lüge läßt das Glück der einmal gelebten Erfüllung in den Schauder vor dem Schein des Nichts umschlagen. Das ist der entscheidende Wendepunkt, an dem eine bisher nur unter der Oberfläche vorhandene Seelenlage offenbar wird. Dem Menschen seine Vergangenheit stehlen und die Gefühle vergiften, die dort gelebt wurden, heißt für Mörike, ihn um das Paradies betrügen. Kein guter Wille und keine nachträgliche Entschuldigung kann das rückgängig machen. Noltens Schritt in die Vergangenheit zurück, in die einst gelebte, aber schon schattenhaft gewordene Liebe, war ein Schritt in den Abgrund, nur ein Wahn, bei dem das Herz sich über das Verhängnis hinwegtäuscht. Das im Roman geschilderte Idyll zwischen Nolten und Agnes ist der tragische Versuch, mit Hilfe einer gestohlenen und nur durch den Freund geliehenen Vergangenheit eine Welt aufzubauen, die am Zeitlosen und Ewigen der Liebe Anteil hat. In dem Augenblick aber, wo das Unwahre dieses Scheins aufgedeckt wird, ereignet sich bei Agnes jene endgültige Verrückung, die in der erbarmungslosen Gestalt der Wahnsinnigen gipfelt, für die es kein Zurück in die menschliche Gemeinschaft mehr gibt und die einen kläglichen Tod im Waldbrunnen findet.

Vergleicht man jedoch diesen Wahnsinn mit dem der Elisabeth, die ja am Ende selbst noch einmal unheilvoll und beschleunigend eingreift, so sind die Unterschiede unverkennbar. Wohl schildert Mörike in beiden Gestalten ein eindeutiges echtes Irresein. Aber bei der von der Gefahr des Zerfließens und des Somnambulen bedrohten Agnes ist der Wahnsinn nichts anderes als ein Verfallen an ein übermächtiges Schicksal, das sich einer wehrlosen Seele bemächtigt hat und sie erbarmungslos zerstört. Die ganze Vorgeschichte dieses

Wahnsinns wurde, wie wir gezeigt haben, sorgfältig entwickelt. Elisabeth hingegen begegnet uns von Anfang an als Irre, ihr Wahnsinn ist allem Erklären sehr viel nachdrücklicher entzogen. Wenn sie auch bedauernswert und mitleiderregend vor uns auftaucht, so lebt in ihrem Bilde doch auch „die Gegenwart einer unnahbaren Macht“, gegen die es keinen Widerstand mehr gibt. Offensichtlich ist diese bald holde, bald wilde, bald rührende, bald Angst erregende Gestalt zugleich auch als Sinnbild für den dunklen Schicksalszusammenhang gemeint, so daß in dem Widersinn dieses Wahnsinns noch alle unbegreiflichen Verkettungen des Geschehens wie in einem Mittelpunkt des Romans zusammenlaufen können. Auch ihre im Wahnsinn erhobene Treueforderung, von der aus Noltens Verhältnis zu Konstanze und Agnes als ein doppelter Treubruch erscheint, hat etwas Rätselhaftes, dessen geheimnisvoller Anspruch vor einer fernen, übermenschlichen Macht – sie braucht nicht göttlich, aber auch nicht teuflisch zu sein – noch eine ebenso rätselhafte Geltung zu haben scheint. Oder ist sie nur das verstörte, wahnhafte Stammeln einer Irren? Aber gerade das läßt sich nicht entscheiden; es ist der eigentümliche Reiz dieser Gestalt, daß sie im Zwielicht zwischen Un-Sinn und Über-Sinn steht. Elisabeth ist allen menschlichen Maßstäben so weit entrückt, daß wir ihr Dasein entweder nur als das einer unglücklichen Irren betrachten können, oder annehmen müssen, daß es in jenen sinnbildlichen Bereich hinüberragt, dessen Schauder erregendes Geheimnis nicht nur jenseits von Gut und Böse, sondern auch jenseits jeder menschlichen Sinngebung liegt und sich für Mörike nur noch in dem zum Symbol gewordenen Wahnsinn aussprechen ließ.

Trotz aller idyllischen Einlagen bleibt der Roman düster.

Er wächst nicht aus einem christlichen, sondern aus einem tragischen Lebensbewußtsein heraus, und die Versuche seiner Menschen, das Leben zu meistern, verstricken sie nur um so unlösbarer in den tief verschlungenen Knoten des irdischen Daseins. Wenn Goethe die unbegreifliche Macht des Dämonischen, die sich keiner verstehbaren Sphäre mehr zuordnen läßt, aber in allen Sphären ihr unbegreifliches Spiel treibt, nur am Rande seines vom Glauben an die kosmische Ordnung getragenen Weltbildes gelten läßt, wenn Hölderlin es in dieser Weise gar nicht kennt, weil der von den Göttern unbegreiflich und leidvoll Geschlagene zugleich ihre heilig verkündende Stimme wurde, wenn Kleist den Dämonen der Welt, die den Menschen verwirren und in Wahn und Schein hineintreiben, den Glauben an das rettend ergriffene, unbedingte Gefühl gegenüberstellt, dem sich der „unbegriffene“ Gott auch in der Folter des Schicksals noch in Selbst-Begegnung und Du-Begegnung enthüllt, so wird in Mörikes Roman das Dämonische zum eigentlichen Zentrum. Es bleibt hier weder ein heilender und bewahrender Kosmos, noch eine göttliche Verkündigung, noch nicht einmal die Bewahrung des menschlichen Herzens und seiner Freiheit. Mittelpunkt des Weltzusammenhangs wird in einer bei allem Realismus dennoch symbolischen Darstellung der Wahnsinn. Alles Mühen um schöpferische Selbstgestaltung, um ordnende Vernunft, um menschliche Gemeinschaft und um irdisches Glück mündet in das Paradox des Un-Sinns; der Ausgang des Romans kennt nur noch das hoffnungslose menschliche Scheitern, dessen Bedeutung wohl über das Irdische hinausweist, aber auch das Überirdische in ein undurchdringliches Dunkel hüllt. Wer das Schicksal in dieser Weise als den tragischen Gegenpol des menschlichen Herzens erlebt, wer die dunklen und unsagbaren Mächte so abgründig beschworen hatte, dem blieb nur noch der Weg in das rettende Idyll, in die überdauernde Gegenwart der Dinge, in die Freiheit des Humors und in die selige Gnade von Traum und Märchen, die den irdischen Bereich durch die Zauberkraft des Schönen in einen Zaubergarten verwandelt. Jeder andere Weg mußte den Dichter des „Maler Nolten“ zur Selbstvernichtung treiben.

DAS SCHÖNE

In den Gedichten aus dem Nachlaß finden sich einige Strophen, die den Titel „*Nachts*“ tragen. In ihren ersten Zeilen klingen Verse aus dem „Letzten König von Orplid“ an. Das ganze Gedicht ist wie eine Vorwegnahme, in der der späte Mörike sich schon deutlich ankündigt:

Horch! auf der Erde feuchtem Grund gelegen,
Arbeitet schwer die Nacht der Dämmerung entgegen,
Indessen dort, in blauer Luft gezogen,
Die Fäden leicht, unhörbar fließen
Und hin und wieder mit gestähltem Bogen
Die lust'gen Sterne goldne Pfeile schießen.

Im Erdenschoß, im Hain und auf der Flur,
Wie wühlt es jetzo rings in der Natur
Von nimmersatter Kräfte Gärung!
Und welche Ruhe doch und welch ein Wohlbedacht!
Mir aber in geheimer Brust erwacht
Ein peinlich Widerspiel von Fülle und Entbehrung
Vor diesem Bild, so schweigend und so groß.
Mein Herz, wie gerne machtest du dich los!
Du schwankendes, dem jeder Halt gebricht,
Willst, kaum entflohn, zurück zu deinesgleichen.
Trägst du der Schönheit Götterstille nicht,
So beuge dich! denn hier ist kein Entweichen.

Das Gedicht gehört in den Bereich Mörikescher Naturlyrik. Die Verse halten den Augenblick fest, in dem sich der Übergang von der Nacht zur Dämmerung ereignet. Wiederum sind es die Elemente, Erde und Luft, durch die die Natur zum Menschen zu reden scheint. Aber was hier gehört wird, ist das Unhörbare. Dieses Motiv, Vollkommenheit in der Ruhe, geht durch das ganze Gedicht hindurch: die „unhörbar" fließenden Fäden, das schweigende und große Bild und am Ende die antike Vorstellung der Götterstille. Das eigentliche Wesen der Natur ist Schweigen. Auch im „Besuch in Urach" feierte der Dichter das „übermenschliche Schweigen" der Natur, das, auch wo es einmal aufgehoben wird, nur ein Gespräch der Natur mit sich selbst, nicht aber mit den Menschen bedeutet. Schönheit ist das Geheimnis, wie die Natur sich verschweigt und gerade dadurch mitteilt. Im Übermenschlichen gehört die Natur dem Schönen, dem Göttlichen. Der Mensch kann beides nur hinnehmen, ohne ihm gewachsen zu sein.

Die visionäre Eingebung dieses Gedichtes schaut das rätselhafte Doppelwesen der Natur, dämonisch bewegt und ruhevoll zugleich zu sein: ein Wühlen und Gären der nimmersatten Kräfte und dennoch ein „Wohlbedacht". In solcher Überfülle weckt sie im Herzen den peinigenden Widerstreit „von Fülle und Entbehrung", ein antwortendes Gegenbild auf das Doppelgesichtige der Natur. Denn die Seele besitzt in dieser Begegnung mit der Natur gleichsam zu viel und zu wenig; zu viel, weil sie das Übermaß an Wirklichkeit nicht erträgt, das hier auf sie einströmt; zu wenig, weil das schwankende Herz, dem jeder Halt gebricht, zu sehr hinter der schweigenden Größe und dem „Wohlbedacht" der Natur zurückbleibt. Das Herz wird hier festgehalten und will doch entfliehen, es erliegt der Gewalt der Erscheinungen und strebt zurück zu seinesgleichen – ein Zwiespalt, für den nur eine Lösung möglich ist: sich dem Sein gefangen geben, sich beugen, sich durch die Macht der Wirklichkeit festhalten lassen.

Das ist Mörikes Weg in seine Spätzeit. Die von Augenblick zu Augenblick hingerissene Seele wäre dem Chaos preisgegeben, wenn sie nicht durch die Schönheit der Natur gebunden würde. Jede Verherrlichung menschlicher Freiheit und Schöpferkraft ist zugunsten der göttlichen Schönheit aufgegeben, die nicht mehr Menschenwerk ist, sondern im Sein der Natur liebend uns anredet und uns einem ewigen, unbegreiflichen Maß unterwirft. In dem Spätgedicht Mörikes „*Datura suaveolens*“ (1846) steht ein liebendes Paar, Wange an Wange gelehnt, vor der Blume Dianas und schlürft den unnennbaren Duft ein. Mitten im Strom des Nektars aber, den sie aus diesem „schneeigen Becher“ atmen dürfen, werden sie zu Küssen der Liebe begeistert: „Zürn' o Himmlische nicht!“ ruft der Dichter der Göttin zu: „Du hast fürwahr zu den Gaben irdischer Liebe den Hauch göttlicher Schöne gemischt.“ Das kleine Gedicht in antik epigrammatischer Form nennt den höchsten Mörikeschen Dreiklang: Natur, Liebe und Schönheit. Das Wesen der Natur geht erst der Begeisterung der Liebe auf; Liebe aber ist jene höchst zerbrechliche Mischung des Irdischen mit einem Hauch des göttlich Schönen. Hier entspringt die Lebensform des Dichters. Denn Dichtung ist das Aussprechen des Unaussprechlichen, das Offenbarmachen des göttlich Schönen durch das irdische Sinnbild der Sprache. In der dichterischen Eingebung blickt die Götterstille der Schönheit sich selbst an und wird menschliches Wort. Hier allein und sonst nirgends findet das schwankende Herz, „dem jeder Halt gebricht", ein geheimnisvolles, ihm antwortendes Verständnis seiner selbst. Der Dichter enthüllt es und wird so in die ewige Anmut der Dinge zurückgeführt. Damit ist die an den Wahnsinn grenzende Welt des „Maler Nolten" überwunden, in der das Dämonische, das im Schicksal die Seele zerstört, zum Mittelpunkt der dichterischen Aussage wurde.

Dennoch bleibt auch die Schönheit für Mörike „dämonisch". Die „götterberührte" Rose verkündet den Ruf der „Dämonien"; die in ihrem Zaubergürtel eingeschlossene einsame Buche zeugt von „dämonischer Stille" der Natur. Alles Schöne ist Schwebe über dem Abgrund.

Ob dem dunkelen Quell, der geheimnisvoll in den Abgrund
Schauert und rauscht, wie hold lächelt die Rose mich an.

Die ewigen Mächte, die im Schönen den Menschen anreden, wissen auf unergründbare Weise um den nächtigen, leidvollen Grund alles Daseins; aber sie sind ihm auch so mühe- und schwerelos entrückt, daß die Seele in solcher Begegnung wieder heil werden darf. Bleibt es nicht das Rätsel des Schönen, daß es nur dort erblüht, wo die unheimliche Tiefe des Lebens sich auftut, ja, daß es diese Tiefe selber ist, aber zugleich still über ihr auszuharren vermag? Ist nicht das Schöne Anmut, weil es ohne Gewalt ist, weil es allen kämpfenden Widerstreit durch die bloße Gegenwart des Vollkommenen auflöst?

Schönheit ist für Mörikes Dichtung der höchste Wert. Sie ist Magie, Zauber. Sie verlangt vom Gedicht unerbittlich die edel geformte Sprache; das rein Stoffliche der Darstellung muß durch eine Klassik des Stils überhöht werden. Noch der sterbende Mörike fragte die Schwester, die ihm seine „Gedichte“ reichen mußte: „Nicht wahr, es steht nichts Frivoles drin?“ Schönheit bedeutet für Mörike weit mehr als nur Stil. Sie allein gibt dem Menschen die Möglichkeit, den Einbruch des Ungeheuren, den der „Maler Nolten“ so vernichtend heraufruft, in dem „ruhigen Gefühl“ aufzulösen, „mit welchem unser Geist sich homogen empfindet“ (Brief an Luise Rau vom 17. Juli 1832). Jedes echte Kunstwerk schenkt dem Dichter die Gunst, sich in Einklang mit der Welt zu setzen. In dem Jugendbrief an Waiblinger hieß es, Mörike könne die Poesie im Umgang mit keinem zweiten teilen, „der ihre Unruhe und Leiden um sich verbreiten muß, statt daß er sie rein in sich verwindet“. In einem viel späteren Brief an Friedrich Theodor Vischer war von der „aura divina der Kunst“ die Rede, die „törichterweise mit einem seligen Trotz gegen Gott und Welt erfüllt, eben als hätte man das Reich des Schönen von Anbeginn selber gemacht und begründet“. Im Gedicht „Auf eine Lampe“ stand der unvergeßliche Vers: „Was aber schön ist, selig scheint es in ihm selbst.“ Diese drei Aussagen deuten auf drei Blickpunkte in Mörikes Auffassung vom Schönen hin. Der erste geht vom Dichter selbst aus, der durch das Gedicht eine Reinigung seiner Seele erstrebt. Welch ein Unterschied gegen die „Zerrissenheit“ und den „Weltschmerz“ der Moderne! Das Schöne ist die Möglichkeit, in den Widersprüchen unseres Menschenlebens einen Zustand des reinen Einklanges, ein ruhendes Gleichgewicht wiederherzustellen. Die Dichtung erhält eine lösende, befreiende, der Lebenszwiespältigkeit mit Nachdruck entgegengesetzte Aufgabe. Hiermit hängt die Absichtslosigkeit der Mörikeschen Dichtung zusammen. Mörike steht allen Strömungen, die die Kunst in die Politik des Tages herabziehen, völlig fremd und gleichgültig gegenüber. Von der Frühromantik bis zur Moderne spiegelte sich in der Dichtung in wachsendem Maße die Krise des Einzelmenschen und seiner „Unruhe und Leiden". Schon der junge Mörike rückt davon ab, weil ihm Dichtung nicht das Fragwürdige, sondern das Heilende bedeutet. In der Anmut des Schönen wird das Widerspruchsvolle geeint, das Auseinandergerissene gebunden, das Verkrampfte gelöst. Dichtung, die aus der Tiefe des eignen Wesens kommt, enthüllt den „Silberblick der Menschlichkeit".

Die Briefstelle an Friedrich Theodor Vischer verdeutlicht uns jedoch auch die geheime Bedrohung des Menschen durch das Schöne. Sie liegt in der Verführung zu einer neuen Selbstherrlichkeit, zum „seligen Trotz". Die Göttlichkeit des Schönen, die „aura divina der Kunst" wird dann nicht mehr vom Menschen empfangen, sondern von ihm selbst hervorgebracht, so daß sie wie eine Leistung aussieht, von der aus noch „Gott und Welt" widerstanden werden kann. In dieser Gefährdung zeigt sich eine Grenze Mörikes. Überall dort, wo das Spiel des Dichters zum Selbstzweck geworden ist und die Schranken von Raum und Zeit in seliger Magie überflogen werden, gerät er in Gefahr, im Abgrund seiner eignen Schöpfung zu versinken und darüber die Welt zu verlieren. Nur im Sich-Beugen und im Hinhören wird das Schöne wahrhaft anerkannt, nicht aber in der vermessenen Willkür des menschlichen Geistes, der sich eine eigne gläserne, scheinbar uneinnehmbare Burg gebaut hat.

Darum hat Mörike immer, am meisten aber im Alter gewußt. Schönheit scheint selig in sich selbst. Sie bedarf nicht des Menschen, um da zu sein. Das Urbild der Buche am hohen Mittag in seiner schweigenden Einsamkeit ist sich selbst genug und übersteigt alles menschliche Begreifen. Schönheit ist Offenbarung, aber nicht Menschenwerk. Auch in der Freiheit des Spieles und in der Verwegenheit der Phantasie bleibt der Dichter dienend, weil er nur in das Wort bindet, was als Unbegriffenes schon in den Dingen lebt. Alle Schönheit des Gedichtes ist nur Spiegel des Vollkommenen, das den Dichter überwältigt und dem Schwanken der Gefühle das Maß setzt. Das Sein in allem Seienden ist das Schöne.

Diese sich in Mörikes Entwicklung vollziehende Wendung ist auch durch die Begegnung mit der Antike bestimmt. Gottfried Keller hat Mörike einmal den „Sohn des Horaz und einer feinen Schwäbin" genannt. Aber noch stärker als das Römische ist das Griechische in seinem Wesen. Nur weil Mörike antik fühlte, vermochte er die Meisterschaft im antiken Versmaß zu erreichen, – seien es die „Hendekasyllabi", auch phaläzische genannt, wie sie Catull gebrauchte, sei es das alcäische Versmaß des Horaz, das klassische Senarium, das Distichon, der Hexameter oder die Epigramme nach griechischer Art. Neben Tibull, Catull und Horaz sind Homer und Theokrit die Dichter, an denen sich sein eigener lyrischer Stil weitergebildet hat. Erst die Vorbilder der hellenistischen Lyrik ermöglichen ihm die Wendung zum „Dinggedicht". 1840 bringt er eine Auswahl antiker Dichtung in der „*Classischen Blumenlese*", 1855 steuert er elf „*Idyllen des Theokrit*" der Übersetzung von Bion und Moschos bei, 1864 erscheint „*Anakreon und die sogenannten anakreontischen Lieder*, Revision und Ergänzung der I. Fr. Degen'schen Übersetzung mit Erklärungen". Die Anakreonten enthalten, so heißt es dort, „eine Reihe von Darstellungen, die teils wirkliche oder gedachte Bildwerke zum Gegenstand haben, teils für sich selbst kleine Gemälde, doch ohne wahrhaft persönliches Motiv ausmachen". Nicht die witzige Pointe wird von Mörike hervorgehoben, wie in der deutschen Anakreontik des 18. Jahrhunderts, sondern die dichterische Behandlung von wertvollen Gemälden, Statuen und Kunstdenkmälern, die Liebe zu den Kleinformen, zum Zierlichen und Verspielten, die Art der Darstellung, die an „Porzellanmalerei" erinnert. Aber zugleich wird auch der Mangel eines „wahrhaft persönlichen Motivs" empfunden. Die hellenistische Lyrik bleibt rhetorisch und schmuckhaft, während Mörike jedes Ding beseelt und es niemals von dem Raum ablöst, in dem es beheimatet ist. Erst in der Erinnerung des Menschen erhält das „Ding" seine ins Seelische und Geistige hinüberdeutende Anmut. Ding und Mensch sind für Mörike nicht, wie für die hellenistischen Lyriker, geschieden, sondern das Wunder des Schönen blüht dort auf, wo das wahrgenommene Ding nichts Unpersönliches mehr hat, hingegen ein Bleibendes im Einmaligen sichtbar wird. In der Seele der Dinge lebt ein ewiger, unzerstörbarer Kern. Um ihn dichtend zu nennen, bedarf es nicht so sehr der rednerisch beschreibenden Kraft und des rein ästhetischen Sinnes als des liebenden Herzens, das dem Sprachlosen Sprache leiht.

In der Lyrik der Mörikeschen Frühzeit wird Schönheit noch nicht, wie später, antik gestalthaft vom Dinglichen ergriffen. Die Verse „*Der junge Dichter*" (1823) sprechen eine selbst erfahrene Not aus, das Verwandeln eines durch die Anmut der Natur ausgelösten innigen Herzensüberschwanges in das poetische Wort. Das „tief Empfundene" soll Klang und Bild werden. Noch wird dieser Vorgang ganz vom Dichter aus gesehen, aber die Liebe, wenn auch nur verspielt, gewinnt bereits lösende Kraft, so daß das Gedicht vom ungelenk Schülerhaften befreien möchte und nur noch im „reinen

Dufte“ der Dichtung als im „Elemente“ zu leben verlangt. Tiefer dringt bereits das Gedicht *„An eine Äolsharfe“* (1837). Die an die Efeuwand einer alten Terrasse angelehnte Harfe, „einer luftgebornen Muse geheimnisvolles Saitenspiel“, mag noch als Allegorie für die künstlerische Sehnsucht nach dem Klang gedeutet werden. Wenn sie dabei ihrem eigenen Gesetz zu folgen scheint und vom fern herüberkommenden Winde bewegt wird, so ist sie zugleich auch abgestimmt auf den wachsenden und wieder hinsterbenden Zug der menschlichen Sehnsucht. Das Gedicht entspringt noch aus einer der Romantik verwandten Naturbeseelung. Wieder verkörpert der Wind, das Element, alles süß Bedrängende, wenn er vom frisch grünenden Hügel kommt, die Frühlingsblüten streift und die Wohlgerüche hinüber zu den Saiten der Harfe trägt. Seele und Natur sind getrennt und doch in der Stimmung vereint. Natur und Kunst begegnen sich hier; die Natur verwandelt sich in Melodie, aber zugleich ist diese Musik eine plötzliche Regung der Seele, die mit „süßem Erschrecken“ in der vom Wind bewegten klingenden Harfe vernommen wird. Manche Züge erinnern an das Frühlingsgedicht „Er ist's“. Das Gedicht erlebt das Schöne als Musik, als holden Harfenton und damit als mystische Einheit von Mensch und Welt. Der Sprache der Seele antwortet die zur Seele gewordene Natur in ihrer höchsten Vollendung: im Schönen der Äolsharfe. Alles, was von außen zu kommen scheint, ist auch innen. Dieser Einklang von Mensch und Natur ist nur im Unaussprechlichen der Musik hör- und fühlbar. Auch im klingenden und frei schwingenden Rhythmus des Gedichtes und seiner melodischen Strömung spüren wir diese Sehnsucht: Glück und Klage zugleich, bis zum traurig-schönen abschließenden Bild der Spätherbstblumen-Einsamkeit, der vollen Rose, die, vom Winde geschüttelt, ihre Blätter dem Dichter vor die Füße streut. „Die Seele fängt gleichsam von sich selber zu tönen an, wie jene Harfen, auf denen die Luft spielt", schreibt Mörike am 4. Januar 1830 an Luise Rau.

Die Wendung, die Mörike unter dem Einfluß der antiken Lyrik vollzieht, geht auf das Gegenständliche, das Dingliche. Der Dichter will nicht mehr sich selbst aussprechen, die Spielarten seiner Gefühle, das traumhafte Schweben seiner Seele, die Bezauberung durch den vorübergehenden Augenblick, sondern das Eigenleben der Dinge, in denen sich die Schönheit des Ganzen offenbart. Während aber in der Frühzeit die innere Unruhe der Seele sich in dem „ruhigen Gefühl" der Schönheit auflöst, hat die Spätzeit einen neuen Abstand zum Schönen gewonnen, das jetzt ganz sich selbst überlassen bleibt und die Seele zur reinen Hingabe des Wahrnehmens und Hinhörens nötigt. Bezeichnend ist das kleine Gedicht „*Weihgeschenk*" (1846). Ganz bildhaft und epigrammatisch knapp wird hier der Einklang von Natur, Liebe und Schönheit ausgesagt:

Von kunstfertigen Händen geschält, drei Äpfelchen, zierlich,
Hängend an e i n e m Zweig, den noch ein Blättchen umgrünt;
Weiß wie das Wachs ihr Fleisch, von lieblicher Röte durchschimmert;
Dicht aneinander geschmiegt, bärgen die nackten sich gern.
Schämet euch nicht, ihr Schwestern! euch hat ein Mädchen entkleidet,
Und den Chariten fromm bringet ein Sänger euch dar.

Wie in dem Gedicht „*Auf eine Christblume*" hat das Keusche als enthüllte Nacktheit eine nicht moralische, sondern natürliche Anmut. Von Sehnsucht und Leidenschaft ist in diesen anschaulichen Versen nicht die Rede. Das Gefühl des Dichters verschwindet hinter dem ungewöhnlichen, zart durchseelten Bild. Hier ist das Schöne bereits selig in sich selbst. Unterirdisch schwingt das Holde und Innige der Seele mit und braucht nicht mehr ausgesprochen zu werden. Es ist ganz in die Wirklichkeit eingegangen: in die nackten, dicht aneinander geschmiegten, schutzlosen Äpfelchen, in das Mädchen, das ihnen Schwester ist und sie allein entkleiden durfte, in das fromme Weihegeschenk des Dichters, dem das Bild zur Opfergabe wurde. Nichts in diesem Ganzen fällt aus der natürlichen Ordnung des Lebens heraus. Dennoch haftet an den Bildern etwas Magisches: Bezauberung durch das Wunder, geheimnisvoller Dreiklang von jungfräulichem Sein der Natur, unberührter Mädchenseele und dichterischer Weihe. Der Dichter sucht im Schönen hier nicht mehr die eigne, erfüllte Sehnsucht; er ist der fromme Hüter der Schwelle, dessen Gedicht nur Gabe ist an die unbegreiflichen, hohen Mysterien, in denen das Schöne allein gründet und west.

Mörike wußte, daß in der Gestalt des Schönen „ewige Mächte" dem fühlenden Menschen begegnen (vgl. das Gedicht „*An eine Sängerin*"). Die Eingebung des „Weihgeschenks" mochte noch etwas Bizarres haben. Das Bild sprengt das Alltägliche und würde befremdend wirken, wenn nicht alles so zart, so süß, bis in die feinste Schwingung durchempfunden wäre. Im Gedicht „*Auf eine Lampe*" (1846) hingegen wird die Magie des Schönen in der Begegnung mit dem unscheinbaren, alltäglichen Gegenstand erfahren.

Noch unverrückt, o schöne Lampe, schmückest du,
An leichten Ketten zierlich aufgehangen hier,
Die Decke des nun fast vergeßnen Lustgemachs.

Auf deiner weißen Marmorschale, deren Rand
Der Efeukranz von goldengrünem Erz umflicht,
Schlingt fröhlich eine Kinderschar den Ringelreih'n.
Wie reizend alles! lachend, und ein sanfter Geist
Des Ernstes doch ergossen um die ganze Form –
Ein Kunstgebild' der echten Art. Wer achtet sein?
Was aber schön ist, selig scheint es in ihm selbst.

Zunächst lesen sich diese Strophen wie eine ruhige, verweilende Beschreibung: die unverrückte, an leichten Ketten zierlich aufgehangene Lampe, die die Decke des nun fast vergessenen Lustgemaches schmückt, der vom goldgrünen Erz umflochtene Efeukranz der weißen Marmorschale, auf deren Rand eine fröhliche Kinderschar den Ringelreihen tanzt. Das alles ist bloße Aussage, ohne daß irgend etwas hinzugetan wird. Die hier beschriebene Lampe ist ganz einmalig, unwiederholbar. Aber sie wird doch nicht für sich allein wahrgenommen, sondern im Zusammenhang mit einem einst bewohnten menschlichen Raum, dessen Geschichte schon versunken ist, und den die Lampe in ihrem unverrückten „Noch" zeitlos zu überdauern scheint. Hier wird das Bleibende in Raum und Zeit sichtbar. In den letzten vier Zeilen folgt dann, bei Mörike sehr ungewöhnlich, eine gedankliche Betrachtung über diese Lampe als Kunstgebilde. Alles an ihr ist „reizend" und „lachend", aber „ein sanfter Geist des Ernstes" umfließt doch die ganze Form, und gerade in dieser Doppelgesichtigkeit ist sie „Kunstgebild' der echten Art". Niemand beachtet sie. „Was aber schön ist, selig scheint es in ihm selbst".

Das Gedicht ist vollendet, weil seine Gestalt in einer nur dem Schönen möglichen Spiegelung die Gestalt der beschriebenen Lampe auffängt: auch hier der Ton des Fröhlichen, Reizenden, Anmutigen, aber doch das prägende, knappe Wort, der verlangsamte, beinahe messende, wenn auch nirgends gewaltsame Rhythmus, der den „sanften Geist des Ernstes" sichtbar macht. Nicht nur der unscheinbare, unbeachtete Gegenstand, der in seinem reinen Dasein der menschlichen Beachtung gar nicht bedarf, sagt das Seligsein des Schönen in sich selbst aus, sondern auch der sprachliche Gleichklang des Gedichtes. Im dichterischen Wort wird der göttliche Zauber der Gestalt sichtbar: als Geheimnis des Seins auch noch im Unbeachteten und scheinbar Bedeutungslosen, als das Überdauernde in der Spannung von jetzt und einst, als das zeitlos Einmalige, das Vergangenheit, Gegenwart und Zukunft ineinander bindet.

Auch die „*Inschrift auf eine Uhr mit den drei Horen*" (1846) nennt das Schöne als Gestalt: Bewegung und Ruhe zugleich.

Am langsamsten von allen Göttern wandeln wir,
Mit Blätterkronen schön geschmückte, schweigsame.
Doch wer uns ehrt und wem wir selber günstig sind,
Weil er die Anmut liebet und das heil'ge Maß,
Vor dessen Augen schweben wir im leichten Tanz
Und machen mannigfaltig ihm den langen Tag.

Das Gedicht liest sich wie ein magischer Zauberspruch. Die drei Horen, nicht nur Sinnbild der Zeit, sondern langsam wandelnde, „mit Blätterkronen schön geschmückte" Göttinnen sprechen epigrammatisch aus dem Bild heraus und deuten ihr eignes Dasein: die Verwandlung des Langsam-Einförmigen, Immer-Wiederkehrenden durch den Geist des

Schönen, durch Anmut und heiliges Maß, in schwebenden Tanz und erfüllte Mannigfaltigkeit des Tages. Zweierlei ist notwendig, damit solche Verwandlung sich ereignen kann. Der Mensch muß die Ehrfurcht vor den hier sprechenden Göttinnen bewahren, und die Liebe zum Schönen muß die Gunst von oben erst wecken. Das Schöne ist als ein Göttliches im Sein selbst gegründet. Aber der Zugang zu ihm ist an Bedingungen geknüpft, die nur der künstlerische Mensch zu erfüllen imstande ist. Allein menschliche Ehrfurcht und Liebe zum heiligen Maß vermag wahrzunehmen, was sonst nicht lebende Gestalt, sondern nur leerer Ablauf der Zeit wäre. Das Schöne besitzt „selig in ihm selbst" sein eigenes, vom Menschen unabhängiges Dasein. Wer an seiner Wirklichkeit Anteil nehmen will, muß sich ihm öffnen. Aber auch das ist nicht ohne Gnade von oben möglich.

Mörikes dichterische Aussagen über das Schöne gehen immer auf das Wirkliche. Das Schöne bedeutet für ihn nicht eine Idee, die man von Ort und Zeit ablösen könnte. Es steht im Raum der Natur oder im Wandel der Geschichte; es ist nicht jenseits der Erscheinungen, sondern in ihnen anwesend. Aber nur dem Künstler ist es vergönnt, es wahrhaft zu schauen; nur der Dichter kann Kunstgebilde, die aus einem anderen Stoffe als dem der Sprache geformt sind, noch einmal im Gedichte nachgestalten. Dann freilich gibt sich die Welt wie von selbst und wandelt sich in das dichterische Wort:

Die starre Welt zerfließt in Liebessegen
Und schmiegt sich rund zum zärtlichsten Gedichte.

Für Mörike besteht zwischen der Schönheit der Dinge und der Schönheit der Kunstgebilde kein wesentlicher Unterschied. Natürliche Urformen wiederholen sich in künstlerischen Gestalten. Beiden gegenüber bedarf es des demütigen Sich-Beugens, um das unermeßliche Glück der Schönheit ertragen zu können. In den „*Bildern aus Bebenhausen*" (1863) hat der alte Mörike in einer zyklischen Folge von Gedichten ein Kunstwerk, die alte Zisterzienser-Abtei in der Nähe von Tübingen, beschrieben und zugleich in die Zusammenhänge von Natur und Geschichte hineingestellt. Wie in dem Gedicht „Auf eine Lampe" ist das Schöne hier ein Gewachsenes und Unverrückbares, das, obwohl es ein Werk menschlicher Kunst ist, nicht dem Menschen gehört, sondern dem Sein. In den strengen antiken Langzeilen des Gedichtes wird solche Schönheit spiegelbildlich beschworen und festgehalten. Die Einzelgedichte sind in zyklischer Folge durch epigrammartige Aufschriften miteinander verknüpft und in einer Zusammenschau des Schönen vereinigt.

Schon der Eingang „*Kunst und Natur*" erlebt das „Gebild des fühlenden Geistes" mit seinen „mächtigen Quadern" und seinem „gegliederten Turm" nicht als freie, menschliche Schöpfung, sondern erwachsen aus dem „Mutterschoß drüben am felsigen Hang". Welche Nähe zu Goethe in diesem Wissen Mörikes um die schöpferische Wiederholung ewiger Naturformen in den geistgebildeten, geschichtlichen Gestalten!

Spielend ahmst du den schlanken Kristall und die rankende Pflanze
Nach und so manches Getier, das in den Klüften sich birgt.

In den nachfolgenden Versen „*Brunnen-Kapelle am Kreuzgang*" tritt das Kloster in die erinnernde Entfernung von einst und jetzt. Die Schönheit ist im Wandel der Geschichte zu einer traumhaften, aber damit auch unwiederbringlich verlorenen Vergangenheit geworden. Die Vision beschwört den in zahllosen gemalten Fenstern strahlenden, dämmernden Raum, „welcher ein Brünnlein umschloß"; die sich wiegenden, zauberischen Lichter, in denen, wie heute, die herbstliche Sonne geglänzt hat. Alles ist hier Licht, Farbe und unbestimmt verschwebende Stimmung. Naturvorgang und Kunstwerk sind so innig miteinander verschmolzen, daß sie nur zusammen ein bereits wieder versunkenes, aber in der Erinnerung noch gegenwärtiges Wunder des Seins verkünden. Wenn auch das „Einst" bereits entglittener Traum ist, die Sonne nicht mehr „zauberisch" glüht, sondern „gleichgültig" das „steinerne Schmuckwerk" am Boden schattet, und sich die Schale des Brunnens nicht mehr füllt, so bleibt doch der Trost des „blühenden Lebens". Draußen, vom wonnigen Strahl der Sonne gelockt, wächst es aus Moder und Schutt im Garten hervor und kann durch die leeren Fenster vom Dichter erblickt werden. Immer wieder erneuert sich, jenseits der Ruinen der Geschichte, das Schöne aus dem Ursprung der Natur.

Die nächsten Verse halten ein einzelnes Bild fest: den verrufenen Gesellen Eulenspiegel im Kreuzgang, der einem entrüsteten Mönch, „der ganz umsonst sich ereifert", sein Spiegelchen vorhält. „Immer nur lachet der Schalk, weist ihm die Eule und lacht." Das ist Mörike selbst, in mimischer Verkleidung: der Vagabund, der Kauz, der zweideutige Abenteurer, der große Lacher, der seine Spielfreiheit noch im christlichen Raum und jenseits des christlichen Raumes behält. In dem Eulenspiegel-Sinnbild finden wir alle Mörikesche Abneigung gegen Fanatismus und pathetischen Ernst, aber auch alle Freude am Närrischen, Ungebundenen, Verspielten und Komischen, die dennoch im Schwäbischen dieser Landschaft beheimatet und dem Kunstwerk des Klosters ebenso verknüpft ist wie der sich entrüstende, eifernde Mönch.

Im „*Kapitelsaal*" wird die „Pracht der romanischen Halle" bewundert und beschrieben, „herrliche Bogen, auf kurzstämmige Säulen gestellt". „Großheit" beseelt die Massen, das düstere Halblicht des Tages dringt durch die schmalen Fenster und streift das vergessene Grab Rudolf des Stifters und der frommen Mechthildis. Die Verse suchen den Einklang von festlicher Halle, beseelter Größe und halbdunklem Licht in hingegebener Treue festzuhalten.

Im „*Sommer-Refektorium*" wird das Leitmotiv des Lichtes, von dem aus der gesamte Bau immer wieder wahrgenommen wird, ins sommerlich Helle weitergeführt. Nachdenklich verweilt der Betrachter bei dem Gedanken, daß ein „heiterer Geist im Erhabenen" ihn hier anredet. Das entzückt an den schlanken gotischen Pfeilern aufsteigende Auge, für das der luftige Bau zur Palme geworden ist, genießt das „unendliche Netz" der vielstrahligen Rippen, deren Felder die fabulierende Phantasie der Maler ausgefüllt hat. Noch einmal wiederholt sich Natur auf der Stufe der bildenden Kunst: der springende Eber, der Hirsch, das Eichhorn, Habicht, Kauz und Fasanen sich schaukelnd auf dem Gezweig. Die romantische Freude an der malerischen Fülle und Buntheit verbindet sich in der geschichtlichen Erinnerung mit dem Bilde des von der Jagd zurückkommenden Pfalzgrafen, der hier seine festliche Tafel hielt und den Raum mit strömendem, lustgesättigtem Leben erfüllte.

Es folgt der „*Gang zwischen den Schlafzellen*" mit seinem liebevollen, biedermeierlichen Verweilen beim Einzelnen und scheinbar Unbedeutenden. Das ist Andacht zum Wirklichen, zum Ding, Seinsmystik, die sich in das Gegenständliche der zu Naturformen gewordenen Kunstformen versenkt: in den Wechsel der Ornamente des rötlich in Würfeln gebrannten Estrichs, in die Nebengewinde mit grüner Glasur und bläulichen Trauben, in das gotische Blatt der Blume Chelidonium, deren naturhaftes „Muster" „noch heut die Pfeiler begrünt", in die vielfältige Lilie in heraldischer Zeichnung, „Blume der Jungfrau, weiß schimmernd auf rötlichem Grund". Aber auch dies wird aus dem geschichtlichen Abstand heraus elegisch empfunden, eine vielfältige Kunstwelt mit „Sinn und Geschmack", zur Bewunderung hinreißend, doch auch für immer verloren und in Trümmern versunken.

Der wehmütige Ton bewahrender Liebe zum Vergangenen und das in den künstlerischen Formen uns anredende Geheimnis des Seins, an das Gedicht über die Christblume erinnernd, wird durch den humoristisch-idyllischen Ton in der „*Stimme aus dem Glockenturm*" abgelöst, die inmitten ihrer protestantischen Umgebung sich ihren gut katholischen, goldenen Klang bewahrt hat. Die Glocke macht zwar mit, wenn die andern läuten, aber im Stillen rechnet sie sich nicht dazu und denkt sich ihr Teil.

Die nachfolgenden Gruppen „*Am Kirnberg*", „*Aus dem Leben*", „*Nachmittags*" und „*Verzicht*" führen die bildende Kunst wieder ganz in den landschaftlich schwäbischen Raum zurück, aus dessen Kräften das Geheimnis des Schönen erwuchs. In liebevoller Hingabe an das Einzelne wird die Szenerie der Landschaft entfaltet: die sich hinter Küferei und Speicher nach Mittag dehnende Wiese, der hügelige Saum der bewaldeten Höhen, das ehemalige, heute mit grünem Samt bedeckte Staubecken des Sees, der einst die Klosterpforte an der Mauer netzte, „wo am eisernen Ring spielte der wartende Kahn". Gegenwärtiges und Vergangenes gehen in der schwermütigen Erinnerung mühelos gleitend ineinander über. So wie die Kunst Urformen der Natur offenbarte, so spiegelt sich auch die Natur in dem gemalten Heiligenbild mit dem Kloster hinten im Grund, das der Dichter jüngst in der Kirche betrachtete. Es ist die Landschaft von einst, hineingenommen in das zeitüberdauernde Jetzt des Bildes: das Kloster, das in der tiefen Bläue des Weihers erblickt wird, die zwei Zisterzienser auf dem Schifflein, „weiß die Gewänder und schwarz, Angel und Reuße zur Hand"; das Ganze ein künstlerisches Schattenspiel der nur noch in der Erinnerung lebendigen Landschaft, hell und kindlich in den Farben, eine lachende, Bild gewordene Natur- und Menschengruppe: Landschaft von einst wie heute und dennoch verwandelt. Dann aber wird das zauberhafte Ineinander von Landschaft und Kunst, von jetzt und einst, von Versunkenem und Überdauerndem verlassen, und das Gedicht lebt aus der prallen erfüllten Gegenwart. Das blondhaarige Mädchen am Waschtrog in seiner überquellenden Lebensfülle erinnert nur noch von fern an die Welt von einst durch seinen Platz „unter dem Fenster des Abts", den es jedoch „zum Glück" nicht mehr zu stören vermag, heute jedoch dem artigen Forstmann bei seiner stillen Aktenarbeit eine Gefahr durch sein allzu wirkliches, allzu sinnliches Dasein. Aber das „aus dem Leben" gegriffene Bild mit seiner fröhlichen, unbeschwerten Bewegung verschwindet rasch in der ruhenden Stunde des „Nachmittags", wo der klare Ton der Kloster-Glocke in die „schwülige Stille" hinüberklingt, „in der Biene Gesumm sich mischend, das mich Ruhenden hier unter den Tannen umgibt". Seliges Glück der Stille! Durch den Klang der Glocke wird das Schweigen und das Gleichgewicht der Mittags-Ruhe nur noch vernehmbarer.

Alles Bildhafte von Natur und Kunst ist in den Frieden der Seele eingegangen. Gelöstheit, entspannte Sehnsucht, gnadenvolle Ruhe, das alles wird dem Dichter am Ende dieser Bilderreihe nachgestaltender Phantasie zuteil.

Noch einmal freilich möchte er das Schöne verewigen. Aber was nützen Bleistift, Zeichenpapier und Reißbrett? Das gegenwärtige Schauen und Genießen kann dabei nur verlieren. Immer muß das Abbild hinter dem Urbild zurückbleiben. Nur mit geschlossenen Augen, ganz in das Innerste der Seele zurückgenommen, kann dieses „Ganze" von Natur und Kunst, aus dem sich nichts herauslösen läßt, in die Zukunft hinübergenommen werden. Das Gedicht klingt im „Verzicht" aus. Aber wenn hier Landschaft und Kunstwerk im gezeichneten Bild nicht noch einmal festgehalten werden sollen, so ist das in Wahrheit ein dichtendes Bewahren durch Erinnerung, dem wir diese unvergeßlichen Strophen der „Bilder aus Bebenhausen" verdanken:

Hinter dem licht durchbrochenen Turm, wer malt mir dies süße,
Schimmernde Blau und wer rundum das warme Gebirg'?
– Nein! wo ich künftig auch sei, fürwahr mit geschlossenen Augen
Seh' ich dies Ganze vor mir, wie es kein Bildchen uns gibt.

Die zyklische Folge dieser Gedichte enthält noch einmal alle Motive Mörikescher Natur- und Kunstanschauung: die Wiederkehr natürlicher Urformen in künstlerischen Gebilden, die elegisch erinnerte, „romantische" Spannung zum Einst der Geschichte, die andächtige Seinsfrömmigkeit, die zur Dingmystik wurde, das Absehen vom menschlichen Ich in der beschreibenden Hingabe an das Schöne der Gegenstände und das gelöste, selige Sich-Wiederfinden des Menschen im Ursprung der Landschaft, in dem alle Schönheit der Kunst ihre Wurzeln hat.

Aber das Schöne ist für Mörike nicht nur schwerelose Offenbarung göttlicher Wahrheit, der der Dichter sich im Irdischen gefangen gibt und deren Schweigen er im Worte besitzt, nicht nur Bindung und Maß, die das schwankende Herz in das Überdauernde des Seins zurückführen, nicht nur holde Schwebe über einem Abgrund. Es ist auch Spiel, mit dem die Seele sich vom allzu Stofflichen loslöst und eine Freiheit jenseits aller Schranken gewinnt. Hier liegt die Verführung durch das Schöne, aber auch seine Bezauberung. Mörike ist sein Leben lang vom süßen Nichtstun begeistert worden. Mühelos fällt ihm dann die Poesie von selbst zu in den langen Nachmittagen am Waldsaum, im Grase liegend und dem Kuckuck lauschend. Hier entrinnt er seiner schlimmsten Plage, den „Fratzen der Gesellschaft", und versteht es, sich auf eigne Weise zu behagen:

Und wenn die feinen Leute nur erst dächten,
Wie schön Poeten ihre Zeit verschwenden,
Sie würden mich zuletzt noch gar beneiden.

Denn des Sonetts gedrängte Kränze flechten
Sich wie von selber unter meinen Händen,
Indes die Augen in der Ferne weiden.

(*„Am Walde"*)

Der Dichter kann nichts mit dem Willen erzwingen, er lebt vom „Reiz". „Ihm bleibt der Pfeil ins Herz gegeben des Schönen, das ihn ewig neckt" (*„An Clärchen"*). So treibt er ein anmutiges Versteckspiel mit dem Schönen, bei dem sich nicht mehr klar unterscheiden läßt, wieweit es nur Täuschung ist, wenn die Phantasie dem ewig Neckenden des Schönen erliegt, wieweit eine als Magie und Zauber erlebte Wahrheit begegnet. Das Schöne steht an jener Grenze, wo Wirklichkeit und Traum ineinander übergehen. Die Urbilder alles Seins werden sichtbar, entgleiten aber wieder ins Unwirkliche, ins Phantastische. Das Schöne, selig in sich selbst, bedarf des Menschen nicht, um da zu sein. Wo der Dichter aber in seinen Bannkreis tritt und den Zauber der Dinge in Bild und Klang des Gedichtes verwandelt, da gleicht er dem Magier, dessen Schöpfungen an der verwirrenden Grenzscheide von Sinnentrug und ewiger Wahrheit ein unbegreifliches, zeitentrücktes Eigenleben besitzen.

DER HUMOR

Alles Dichten wächst bei Mörike aus Magie und Spiel. Wo es Magie ist, offenbart es sich als Schönheit; wo es Spiel ist, zeigt es sich oft als Humor, der das Schöne „neckt“ und, mit dem Pfeil des Schönen im Herzen, von ihm selber geneckt wird. Mörike gehört zu den großen Humoristen der deutschen Dichtung. So ist es uns bereits wiederholt begegnet: in der Freude am Mimischen und an der Maskerade, im Versteckspiel mit Freunden und vor sich selbst, im Verliebtsein in närrische Käuze, Kobolde und Originale und im liebevollen, nie bösartigen Lachen über die Absonderlichkeiten des menschlichen Lebens.

Aber Mörikes Humor ist vielschichtig und hintergründig wie sein ganzes Wesen. Humor ist seine angeborene Fähigkeit, das eigne Ich mit schwäbischem Eigensinn zu verstekken: wie es innen aussieht, geht niemanden etwas an. Humor ist aber auch die psychologische Begabung Mörikes, die das Bedingte durchschaut, es lächelnd gelten läßt und damit überwindet. Der große Humor ist ohne die intime Kenntnis der menschlichen Seele nicht möglich. Mörike weiß um die „doppelte Seelentätigkeit“, bei der das närrische Spiel der Traumseele in das Wachbewußtsein hinüberstrahlt. Seine Beobachtungen darüber gelten zwar dem Okkulten, aber sie hängen noch aufs engste mit dem Humoristischen zusammen. „Die Seele strahlt und wirkt von ihrer Nacht- oder Traumseite aus in das wahre Bewußtsein herüber, indem sie innerhalb der dunkeln Region die Anschauung von Dingen hat, die ihr sonst völlig unbekannt blieben. Ihre Vorstellungen in der Tag- und Nachtsphäre wechseln in unendlich kleinen, gedrängten Zeitmomenten mit äußerster Schnelligkeit ab, so daß die Stetigkeit des wachen Bewußtseins nicht unterbrochen scheint." Mörikes Humor ist nicht nur naiv, sondern wurzelt in dem fast instinkthaften Wissen, daß die menschliche Seele vielschichtig, vieldeutig, ja noch gebrochen ist. Wie vieles ist hier Mischung des Bewußten mit dem Unbewußten, unwillkürliches Auf und Ab der Vorstellungen, die sich der ordnenden Vernunft entziehen! Das wahre Wesen des Menschen verrät sich oft mehr im unfreiwilligen Ausdruck, in Bewegung und Haltung als im Inhalt seiner Rede. Die großen Humoristen sind immer auch Seelenkenner, die sich an dem Widerspruch von Schein und Wesen ergötzen, denen aber das Menschliche auch in seinen Schwächen noch liebenswert bleibt. Mörikes Humor entspringt nicht nur seinem schwäbischen Naturell, sondern auch der Spürigkeit und Feinnervigkeit, die hinter alle Fassaden zu blicken versteht und das Unbewußte der Traum-Seele wittert. So nur konnte es ihm gelingen, die innere Wirklichkeit des Menschen und seiner Welt zu gestalten.

Trotzdem wurzelt Mörikes Humor auch in seiner Kindlichkeit. Sein Leben lang, bis ins Greisenalter hinein, hat er etwas davon festgehalten. Immer wieder begegnet ihm das Leben als Märchen, und sein allzu empfängliches Herz ist jederzeit auf das Wunder gefaßt. Das Zweideutige in seinem Kindsein hat Mörike mit einem Dichter wie Clemens Brentano gemeinsam. Wenn dieser einmal von sich gesagt hat, er sei zugleich „ein Kind und ein Geist“, und wenn sein ganzes Streben dem Ziel gegolten hat, ein Mensch zu werden, so ist Mörike ein Kind und ein Hypochonder, der die Spannung zwischen beiden durch Humor zu überbrücken sucht. Immer wieder schaut er wehmütig seinem eigenen Kindsein zu, das sich in einem Winkelchen verborgen hat. Er weiß, daß es ihm nie gelingen wird, sich ganz und endgültig in dieses Kind zurückzuverwandeln. In Mörikes Kindsein steckt das mimosenhaft Verletzbare, das oft Wehleidige und Lebensuntüchtige. Dieses Dichterkind will immer nur spielen und ist dem gewichtigen Tun der Erwachsenen so durchaus abhold. Aber damit ist auch die Gefahr gegeben, daß nichts mehr ganz ernst genommen wird: weder das Pfarramt, noch die Kirche, noch die soziale Stellung, noch die politische Welt mit ihren Händeln, noch die Ehe und ihre täglichen Kümmernisse. Was Mörike ernst nimmt, ist nur das Spiel. Denn spielen bedeutet, in einem magischen, in sich abgeschlossenen Kreis so unbefangen fröhlich und enthusiastisch gläubig zu Hause zu sein, daß es nichts außerhalb dieses Zaubers für die Seele gibt. Auch und gerade beim Spiel muß man bei der Sache sein, und nur, wer so wirklich, so ganz und überzeugt zu spielen vermochte wie Mörike, weiß, was spielen heißt. Und macht nicht gerade das ihn zum Dichter?

Aber das Leben setzt Grenzen, die glückliche Stunde des Spieles geht vorüber. Unser so beschränktes Menschenleben läßt sich von hier aus allein nicht bewältigen. Dieser Abgrund, der die Magie des Spieles und die Entzauberung durch die Wirklichkeit trennt, kann für Mörike nur mit Humor überbrückt werden. Er möchte dem Dichter die Möglichkeit zum Spielen in jedem Augenblicke offen halten. Wo das trotz allem nicht mehr gelingt und die Spielfreiheit aufhört, versinkt er in Hypochondrie, schlechte Laune, Mißmut, lähmende Untätigkeit und Leere. Es ist Mörikes Gnade und Grenze, daß er nur als Dichter sich zu verwirklichen vermochte. Denn nirgends gibt es für ihn die Brücke des Gedankens, die von der poetischen Welt in die reale hinüberführte. Nur in der Gnade und im Spiel – beides ist das gleiche – ist er menschlich. Wo die Götter höhnisch den Rücken kehren und auch das eigne Herz sich mißversteht, bleibt nur noch die Trostlosigkeit des Alters, ein hoffnungsloses Scheitern.

Dennoch bedeutet das Kindliche in Mörike nicht, daß er in seiner Entwicklung zurückgeblieben ist. Er ist ein Genie des Kindseins. Seine Stärke liegt darin, daß er eine versunkene, frühe Weltstufe in einer längst unkindlich, spekulativ gewordenen modernen Welt noch einmal auf echte Weise bewahrt hat. Er steht darin nicht allein, er ist damit dem Besten der deutschen Romantik verknüpft. Denn man kann die romantische Bewegung, zum mindesten auf weiten Strecken, so verstehen, daß sie inmitten einer bereits rationalisierten Ordnung des Daseins zu den Ursprüngen des Lebens wieder zurückdrängt. Freilich ist sie nicht ohne das moderne Kulturbewußtsein zu denken, dem das Ursprüngliche längst verloren ging und das mit Bewußtsein, Zweifel, Selbstbespiegelung durchtränkt ist. Mörike hat innerhalb dieser modernen Welt, wie neben ihm nur Eichendorff und Brentano, immer noch um die „Quellen" gewußt, aus denen alles geistige Leben entspringt. Aber auch an ihm zeigt sich die zwiespältige Lage der Neuzeit, zwar nicht im Widerspruch von Verstand und Gefühl, von philosophischem Denken und dichterischem Bild, sondern gerade in dem Anspruch, nur als Dichter zu leben. Möglichkeiten und Grenzen des Dichtertums in einer späten Weltstunde sind nirgends so sichtbar geworden wie bei Mörike und bei Hölderlin.

Das Kindliche und zugleich Poetische ist Mörikes Urelement. Vor ihm und nach ihm hat es genug altkluge, entartete Dichter-Kinder gegeben, die das Kindliche suchen und verkünden, ohne es zu haben, oder es in jener peinlichen Weise leben, daß es zu ihrem sonstigen, bereits alt gewordenen Wesen nicht mehr paßt und aus dem Ganzen ihres Gebarens herausfällt. Mörike jedoch vermochte trotz verwickelter seelischer Anlagen, hoher Kultur und reichem Bildungswissen die Stufe des Kindseins mühelos und wie von selbst als Mensch und als Dichter zu verwirklichen. Es gibt zahlreiche Verse von ihm, die ganz naiv für Kinder gedichtet sind, nicht gewollt, mit erzieherischer Absicht von der Plattform des Erwachsenen herab, sondern Mitteilung eines spielenden Kindes, das mit dem Zauber des Wortes begnadet ist, an andere, die diese Lebensstufe noch unbewußt und ohne gestaltende Kraft erfahren. In keinem Lesebuch für Kinder sollten solche Gedichte fehlen. Ihr Ton ist unverfälscht naiv, anspruchslos gut gelaunt, einfältig fromm. Besondere Auslegung erfordern sie nicht. Die Gedichte: „*Zum Neuen Jahr*“, „*Auf den Tod eines Vogels*“, „*Zitronenfalter im April*“, „*Auf ein Kind*“, „*Der Tambour*“, „*Vogellied*“, „*Storchenbotschaft*“, „*Elfenlied*“, „*Mausfallen-Sprüchlein*“, „*Unser Fritz*“, „*Auf ein Ei geschrieben*“, „*Gute Lehre*“, „*Selbstgeständnis*“, „*Bei Gelegenheit eines Kinderspielzeugs*“ und noch manche andre aus dem Nachlaß gehören hierhin. Solche Kinder-Gedichte sind oft scherzhaft und drollig, dann wieder wehmütig und zärtlich, auch verträumt-märchenhaft oder sinnig-gemütvoll, immer aus der Atmosphäre der schwäbischen Heimat gewachsen. Es ist nicht möglich, die ganze Fülle der Empfindungen zu schildern, die in dieser herzlichen und unbeschwerten Dichtung sich so liebenswürdig ausspricht. Aber auch manche Gelegenheitsgedichte sind aus der geselligen Freude an den bescheidenen, innerlich erwärmten, besonderen Stunden des Menschenlebens zu Hochzeiten, Geburtstagen usw. entstanden. Sie suchen behaglichen Lebensgenuß, heitere Wirklichkeit des Augenblicks und zärtliche Naturstimmungen liebevoll festzuhalten. Zwischen Gelegenheitsdichtung und Kunstdichtung im engeren Sinne darf man bei Mörike nicht scheiden. Im Grunde entspringt ihm alles Gedichtete jeweilig, bei Gelegenheit. Gerade in der Nachlese seiner Gedichte finden sich noch zahlreiche Verse, die zwar auch biedermeierliche Gratulanten – und Geselligkeitspoesie sind, aber hinter denen oft mehr steckt: auch das Gesellige noch eine trauliche Maske für diesen im Bereich der Phantasie und des Humors unerschöpflichen Dichter. Nicht nur schwäbisches „Geschmäckle" ist es, was uns hier anredet, sondern Wärme des Gemüts, die gerade dort poetisch am überzeugendsten wirkt, wo sie sich humoristisch gibt. Mit der Anmut des Herzens konnte Mörike sich noch in jedes verwunschene Nest einleben:

Ja, so ist's! In diesen Zirkel
Bin ich nun schon eingewiesen.
Möcht' ich es nur immer bleiben,
Tage, Wochen, Mond' und Jahre
Immer so mich fortbewegen
In demselben gar zu lieben,
Goldnen Stunden-Zauberring!

(An Gretchen und Klärchen)
(Martinstag 1845)

In diesen Zusammenhang gehören auch noch die idyllischen Einlagen des „Maler Nolten“. Nolten erzählt, wie er sich in seiner Jugend am liebsten mit „unaussprechlichem Vergnügen“, während die andern im Hofe sich tummelten, in seinen Bretterverschlag zurückzog, um dort zu sinnieren. Das sind die heimlichen Wonnen der Phantasie, die am Tage mit einer Kerze sich die Nacht vorgaukelt und die sich mit einer Beschaulichkeit verbindet, „die man fromm hätte nennen können, wenn eine innige Richtung der Seele auf die Natur und die nächste Außenwelt in ihren kleinsten Erscheinungen diese Benennung verdiente“. Neigung zu stillen Beschäftigungen, zu Kuriositäten und Sonderbarkeiten hat Mörike sein Leben lang gezeigt. Der Bretterverschlag im „Nolten“, das Hüttchen „Sorgenfrei“, das stille Glück im Winkel, der „sanfte aschgraue Grund“, aus dessen Geborgenheit das Kind wie durchs „Vorhängel“ in die nasse, stürmende Welt hervorguckt, – das alles sind Spielarten der Mörikeschen Idylle, die sich in das Kleine und Kleinste liebevoll einlebt.

Darin steckt gewiß auch Weltflucht, aber zugleich eine grenzenlose Liebesfähigkeit, der nichts zu gering und zu unbedeutend schien, um nicht bejaht zu werden. Der Freund Friedrich Theodor Vischer hat diese liebenswürdigste Seite Mörikes in seiner Grabrede am 6. Juni 1875 aus persönlicher Erinnerung gefeiert: „Denn da ist ein guter Mensch geschieden, – gut, wenn Gutsein doch etwas anderes als nur Meiden des Schlechten, wenn es eine Kraft, ein Leben, wenn es Liebe bedeutet. Ja, Liebe, das war es: herzliches Sichversetzen in jeden fremden Zustand, in alles und jedes, was Menschen sind und leben und leiden, auch in die arme, dunkle Seele der sprachlosen Kreatur. Er verstand jede Stimmung, man konnte in jeder das Herz bei ihm erleichtern, er fand die Gedanken, wenn sie kaum auf die Lippen traten."

Humor wurzelt in dieser Liebe zum Sein und seinen Geschöpfen. Darin unterscheidet er sich von der Satire und der Ironie. Die Satire sieht die Wirklichkeit schneidend und mißt sie an einem für immer unerreichbaren Ideal. Der Humor hingegen wendet sich dem Wirklichen zu und weiß in seiner Bedingtheit das Unbedingte mitzuergreifen und zu fühlen. Das aber ist nur möglich in der Liebe. Die Ironie hingegen läßt etwas bewußt anders, als mehr, erscheinen, als es in Wahrheit ist und weist damit auf den Kontrast von Wesen und Schein hin. Mörike lag das im Ganzen fern. Setzt doch Ironie die Unabhängigkeit eines Geistes voraus, der die Erscheinungen des Lebens mit doppelten Maßen zu messen versteht. Mörike ist auch im Komischen zu anteilnehmend, um ironisch zu sein. Seine Gestalten werden in mimischer Freude nachgespielt, aber fast nirgends mit der Schärfe des Verstandes entlarvt oder bewertet. Dennoch mißversteht man seine bis ins Elementare und dunkel Unbegreifliche hinabreichende Seelenwärme, wenn man ihn nur als den provinziell eingeengten Dichter idyllisch-schwäbischer Biedermeierei sieht. Zwar spiegelt sich in der Idylle sein Zuhause-sein am herzlichsten wider. Aber auch im Behaglichen bleibt er noch spielend, ohne je den Sybillen-Blick für die Mächte zu verlieren, die hinter aller Gemütlichkeit des wärmenden Ofens und des hochzeitlichen Schmauses ihre unheimliche und geisterhafte Wirklichkeit haben.

Manchmal freilich scheint das alles vergessen, und der Humor scherzt dann in den dichterischen Formen mit einer Ausgelassenheit, die im Spieltrieb selbst ihre Befriedigung findet. Hierhin gehören Gedichte wie die Ballade beim Weine

„Des Schloßküpers Geister zu Tübingen“, der akademische Scherz *„Das lustige Wirtshaus“*, *„Ländliche Kurzweil“*, *„L. Richters Kinder-Symphonie“*, *„Der Petrefaktensammler“*, *„Pastoralerfahrung“* und die schmunzelnd-köstliche und doch so liebevolle Eheauseinandersetzung des Präzeptors Ziborius, der sein Steckenpferd, die Essigzucht, nicht preisgeben will, mit seiner klugen Frau Rike, die auf jeden Hexameter kunstvoll mit einem Pentameter zu antworten weiß und am Ende bei aller Nachgiebigkeit dennoch recht behält: das Schlafzimmer-Gedicht *„Häusliche Szene“*. Gemütvolle, verkauzte Alltagswirklichkeit des Biedermeier – kunstvoll ins Distichon geflochten und damit vom Geist der Antike durchseelt – niemand außer Mörike hat Ähnliches wieder dichten können. Diese wirklichkeitsnahe Mörikesche Idylle, in der alle Erfahrungen seines Wanderlebens von Pfarre zu Pfarre, alles Schwäbische, Gesellige, Verspielte und Kauzige seines Wesens sich äußern, braucht nicht in ihrer ganzen Breite nachgezeichnet zu werden. Sie erhält ihren besonderen Ton durch die Nähe zu den Dingen, durch das Fehlen jeder Sentimentalität und durch die poetische Verzauberung, die Mörike, wie von selbst, in der Hingabe an die heimatliche Welt schwäbischer Biedermeierei mühelos zuwächst. Das Geheimnis dieser innigen Verklärung liegt in seinem kindlich-unbekümmerten Herzen, in der liebenden, gemüthaften Anteilnahme, in der seelichen Wärme, die jeden irdischen Stoff in Gold verwandelt.

Wir greifen nur das bedeutendste Beispiel dieser Idyllendichtung heraus, das er selbst eine Idylle genannt hat: *„Der alte Turmhahn“* (1840). Das Gedicht ist ein langer treuherziger und in Knittelversen sich reimender Monolog des alten guten Turmhahns, der hundertdreizehn Jahre auf dem Kirchturm als Wetterfahne stand und nun als Plunder fortgeworfen werden soll, aber noch rechtzeitig vom Cleversulzbacher Pfarrherrn entdeckt wird und bei ihm sein Dasein als Ofenschmuck beschließen darf. Zum Turmhahn gehört sein Alter, das zugleich eine Fülle an Vergangenheit und Erinnerung umschließt und dem jedes „Drecklein itzt“ lieb deucht. Bezeichnenderweise sind es nicht Verse „über“ einen alten Turmhahn aus dem Blickpunkt des Betrachters, sondern Verse des Turmhahns selber über das schwäbische Pfarrhaus. Die kleinen Dinge werden mit einem Male als große sichtbar. Auch der Turmhahn ist noch eine Maske für Mörike, mit der er sich in die Rolle des „Dinges“ hineingespielt hat. Von hier wird die Brücke zwischen Vergangenheit und Gegenwart geschlagen. Denn in den Dingen lebt gleichsam der Bestand des Seins, sie sind geduldige Träger der menschlichen Erinnerung, während beim Menschen Vergangenheit und Gegenwart immer wieder auseinanderklaffen. Durch das Dingliche gewinnt der Mensch ein Bewußtsein des Beständigen auch für sich selbst, das ihm im Auf und Ab seiner unruhigen Seele den unverrückbaren Halt gibt. Solche Dichtung ist freilich nur aus der Liebe des Humors möglich, für die nichts zu unscheinbar und zu unbedeutend ist, um nicht das Ja zur Schöpfung zu sagen. Aber das Sein spiegelt sich nunmehr im Kleinen, in den vier Wänden der Pfarrstube und zugleich im wehmütigen Abschied von Berg und Tal, von Rebhügeln und Wäldern, vom „herzlieben“ Turm und Kirchendach, vom „Flecken“ und Garten. Auch in der Abwesenheit ist der landschaftliche Raum noch ganz gegenwärtig. Im Winter dringt der reine „Sternenlüfteschwall“ durch das offene Fenster, der Verrenberg und der dick mit Schnee bedeckte Schäferbühel schimmern in der Ferne. Natur ist hier Heimat und damit

Geborgenheit, in der gemüthaften Erinnerungstiefe des alten Turmhahns lebendig und hineingenommen in die wärmende Stube und ihren traulichen Frieden. Mörike versenkt sich liebevoll in jede Einzelheit dieses durchempfundenen Daseins: in den „Bücher- und Gelahrtenduft, Gerani- und Resedaschmack, auch ein Rüchlein Rauchtabak", in die Schildereien des turmartigen Ofenbaues mit ihren christlichen Reimen, die vom Bischofskrieg mit Mäusen und Ratten bis zu Belsazer und der schalkhaft festgehaltenen Szene der lauschenden Sara hinter der Tür reichen, wo der Herr dem hochbetagten Abraham – wie soll man das noch glauben können? – den Sohn verspricht; in den schreibenden und sinnierenden Pfarrer, in die wärmelnde Nacht mit ihren unheimlichen Geräuschen (Totenuhr, Marder am Hühnerhaus, Windweben, Bäume zerspaltender Winter); in das Ofenanzünden am Morgen, in die Gerüche, die von der Küche aufsteigen; in die spielerische Betriebsamkeit des Samstags, in die Einsamkeit und Stille des Sonntags, in das „kleine Pult von Nußbaumholz", auf dem „Konkordanz und Kinderlehr', Oblatenschachtel, Amtssigill im Dintenfaß sich spiegeln will"; in den Bücherschrank mit den in Pergament und Leder gebundenen frommen Schwabenvätern, ja noch in das zarte Spinnlein, das sein Netz zwischen Schnabel und Kragen des Kirchhahns aufhängt. Eine Welt im Kleinen! Im Dinglichen und Seienden lebt die Atmosphäre des Herzens. Alles ist hier in der Erinnerung liebevoll bewahrte Vergangenheit und alles doch ganz gegenwärtig. Nichts ist fremde, unverstandene, beunruhigende Außenwelt, sondern jedes Ding findet sein Zuhause, jedes hat seine Geschichte und ist in den Zauberkreis der Idylle verwoben. Nichts dient zu bloßem Nutzen und Zweck, sondern ein jedes entfaltet sein stilles Eigenleben und besitzt im Ganzen dieses Raumes seinen vom naiven Gefühl durchtränkten Wert. Eine wirklichkeitsnahe Welt, vom Blickpunkt des Dinges aus gedeutet, gewinnt mit solchem zur „Rolle" gewordenen Rahmen zugleich den poetischen Zauber des Humors. Denn dieser ist die Freiheit des Herzens, auch noch der Unvollkommenheit und Hilflosigkeit der Dinge Sprache zu leihen, das Geringste zu lieben und durch die Liebe in das Liebenswerte zu verwandeln. Solche Idylle ist weder Weltflucht noch empfindsame Verschönerung der Wirklichkeit. Die Welt der Mörikeschen Idylle schenkt die Nähe des Seins in der Nähe der Dinge: alles einander benachbart und verwandt, alles hineingenommen in die überdauernde Kirchturmperspektive des Turmhahns, in das Mörikesche Spiel, das dem Endlichen und Bedingten aus der Liebe eine unerschöpfliche Bedeutung verleiht.

Ähnliches gilt auch von Mörikes „*Idylle vom Bodensee*" (1846). Zwar hat sie ihre geschichtlichen Vorbilder in Voß's „Luise" und in Goethes „Hermann und Dorothea". Aber sie bleibt doch ein einmaliges Mörikesches Werk. Die in Hexametern geschriebene, sieben Gesänge umfassende Verserzählung ist aus Mörikes Freude am Schwank erwachsen. Darin steckt immer auch ein gutes Stück erdnaher Lebensbejahung. Schon der junge Mörike pries im Gedicht „Die Herbstfeier" das Wohlsein im Erdenleben. Aber was damals noch dithyrambisch in einer Schiller nachgebildeten Form vorgetragen wurde, das ist in der Spätdichtung der „Idylle" ganz gegenstandsgesättigt, von Pathos und subjektivem Gefühl befreit, eine Welt der „ländlichen Muse", die aus den drei, in diesen Gesängen miteinander verschmolzenen Kräften lebt: der südlichen Landschaft, der heimatlich dörflich gebundenen Menschenwelt und der in das Dunkel des Mythos zurückreichenden Sage. Das alles wird zusammengehalten vom liebenden Geist des Humors, dem nichts zu gering ist, um es nicht mit heiter spottendem Ja in das liebliche Gewebe von Scherz und Ernst hineinzunehmen, das die „Idylle“ so kunstvoll vor uns ausbreitet. Damit dies gelingen konnte, bedurfte es einer Meisterschaft der Form, die sich im Aufbau des Ganzen zeigt, bei dem verschiedene Erzählungen, wechselseitig sich spiegelnd, aufeinander bezogen sind. Da haben wir zunächst die eigentliche, das Gedicht einrahmende Erzählung von dem koboldhaften Scherz, den sich ein alter Fischer mit zwei Schneidern erlaubt, indem er sie nach einer längst nicht mehr gesehenen Glocke in der verwaisten Kapelle lüstern macht. Er weckt in ihnen mit listiger Rede die böse Begierde nach verbotenem Gewinn durch die Einflüsterung, die Glocke hänge seit fünfzig Jahren droben im Gebälk des Turms, nur die Stiege dorthin fehle. Um sie zu täuschen, baut er selbst dort ein dreieckiges Ungeheuer von Hut auf, einen gelben, vom Regen gewaschenen und in der Sonne gedörrten Filz, „löcherig, ohne Gestalt, ein Auswurf seines Geschlechtes“. Am Ende ertappt er die Überraschten bei ihrem zweifelhaften Versuch zum Diebstahl, und sie müssen sich, gute Miene zum närrischen Spiel machend, sein Schweigen mit drei Maß Wein erkaufen.

Aber der Schwank von der Glocke, die nicht da ist und doch gestohlen werden soll, und bei der die Betrüger zu Betrogenen werden, wird mit der Erzählung des Fischers im ersten Gesang verflochten. Hier handelt es sich gar nicht mehr um diese Glocke, sondern um die Urglocke der Kapelle und um ihren sagenhaften Mythos, der bis in die Begegnung von Heidentum und Christentum zurückreicht. Als die Kapelle unfern dem Kloster gebaut werden sollte und der

Grund gegraben wurde, stieß man auf einen ehernen Dreifuß, auf heidnische Messer und Beile und Opfergefäße von Kupfer, römische Erzfunde, die zur neuen Glocke eingeschmolzen wurden. Aber dem Glockengießer mißlang das Werk. Zwar war die Glocke „sauber von Ansehn, glatt und kraus, auch stattlich von Umfang", aber sie gab keinen Ton. So schien sie nur ein zauberisches, unrichtiges, verfluchtes Ding zu sein, das den Satan im Leibe hatte „von wegen des Erzes, drin sein blutiges Opfer empfing von alters der Abgott". Erst als ein Franziskanerpater die Beschwörung vornahm, entwich nach neun Stunden der Mühe der Dämon der Glocke wie „ein Windbraus", aber sein furchtbares Lachen aus Erz hatten noch die Nachbarn der vierten Gasse gehört. Die geweihte Glocke erhielt den Namen der Jungfrau Maria, und so lieblich wie ihr Name war nun auch ihr holdseliger Klang und ihre Wunder wirkende Kraft geworden. Aber das Heilige und von den Menschen als selig Erkannte wurde im Laufe der Zeit doch wieder vergessen. Es entstand die Sage, die Glocke sei gestohlen, und eine andere hinge droben im Stuhl, von „keinerlei Kraft und nüchternen Klanges". So blieb am Ende nur Verfall und Verödung.

Die Erzählung des Fischers, die seinen geplanten, närrischen Streich vorbereiten soll und in den beiden Schneidern die verbotene Gier nach der Glocke weckt, „die zuletzt für die rechte gedient hat", gibt der Schwankhandlung einen bedeutenden Hintergrund. Die Glocke, das Sinnbild des Heiligen und Seligen, empfing ihre mythische Kraft aus der Vermählung von Heidentum und Christentum. Aber die einstige, Segen spendende und Wunder wirkende Glaubenswelt ist längst verloren. An ihre Stelle trat die entzauberte Glocke ohne Kraft und nüchternen Klanges. Aber auch sie ist schon

Legende geworden, und die Erzählung setzt mit dem Zeitpunkt ein, wo das böse Gelüsten zwar noch im Menschen lebendig ist, aber der Gegenstand, nach dem es greift, nur ein Schein ist. So steht die Erzählung in dem Zwielicht von einst und jetzt. Das Vergangene, die Urglocke ist versunken, nur noch in der Erinnerung gegenwärtig. Aber hier lebt sie dennoch weiter als unsichtbarer Mitspieler dieser Geschichte. Die Trauer über das Verlorene mischt sich bei Mörike mit dem frohen Hineinnehmen des Vergangenen in die Gegenwart (vergleiche dafür auch das Gedicht „*Besuch in der Kartause*“, 1861). Die Heiterkeit jedoch überwiegt. Die Erzählung hat die pralle Gegenwart des Schwankes. Die zweifelhaften Absichten der beiden Schneider stoßen ins Leere, und das letzte Wort gehört dem Schalk, der sie zum Narren hält und beschämt. Der Humor deckt das Schlechte des menschlichen Treibens auf. Indem es aber lachend dem Spott verfällt, verliert es auch völlig die Unheimlichkeit des Bösen, wird in seinem menschlich Allzumenschlichen durchschaut und kann verziehen werden.

Der Schalk, der Spötter, dem „bei der Geburt schon jegliche Kunst und Gabe der scherzenden Muse geschenkt war“, wird zum Mittelpunkt der ganzen „Idylle“. Vom schmunzelnden Streich des Alters greift die Erinnerung auf die Schwänke der Jugend zurück, die den dritten bis sechsten Gesang füllen und den breitesten Raum der Dichtung einnehmen. Wieder sind zwei Erzählungen kunstvoll miteinander verknüpft. In der einen geht es um die unglückliche Liebe Tones, des Schiffmanns Sohn, zur hartherzigen und geldgierigen Gertrud, die sich um des reicheren Mannes willen von ihm abkehrt. Aber gerade das bringt die unerwartete glückhafte Wendung, da nur so der Tone zu der Tochter des

Schäfers, der lieblichen Margarete, hinfinden konnte, die ihm sein Schicksal „längst, in der Wiege, schon zudachte“: eine reine Liebesgeschichte mit allen Irrungen und Täuschungen des Herzens, aber auch mit dem himmlischen Überschwang der Jugend, dem kaum ein anderer so selige Sprache zu verleihen vermochte wie Mörike. Das Schwergewicht liegt jedoch nicht auf den wechselnden Liebeserfahrungen des unglücklich-glücklichen Tone, sondern auf dem Fastnachtspossen, den sein Freund, der Fischer Märte, mit seinen Kameraden der Gertrud und ihrem Mann, dem jungen Müller von Bärnau, „dem Erzdümmling mit flächsenen Haaren“, am Tage ihrer Hochzeit spielt. Das ist unverfälschte, saftige Schwankhandlung. Der mit Hochzeitsgut vollbepackte Wagen wird heimlich von diesem Eulenspiegel-Schalk auf einen saalartigen, mit Eichen und luftigen Birken besetzten Waldplatz geschafft und dort ausgeladen. Grinsende Puppen, aus Werg und aus Heu kunstreich und mit alten Haderlumpen zusammengestopft, müssen das Brautpaar ersetzen. Das mächtige Ehebett wird aufgeschlagen und plauschige Betten hineingebracht, Rocken, Spinnrad und Standuhr aufgestellt, ebenso die Kommode von Nußbaum, der verschlossene Kasten mit Weißzeug, kleinere Schränke, und die hell strahlenden Spiegel an zwei dickstämmigen Birken befestigt. Ja, selbst in die Wiege wird noch ein gebackenes Kind gelegt, „gelb, schön glänzender Kruste, vom Sohn des Bäckers gestiftet“. In dieser sonderbaren Umgebung, bei der auch die gedeckte Tafel und später die Musik nicht fehlen, entfaltet sich ein gespensterhaft-ausgelassenes Treiben, ein vorgespieltes Hochzeitsfest mit Spässen, Scherzen und Zechen bis in den frühen Morgen hinein. Den Höhepunkt des Schwankes bildet die Entdeckung des Verlustes durch das entsetzte Brautpaar, die Jagd nach dem Wagen mit dem Hochzeitsgut, das Staunen, Lächeln und Jammern, als er in so fataler Lage gefunden wird. Der untätig nur herumstehende Mann der Müllerin, der mit dümmlicher Miene sein Abbild neben dem der Liebsten erblickt, „das doppelte Kunstwerk, farbigen Glanzes", und am Ende aus lauter Verlegenheit das eigene kuchengebackene Kindlein „nahe zur Hälfte" verzehrt, ist einer jener spaßhaften Mörike-Einfälle, aus denen vermutlich dieser ganze Schwank herausgewachsen ist. Unwiderstehlich und köstlich zeigt diese Stelle Mörikes Freude am Ulk und an der Albernheit.

Denn, nicht wissend so recht, was er tat, auch weil ihn des Essens
Stete Begier antrieb und das kuchengebackene Kindlein
Vor ihm lag auf dem Tisch, unberührt noch, brach er dasselbe
An und kostete, weniges erst, dann aber zu immer
Völligern Bissen geführt, verzehrt' er es nahe zur Hälfte.
Deshalb sagt man noch heut': er ißt wie der Müller von Bärnau,
Welcher sein eigenes Kind, das unmündige, so ihm geschenkt war,
Gleich am Tag nach der Hochzeit fraß, ein grausames Frühstück.

Aus einer sprichwörtlichen Redewendung ist in Mörikes Phantasie eine ganze Schwank-Geschichte geworden. Die Erzählung, wie der Fischer Märte die Kränkung seines Freundes rächt – seine tapfere und grad gesinnte Braut Käthe und die Schar der Mädchen halten sich dabei zurück – ist ausgelassen wild, aber nicht bösartig, eine Eulenspiegelei, Ausdruck der Mörikeschen Verspieltheit, die sich hinter der Maske des jungen und alten Fischers versteckt, naive Freude an jedem Einfall der scherzenden Muse und Hingabe an das überschäumende Leben, dem nur der Tod, wie in der vom Schicksal zum frühen Hinscheiden verurteilten Käthe, eine Grenze setzt. Aber auch wo das Liebliche des Lebens überschattet wird – der Überschwang dieser in das Dasein verliebten Idylle setzt sich darüber hinweg. Denn so wie das Böse seine Kraft verliert, wo es nur noch Gegenstand des spielenden Schwankes ist – schon im „Märchen vom sichern Mann" ereignete sich Ähnliches – so wird auch der Tod nur im leidvollen Vorausgedenken der Muse angerührt, das Lied aber sogleich wieder in das Glück der reinen Gegenwart zurückgenommen:

Jetzo verweile mit Lust mein Blick im Kreise der Jugend.

Aus Mythos und Schwank hat Mörike seine „Idylle am Bodensee" dichterisch geformt. Der Schwank gewann auf dem Hintergrund der in das Dunkel des Mythos sich verlierenden Sage seine tiefere Bedeutung. Um der neckenden Freiheit des Humors das Feld zu überlassen, trat das Mythische im Ganzen der Erzählung zwar zurück, blieb aber dennoch gegenwärtig: im Vergangenen der Ur-Glocke, in der Erinnerung und am meisten im sinnlichen Zauber der Landschaft. Da schimmern die Berge des silberklar in himmlischer Ruhe die gewaltigen Schultern hebenden Säntis, da werden die mit Obst und Reben bewachsenen Höhen, Kleefelder, Kirchlein und Kapellen sichtbar, die Mitte aber ist der blühende See selbst in seinen jahreszeitlichen Wandlungen und in seinem ewigen Spiegeln der Gestirne, nicht nur dichterische Stimmung, sondern landschaftlicher, auch noch die Menschenwelt prägender Raum des Südens. Erst die Gelöstheit und Anmut der Landschaft gibt den Menschen dieser Umwelt das liebenswürdig Treuherzige, das gesellig Aufgeschlossene, das heiter Schwankhafte und genießerisch Lebensfrohe, das wir in Mörikes Dichtung so liebevoll verklärt finden. Dieser Einklang von Landschaft und menschlichen Ordnungen, von Mythos und Schwank, von Christentum und Heidentum, von Ernst und Scherz, dieses Gleichgewicht von unbefangener Ausgelassenheit und überlegenem Spott, dieses selige Hingegebensein an die Fülle und Gegenwart der Welt – Homer und Theokrit sind als Vorbilder unverkennbar – erhebt die Idylle über die Enge bloßer Heimatdichtung, die man ihr wiederholt vorgeworfen hat. Sie wird für immer ihren dichterischen Rang im Ganzen von Mörikes Werk als Gestaltung eines aus der Liebe gewachsenen Humors behalten.

Mörikes „Idylle vom Bodensee“ ist in ihrer heiteren Aufgeschlossenheit der notwendige Gegenpol zu der in den Abgrund des Wahnsinns führenden Welt des „Maler Nolten“. Als Dichtung des Humors lebt sie aus der Spannung von Liebe und Spiel. Oft jedoch wird die kindliche Freude am Spiel bei Mörike zur mimischen Verwandlungskunst. Mörike erlebt die Fülle der Arten, Abarten und Unarten des Menschen von der Geste aus. Über das Proteushafte seines Wesens, bei dem sich Seelenzustand und äußeres Gesicht ständig zu wandeln vermochten, berichtet ein Brief Ludwig Bauers vom 9. Oktober 1823. Er beschreibt einen Besuch bei Mörike in Plattenhardt und einen Ausflug mit ihm nach Tübingen. „Nun entspann sich ein so heimlicher Abend, mit Gespenstergeschichten tapeziert, daß man so recht die Empfindung der einbrechenden Nacht hatte. Um zehn Uhr legten wir uns zu Bett; während Eduard in einem Predigtbuch nach Ideen fahndete, erfand er eine neue Person, die wir den „Pourquoi" betitelten. Der Kerl kommt nemlich, so oft er Gründe anführen will, in ein solches Stocken mit nemlich – ä – natürlich und dergleichen, daß der Zuhörer kaum mehr zu atmen fähig ist, und dabei hat er die Caprice, gerade immer das erklären zu wollen, was sich platterdings von selbst versteht. Sodann stellte Eduard einen Pfarrer vor, der dem „Prälaten" Süßkind mit vielem Selbstvertrauen expliziert, daß „er immer das reine Evangel predige!" – – Es wurde Nacht, der Mond flimmerte am Himmel, die Abendglocken tönten, und siehe da, plötzlich erwachte der sichre Mann, vielleicht noch herrlicher als in den glänzendsten seiner früheren Perioden. Er begann mit anmutigen Reflexionen über die Gestirne, weil er diesen nichts anhaben kann, er nannte die Sonne eine Rautstrunsel (rote Strunsel), den Mond – einen unnaitige (unnötigen) Zinnteller. Sodann sang er einen Liedervers, den er einmal gehört hatte, – auf eine so infame, bäurisch trillernde wasserorgelnde Weise, daß ich fast närrisch wurde. Mörikes Humor wird zum flunkernden Versteckspiel, zur mimischen Maskerade mit dem Bedürfnis, noch hinter die äußere Fassade des Menschen zu blicken, zur Neckerei, die darum weiß, daß der Mensch niemals zu erkennen ist. Freude am reinen Wortspiel finden wir in der liebenswürdigen Satire der Rückert-Parodie „*Apostrophe*" (1837), in den Morgenstern schon vorwegnehmenden „*Wispeliaden*", Behagen an der Albernheit wie etwa auch im Gedicht „*Zur Warnung*" (1836). Unersättlich will Mörike mit allem Gegenständlichen, ja selbst noch mit den Gebilden der eigenen Phantasie und den Ausdrucksformen der Sprache scherzen und so der dichterischen Freiheit einen unbegrenzten Spielraum sichern. Aber hinter diesem Verliebtsein ins Närrische, ja ins Abstruse, hinter diesen tausend Bildern, die sich vor die Seele drängen, hinter diesem koboldhaften Spiel der menschlichen Traumseele steht die gemüthafte Anteilnahme, bei der die Fülle des Scherzes noch den Ernst durchblicken läßt und auch in den Illusionen der Leidenschaft vieles übrig bleibt, das nicht getäuscht hat (vergleiche das Gedicht „*Lang, lang ist's her!*") – Mörikes Wortprägungen sind unerschöpflich, nicht nur in den meist mythologischen Namengebungen von Suckelborst, dem sichern Mann bis zu „Uchrucker", „Pourquoi", „Lolegrin", „Wispel" und der Elfe „Silpelitt", sondern auch in der niemals bösen, sondern immer spöttisch charmanten Satire seiner „Sehrmänner" im Gedicht „*An Longus*" (1841) oder der „Sommerwesten" in dem Gedicht „*An meinen Vetter*" (1837). Mit wieviel Schelmerei weiß er das Steckenpferd seines Vetters, die Verfertigung von Sonnenuhren, zu verulken, wenn er ihn im Traumbild des Gedichtes auf sein „rundes Vollmondantliz" einen sauberen Halbkreis malen läßt, auf den dann mit geübtem Pinsel schön geformte, kunstgerechte römische Ziffern von eins bis zwölfe aufgetragen werden (vergleiche das zweite Gedicht an meinen Vetter „*An Denselben*" (1840)). Diese Art von Witz ist Spiel und weiter nichts, niemals aber ohne Liebe. Die menschlichen Schwächen, Vertracktheiten und Seltsamkeiten geben Anlaß zur Schnurre, zum herzlichen Lachen und zur Vergnügtheit, der Mensch wird in seiner komischen Bedingtheit durchschaut, aber zugleich trotz allem bejaht. In dieser närrischen Welt ist er immer noch gut aufgehoben. Wahrer Humor ist stets duldsam, im Gegensatz zum Fanatismus, der den Menschen an eine „Ideologie" versklavt. Mörike ist weder ein Eiferer, noch ein Prediger von Ideen, sondern Dichter und Humorist. Wo er anfängt kritisch und ablehnend zu werden, da gilt es dem Unechten, der gesellschaftlichen Fassade, dem Dünkel und der Hohlheit. Auch die leeren Formen und die hohlen Nüsse erlebt er in ihrem Erscheinungsbilde meist noch als komisch, indem er sie schauspielerisch nachahmt und mit vergnügter Laune entlarvt wie Wispel und seine Gesellen. Am meisten erregt die philiströse Überheblichkeit des Longus nachgebildeten „Sehrmanns" seinen Unwillen: Menschen, die aus Prinzip humorlos sind, die alles und jedes mit ihrem pharisäischen Ernst ins „Sehr" übertreiben und damit entgotten.

Denn wären sie nur lächerlich! sie sind zumeist
Verrucht, abscheulich, wenn du sie beim Licht besiehst.
Kein Mensch beleidigt wie der Sehrmann und verletzt
Empfindlicher; wär's auch nur durch die Art, wie er
Dich im Gespräch am Rockknopf faßt. Du schnöde Brut!
Wo einer auftritt, jedes Edle ist sogleich
Gelähmt, vernichtet neben ihnen, nichts behält
Den eignen, unbedingten Wert. Geht Dir einmal
Der Mund in seiner Gegenwart begeistert auf,
Um was es sei: der Mann besitzt ein bleiernes,
Grausames Schweigen; völlig bringt's dich auf den Hund.
– Was hieße gottlos, wenn es dies Geschlecht nicht ist?
Und nicht im Schlaf auch fiel es ihnen ein, daß sie
Mit Haut und Haar des Teufels sind. Ich scherze nicht.

(*„An Longus"*)

Im Gedicht „*Die Visite*" (1838) entzieht sich Mörike spottend als loser Vogel den Philistern, der sie „wie im Traume" „als Puck" im ganzen Walde herumführt und mit ihnen seine in Tiere verkleidete Possen treibt, ein lustiges Versteckspiel der unberechenbaren Künstlerseele mit denen, die er nun einmal nicht leiden kann, „Fratzen der Gesellschaft" nennt er sie an anderer Stelle. Oder es geht ihm, wie im „*Abschied*" (1837), der Rezensent mit seiner Überheblichkeit auf die Nerven. Daher wird er mit einem kleinen Tritt aufs Gesäß und mit höchst lebhaftem, wenn auch unfreiwilligem Treppen-Gerumpel und -Gepurzel und -Gehumpel verabschiedet. Sehrmänner, Philister, Pharisäer, Hohlköpfe, Rezensenten verführen Mörike zu Schnurren und Ulk, zu Spott und Schadenfreude; sein Tun und Treiben bekommt dann etwas Koboldartiges, ist aber immer gutmütig und nie unversöhnlich. Intolerant ist er nur gegen die Intoleranten, sehr viel befreundeter mit den schwäbischen „Sommerwesten", auch diese zwar noch philiströse, aber doch freundlichere Naturen mit „hübschen Bäuchen" und angenehmen Lebensgewohnheiten. Mörike ist ihnen wohlgesinnt, weil er ihr genießerisches Lebensgefühl noch teilt, wenn auch aus dem humoristischen Abstand seines bis ins Abgründige hinabschauenden Seelenwissens. Das allzu Bedingte solchen Schwabentums wird sowohl geliebt als durchschaut:

Und ich sah ihm so von hinten
Nach und dachte: Ach, daß diese
Lieben, hellen Sommerwesten,
Die bequemen, angenehmen,
Endlich doch auch sterben müssen!

(„*An meinen Vetter*")

Humor jedoch ist nicht nur die Freiheit, das Irdische in seiner Beschränktheit – das Wort in seinem Doppelsinn verstanden – zu durchschauen und sich mit Lolegrins himmlischen Spässen darüber hinwegzusetzen, sondern auch das freiwillige Hinabsteigen aus allzu idealischen Gefilden in unsere hausbackenen, alltäglichen, liebevoll gehegten menschlichen Daseinsformen. Darin steckt immer eine mehr oder weniger verborgene Kritik an jedem falschen „Idealismus" und Gefühlsüberschwang zugunsten einer stets in ihrer Fülle erlebten wirklichen Welt. Auch Mörikes „Schwabismen", die Eingebungen des Augenblicks, bei denen der Kern einer Sache mit einfachem und kindlichem Ausdruck genau getroffen wird, seine besinnliche Betrachtung des Unscheinbarsten, und ähnliche Züge gehören hierhin. Unvergeßlich wird immer die köstliche Anekdote bleiben, die erzählt, wie Mörike und Geibel durch Stuttgart spazieren und zu den leuchtenden Abendwolken so ganz verschieden sich verhalten. „Welch ein Schauspiel", ruft Geibel aus, und Mörike antwortet trocken: „Mir nennet das Schäfle." Wieviel Anmut der Eingebung, wenn im Gedicht „*An Philomele*" (1841) im alkäischen Versmaß der tonleiterähnlich aufsteigende Klagegesang der Nachtigall mit dem allmählichen Aufsteigen und Überschäumen der mit „lieblichem Naß" gefüllten Bouteille verglichen wird! Das „unselige" Gleichnis wird Anlaß zu erneutem Scherz. Denn das knapp begonnene Huldigungsgedicht an die Sängerin endet überraschend mit lechzendem Durst; der Dichter zieht sich schleunigst zum frischen Bier im Jägerschlößchen und zum Kegelabend mit Oberamtsgerichtsverweser, Notar und Oberförster zurück. Das Dasein selbst ist schon Glück, weil es wahrer, ursprünglicher ist als jede fragwürdig gewordene Idealität. Mörike ist – wie im Gedicht „*Restauration*" (1837) – der herzhafte Rettich seines Gartens lieber als süßliche Gedichte „ohne Saft und Kraft", von denen man sich nur bei etwas „Tüchtigem" erholen kann, auch wenn man es „bis auf den Schwanz" auffressen muß.

Ein gutes Essen bedeutet für ihn weit mehr als ein verlogenes Gefühl, ein solider Rettich mehr als ein empfindsames Gedicht. Wie anmutig weiß er seinen eigenen Epikuräismus in den Hexametern „*Alles mit Maß*" (1836) zu parodieren, dem Preis-Gedicht auf „gebratene Schweinsfüß" mit dem am Versende immer wiederkehrenden, einhämmernden Wort „Schweinsfüß", das mit seiner gewollten Einförmigkeit langsam auf die Nerven geht, ebenso wie das Lieblingsgericht dem Dichter, nachdem er des Guten zu viel bekommen hat. Das Humoristische entspringt hier aus dem Gegensatz der feierlich antiken Form zum allzu menschlichen, höchst irdischen Gegenstand, aber auch aus dem unfreiwilligen Umschlagen eines Lobgesanges in erbitterte Verfluchung. Mörike vermochte nicht nur die Mitmenschen, sondern stets auch sich selbst komisch zu nehmen. Denn Anwendung des Humors auf das liebe Ich ist nur heiteres Wissen um die eigene Bedingtheit inmitten des Seins, die sich selbst zu verspotten vermag und gerade dadurch die innere Freiheit erhält. Auf dieser Linie liegt auch das zweite Hexameter-Gedicht „*Nächtlich erschien mir*" (1833) mit der spaßhaften Zeichnung eines gespensterhaften Kamez. Mörike parodiert seine Examensangst in der Gestalt des zum „Kamez" geformten hebräischen Lehrers, der ihn im nächtlichen Traum ermorden will und nur durch die angstvoll beschwörende Nennung des Musterschülers Dettinger von seiner furchtbaren Absicht abgebracht wird.

Jegliche Menschenplage ist noch wert, verklärt zu werden. Mörikes Kampf mit den Schnaken bei Gelegenheit einer Waldlektüre von Klopstocks Oden gehört zu jenen bezaubernden Eingebungen, in denen irdische Notdurft und dichterische Verklärung mühelos ineinander verwoben sind. Das sehr handfeste Schmähgedicht auf das Scheusal „Schnake" konnte zugleich zum göttergleichen Scherzen über das giftig stechende, aber auch in graziöser Wendung entschwebende Naturwesen werden, das Mörike so unvergeßlich angeredet hat: „*Du zierlich Langebeinetes, Jungfräuliches!*"

Geflügelt kommt es, säuselnd, fast unhörbarlich;
Auf Füßen, zweimal dreien, ist es hoch gestellt
(Deswegen ich, in Versen es zu schmähen, auch
Den klassischen Senarium mit Fug erwählt).

Wieviel Ja zur Schöpfungsordnung und zu jedem ihrer Kreaturen aus dem liebenden Geist des Humors lebt noch in diesen Versen der als Schmähgedicht bezeichneten „*Waldplage*" (1841). Der Mensch, inmitten der bergenden Wald-Natur zum enthusiastisch Dichterischen gestimmt und erhoben, hat sich unvermittelt mit mörderischem Unmaß gegen das so winzige und doch so niederträchtig wirkliche Insekt zu wehren. Wer hätte gedacht, daß Klopstocks Oden zur Waffe auf der Mücken-Jagd werden würden! Aber das geflügelte, fast unhörbare, anmutig entschwebende, zierlich langebeinete, jungfräuliche Wesen behält eine Schönheit aus sich heraus, die den ganzen, subjektiv so berechtigten Aufstand des Menschen nur als komische Vermessenheit erscheinen läßt.

Wenn Humor Liebe ist, so kann auch die Liebe wiederum im Humor sich spiegeln, ohne dadurch ihren Zauber zu verlieren. In dem Abstand des Humors wird das Täuschende in aller menschlichen Leidenschaft sichtbar, aber nicht als Entzauberung des Verstandes, sondern als liebenswürdig hingenommenes Wissen um unsere Bedingtheit auch noch im unbedingten Gefühl. Beides in gleicher Weise festhalten und gelten zu lassen, ist nur dem Humor möglich. Liebe, mit sich selbst scherzend, kennen wir bereits aus „*Akme und Septimius*". Die Verwendung allegorischer Requisiten, vor allem des Liebesgottes Amor, hat nichts mit Mörikes dichterischer Mythologie zu tun, die viel ursprünglicher aus seinem Weltgefühl herauswuchs. Die Allegorie ist ihm Anlaß zur Verkleidung, zur geistreichen Verknüpfung, zur humoristischen Pointe. In „*Lose Ware*" (1837) zum Beispiel tritt der als Tintenverkäufer verkleidete Schelm Amor auf, der, auch noch erkannt, seine Tinte umsonst an den Mann zu bringen weiß:

Angeführt hat er mich doch: denn will ich was Nützliches schreiben,
Gleich wird ein Liebesbrief, gleich ein Erotikon draus.

Aber auch ohne allegorische Einkleidung spielt das Gedicht „*Scherz*" (1821) mit der Liebe als humoristischer Situation. Eine Wirklichkeit wird neckend vorgespiegelt, hinter der sich die Liebe wie in einer Maskerade verbirgt. Manche Liebesgedichte Mörikes stehen an jener reizvollen Grenze, wo Gefühl und Wirklichkeit ineinander übergehen und sich doch noch scherzend widerstreiten. Im Gedicht „*Begegnung*" (1829) wirkt die Lage der beiden Liebenden, die sich nach nächtlichem Sturm (das Wort wird im Laufe des Gedichts doppelsinnig) auf der Straße treffen, ganz augenblickshaft, nur vom sinnlichen Eindruck aufgenommen:

Was doch heut nacht ein Sturm gewesen,
Bis erst der Morgen sich geregt!
Wie hat der ungebetne Besen
Kamin und Gassen ausgefegt!

Da kommt ein Mädchen schon die Straßen,
Das halb verschüchtert um sich sieht!
Wie Rosen, die der Wind zerblasen,
So unstet ihr Gesichtchen glüht.

Ein schöner Bursch tritt ihr entgegen,
Er will ihr voll Entzücken nahn:
Wie sehn sich freudig und verlegen
Die ungewohnten Schelme an!

Er scheint zu fragen, ob das Liebchen
Die Zöpfe schon zurecht gemacht,
Die heute nacht im offnen Stübchen
Ein Sturm in Unordnung gebracht.

Der Bursche träumt noch von den Küssen,
Die ihm das süße Kind getauscht,
Er steht, von Anmut hingerissen,
Derweil sie um die Ecke rauscht.

Die Stilmittel dieses Gedichtes grenzen bereits an den Impressionismus – man denke etwa an Liliencron – das Ganze, besonders die Schlußstrophe, erinnert fast an ein Couplet. Auch hier handelt es sich um ein humoristisches Versteckspiel der Liebe, den Gegensatz des verschwiegenen Liebesgeheimnisses zur plötzlichen „Begegnung“ auf der Straße, um die hintersinnige Zweideutigkeit des nächtlichen Sturmes, der Natur und Liebe zugleich meint. Die Liebe, ganz unmittelbar im dichterischen Bild eingefangen, wird doch in den Abstand des erzählenden Rahmens hineingestellt. Sie behält in Erinnerung und Gegenwart ihren Zauber, aber das Maskierte der Situation gibt erst die besondere Pointe. Ähnliches läßt sich auch an der tänzerischen Leichtigkeit und musikalischen Beschwingtheit des Gedichtes „*Der Gärtner*" (1837) beobachten, die sich dennoch auf dem Umwege einer zarten Ironie und einer anmutigen Verkleidung aussprechen.

Im Gedicht „*Der Jäger*" (1828) – es erinnert an „Jägers Abendlied" von Goethe – wird die Liebe zum Selbstgespräch, in dem sich die humorvoll gesehene Täuschung des eigenen Gefühls spiegelt. Auch hier wiederum Versteckspiel, aber Versteckspiel vor sich selbst: der mit seiner Liebsten schmollende Jäger zieht in Gewittersturm und Regen in den nächtlichen Wald hinaus und versucht sich auf rührend kindliche Weise einzureden, wie wohl er sich in der Geborgenheit des Waldes fühlt, während die Liebste verdienterweise leiden muß. In Wahrheit ist es umgekehrt, und der Jäger ist überglücklich, als er seinen Liebestrotz aufgibt und zum Haus der Liebsten zurückzukehren bereit ist. Nichts in diesem schalkhaft herzlichen Gedicht ist gedacht, alles wird vom Jäger, das heißt von der zur Rolle gewordenen Rahmenfigur aus gesehen. Aber Dichter und Leser sind unsichtbare Zuhörer dieses Selbstgespräches, die liebende Selbsttäuschung wird von ihnen durchschaut. So entsteht der anmutige Widerspruch des echten, aber irre gehenden Gefühls zur wirklichen Lage des Jägers, der dem Gedicht seinen besonderen Reiz verleiht. Solche Gegensätze von Gefühl und Wirklichkeit finden sich bei Mörike häufig. In dem Gedicht „*Jedem das Seine*" (1862) ist der Dichter von der tanzenden, ihn toll machenden Aninka hingerissen, schon das goldene Knöpfchen genügt ihm als Liebeszeichen. Aber in Wahrheit gehören Jäckchen und Mädchen dem hämisch lächelnden Jegór. In den Versen des „*Liebhabers an die heiße Quelle zu B*" (1828) möchte der Schmachtende ein „hartes, kaltes Mädchenherz" in der heißen Quelle erweichen. Die gefühlvolle Klage schlägt in einen gewollt abgeschmackten, allzu wirklichkeitsnahen Vergleich um:

Man kann ja Hühner in dir brühen,
Warum ein junges Gänschen nicht?

Hier ist bereits der Punkt erreicht, wo aus dem Versteckspiel der Liebe die Parodie des Gefühls geworden ist.

Mörike liebt das mimische und augenblickshafte Gedicht, die „Stegreif-Technik". Immer wieder benutzt er Gestalten als Rahmen für seine Gedichte, sei es der Jäger, die Alte, Suschen, Agnes, das verlassene Mägdlein, die Tochter der Heide, die Schwestern, der alte Turmhahn, das „Blättchen im losen Spiel". Nicht nur Menschen, sondern auch Tiere, Pflanzen und Dinge werden zu Sprechenden, wobei die ihnen zugemuteten Worte und Gefühle oft im humoristischen Widerspruch zu ihrem sonstigen Dasein stehen. Die psychologische Voraussetzung für diese Art Dichtung liegt in Mörikes schauspielender Verwandlungskunst, die in alles und jedes hineinschlüpfen kann und ihm die eigne Seele leiht, die jedes Ding „in seinem Air" wahrnimmt und die Maßstäbe von groß und klein, von möglich und unmöglich ständig durcheinander wirbelt. Solche Lyrik gestaltet immer das Einmalige. Alles Gegenständliche ist unwiederholbar. Gerade durch den bestimmten, augenblickhaften Rahmen redet uns das einzelne Ding in seiner Unverwechselbarkeit an. Mörike selbst weist einmal auf das „sonderbare Vertrauen“ hin, womit wir die „äußere Natur in Freude und in Schmerz so gerne anzurufen gewohnt sind“ (Brief an Luise Rau vom 4. 12. 1829). Wenn auch die Natur auf solchen Anruf oft die Antwort verweigert, so wird die Seele des Dichters doch nicht müde, dem Hilf- und Sprachlosen naiv und liebevoll beizustehen. Aber die Dinge behalten dabei ihr Eigenrecht, und in ihrer Wirklichkeit liegt der Schutz, das unzerstörbare Maß, das sie nun wieder ihrerseits der vom Unwirklichen und Phantastischen bedrohten menschlichen Seele zu schenken vermögen. Das Ding ist weniger als der Mensch, weil Seele Sprache braucht, um da zu sein; es ist aber auch mehr als der Mensch, weil es in seinem Stummsein wirklicher ist und die Vergänglichkeit der Zeit überdauert. Darum wendet sich Mörike immer wieder dem Umgang mit den Dingen zu, nicht nur im Schnitzeln, Basteln, in kalligraphischen Künsteleien, in der Sammeltätigkeit, in den „Muster-Kärtchen“ mit den lustigen und schnurrigen Beobachtungen aus dem Leben oder aus kürzlich gelesenen Büchern, sondern auch in den Gedichten auf Blumen und kleine, ja kleinste Gegenstände: auf ein Nadelbüchschen (*„Marie von Hügel“*), auf Versteinerungen (*„Quittung über Versteinerungen“*), auf ein Riechflakon (*„Mit einem Riechflakon“*), auf ein Fläschchen Rosenöl (*„Mit einem Anakreonskopf und einem Fläschchen Rosenöl“*), auf eine Schnupftabaksdose (*„Herrn Obertribunalrat v. Walther“*), auf eine Schürze (*„Mit einer Schürze“*), auf eine Armspange (*„Mit einer Armspange“*), auf einen „Kann-Arien-Vogel“ (*„An Gretchen mit einem Kann-Arien-Vogel“*). Die Beispiele solcher Gedichte, besonders aus dem Nachlaß, oft mit Gratulanten-Poesie verbunden, ließen sich noch beliebig vermehren. Zahlreiche Spielarten finden sich bei Mörike: der Dichter führt sich mit einem Ding ein, das Ding selbst gratuliert, oder das Gedicht ist seinerseits an das Ding gerichtet. Solche Verse mögen zuweilen verspielt und scheinbar philiströs aussehen, aber der im Auf und Ab der Zeit in seiner Einheit bis zum Wahnsinn bedrohte Mensch gewinnt hier einen neuen Halt. Das Ding gibt dem Menschen die Gewißheit seiner selbst. Im geselligen Raum des menschlichen Miteinander entfalten die Dinge eine gemüthafte, die Seelen freundlich verknüpfende Kraft.

Humoristische Lyrik nimmt die Dinge in die hegende Liebe des Menschen auf. Mörikes Humor lächelt über das Himmlische im Menschen, wenn es in die Schranken des Irdischen zurückgerufen, über das Irdische, wenn es an seraphischen Maßstäben gemessen wird. Der Mensch bewegt sich zwischen diesen beiden Polen. Da er keinem ganz alleine angehört, kann der Humor mit beiden spielen, aber gerade dadurch wird der Mensch erst menschlich. Was Mörike durch solche Gedichte auslöst, ist nicht Bitterkeit. In der „*Erbaulichen Betrachtung*" (1846) wird das eigne Ich, bei kurzer Rast auf das Paar seiner Füße herabschauend, zum Gegenstand der Rührung. Das Humoristische liegt im Ausgangspunkt: das rein Körperliche, vom Ich schon fast wie abgelöst betrachtet, die Füße, werden zum Träger einer idyllischen Selbstverspottung, die den Gegensatz von realirdischem und phantasievoll-himmlischem Dasein gemütvoll verklärt. Denn die Füße sind mit einem Male nicht nur die Hilfe in leiblicher Not, sondern zugleich Füße der Phantasie, mit dem „sichern Mann" wetteifernd, Geister-Füße, mit denen Geister „gehetzt" wurden. Der Humor Mörikes wurzelt in dem Kontrast von unbedingter Herzensfülle und bedingter Wirklichkeit; aber das einander Widersprechende wird auch wiederum aufgelöst. So verwandelt es sich in Rührung.

Das ist die verklärende Kraft des Humors, er söhnt auch noch mit dem Wechsel der Zeit aus. Das Vergangene wird zur elegisch festgehaltenen, liebevoll bewahrten Erinnerung. Die Musik der knarrenden, rostigen Gattertür mit ihrer sich immer wiederholenden unfreiwilligen Arie im Gedicht „*Ach nur einmal noch im Leben!*“ (1845), wie „Waldplage“ im Senar gedichtet, ist Wehmut der Erinnerung, gespiegelt im Humor. Die Musik des Schönen erklingt an einer verborgenen Stelle, wo sie niemand erwartet; aber es bedarf des dichterischen Ohres, um sie zu vernehmen. Hier wird der Humor wiederum seraphisch, er verleiht dem scheinbar ungeeignetsten Gegenstand, einer knarrenden Gattertür, himmlische Seelenkräfte. Zugleich wird damit eine versunkene Welt noch einmal zärtlich beschworen: die sittsame Enkelstochter des Pfarrers aus den neunziger Jahren des 18. Jahrhunderts, der hellstimmige Gesang am „grünlackierten, goldbeblümten Pantalon“, die reinliche Hausfrau im Garten, der redselig weitschweifige Mann, der die Gäste in der Laube bewirtet.

Vorbei ist nun das alles und kehrt nimmer so!
Wir Jüngern heutzutage treiben's ungefähr
Zwar gleichermaßen, wackre Leute ebenfalls;
Doch besser dünkt ja allen, was vergangen ist.
Es kommt die Zeit, da werden wir auch ferne weg
Gezogen sein, den Garten lassend und das Haus.
Dann wünschest du nächst jenen Alten uns zurück,
Und schmückt vielleicht ein treues Herz vom Dorf einmal,
Mein denkend und der Meinen, im Vorübergehn
Dein morsches Holz mit hellem Ackerblumenkranz.

Das Ding, die Gartentür, ist Zeugnis des Einst, des geduldig Überdauernden in der Zeit geworden. In einem solchen Gedicht mischen sich die verschiedenen Motive, die wir bei Mörike schon aufgezeigt haben: Wehmut der Erinnerung, die einen schützenden Raum (Garten und Haus) vor zukünftiger Entwurzelung bewahren will; Schönheit als Musik, die noch in den unscheinbarsten Dingen erklingt, wenn wir nur bereit sind, sie zu vernehmen; Humor als himmlische Verwandlung unseres täglichen Daseins in Rührung und Liebe.

Unveraltete Empfindungswerte von Liebe und Treue sucht auch das Gedicht „*Lang' lang' ist's her!*" (1866) in allem schmerzlich erlebten Wandel der Zeiten zu bewahren. Humor als elegische Rührung ist rückwärts gewandte Liebe. Gefühle und Erinnerungen vergolden die Welt, doch ihr subjektives Übermaß wird durch die Wirklichkeit des Rahmens in Schranken gehalten. Aber auch in das rahmenhafte und dadurch Abstand gewinnende Sprechen mischt sich zuweilen ein Ton verhaltenen Schmerzes ein, der um das Tragische unseres Menschenloses weiß. Das wollen wir zum Abschluß an dem Gedicht „*Abreise*" (1846) zeigen, das den unverkennbaren Stempel des späten Mörike trägt.

Das Gedicht schildert, ganz seinem Gegenstand hingegeben, eine an den Augenblick gebundene, in ihrer sinnlichen Frische durchempfundene Lage. Der Postwagen steht fertig zur Abfahrt und wartet nur noch auf den vierten Mann. Das Posthorn bläst zum letzten Male.

– Indes fällt ein rascher Sommerregen;
Eh' man hundert zählt, ist er vorüber;
Fast zu kurz, den heißen Staub zu löschen;
Doch auch diese Letzung ist willkommen.

Kühlung füllt und Wohlgeruch den weiten
Platz, und an den Häusern ringsum öffnet
Sich ein Blumenfenster um das andre.

Es ereignet sich fast nichts; aber das Wenige genügt, um den Raum, in dem das Geschehen sich abspielt, hold zu verändern. Mit dem Nu des kurzen Sommerregens, der im Augenblick, wo er niederfällt, auch schon wieder vorüber ist, steigt Kühlung und Wohlgeruch auf, die Häuser „ringsum" öffnen ihre Blumenfenster. Aber der Dichter läßt uns nicht verweilen. Der junge, fehlende vierte Mann kommt, steigt geschwind ein, und der Wagen rollt davon.

Aber sehet, auf dem nassen Pflaster
Vor dem Posthaus, wo er stillgehalten,
Läßt er einen trocknen Fleck zurücke,
Lang und breit, sogar die Räder sieht man
Angezeigt und wo die Pferde standen.
Aber dort in jenem hübschen Hause,
Drin der Jüngling sich so lang' verweilte,
Steht ein Mädchen hinterm Fensterladen,
Blicket auf die weiß gelaßne Stelle,
Hält ihr Tüchlein vors Gesicht und weinet.
Mag es ihr so ernst sein? Ohne Zweifel;
Doch der Jammer wird nicht lange währen:
Mädchenaugen, wißt ihr, trocknen hurtig,
Und eh' auf dem Markt die Steine wieder
Alle hell geworden von der Sonne,
Könnet ihr den Wildfang lachen hören.

In diesen Versen geschieht eigentlich nichts mehr; sie blicken auf den verlassenen Platz zurück und halten die Erinnerung an den Postwagen, der dort stand, in einer ganz subtilen, sinnlich wachen Beobachtung fest: in dem trocknen Fleck, der zurückblieb, dort wo der Wagen und die Pferde standen. Bis ins Einzelne wird die hinterlassene Spur beschrieben. Goethe hätte das „exakte Phantasie“ genannt. Dann springt die Betrachtung zu einem anderen Bilde hinüber, zu dem weinenden Mädchen hinter dem Fensterladen in „jenem hübschen Hause, drin der Jüngling sich so lang' verweilte“. Es schaut auf die „weiß gelaßne Stelle“, die vom Regen unberührt blieb, hinüber. Mit einem Male hat das unpersönlich, aber genau Beschriebene eine symbolische Bedeutung für die Welt des menschlichen Herzens gewonnen. Es ist nicht nur eine sichtbare Erscheinung des Raumes, sondern mit Leid belastete Erinnerung, die ein eben noch hinter der Szene gelebtes, verschwiegenes Glück und das Zerrinnen dieses Glückes in der Zeit widerspiegelt. Das Gedicht schließt mit einer Überlegung. „Mag es ihr so ernst sein?“ Sind die menschlichen Gefühle beständig? Haben sie Gewicht? Die Antwort ist schwebend und widerspruchsvoll. Erst folgt ein bejahendes „Ohne Zweifel“, aber die nächsten Verse scheinen das Gesagte wieder zurückzunehmen, wenn sie zwei, in der Phantasie geschaute Zeitspannen der Zukunft miteinander vergleichen, das hurtige Trocknen der Mädchenaugen und das Trocknen der Steine auf dem Marktplatz. Das menschliche Herz bleibt unergründlich. Was im Augenblick echter Schmerz ist, wandelt sich im Geschehen der Zeit wieder in das Lachen des Wildfangs. Die Schnelligkeit dieses Wechsels überbietet noch das rasche Vorüber des Naturgeschehens, dem die nassen Steine des Marktplatzes nur eine flüchtige Episode sind.

Das Gedicht zeigt uns nicht nur, wie eine ganz gegenständlich gesehene Wirklichkeit zum Sinnbild für Vorgänge der menschlichen Seele wird; es ist auch ein Zeugnis für Mörikes Humor, der, hintergründiger geworden, nicht mehr nur ausgelassen und vergnügt maskenreiche Schwänke und Spiele ersinnt. Auch was der Mörikeschen Seinsfreude und Seinsverliebtheit widerspricht , ist mit in diese Verse eingegangen: das schmerzliche Wissen um die Vergänglichkeit, die Bedrohung der Liebe durch Treulosigkeit, die Wehmut der Erinnerung, die das Vergangene nicht festhalten kann. Humor ist nur noch als Güte möglich. Er läßt das Irdische gelten, obgleich und gerade weil es unvollkommen ist; der Dichter nimmt es in seine Liebe hinein, die auch das Zerbrechliche und Entschwindende im Gedicht verewigt. Selbst über das unentrinnbare Vorübergehen weiß er, sei es auch nur mit verhaltenem Kummer, zu lächeln. Gehört doch auch dies zu unserm schönen und schlimmen Menschenlose.

DIE KUNST

Nur selten ist es einem Dichter vergönnt, das Ganze seiner Existenz in einem einzigen Gedicht auszusprechen. Zuweilen gelingt es in großen Werken, die ein langes Leben begleitet haben, wie Goethes „Faust“ oder Dantes „Göttliche Komödie“. Aber wüßten wir wirklich alles Entscheidende über Goethe, wenn ein unglücklicher Zufall die anderen Dichtungen vernichtet hätte und nur diese eine zurückgeblieben wäre? Ist nicht zum mindesten der „Wilhelm Meister“ die notwendige polare Ergänzung, die neben das „titanische“ Thema das andere große Goethe-Motiv, das der „Entsagung“ stellt? Wie viele Werke aber bleiben Fragment, nicht alle im formalen Sinne, aber ihrer inneren Gestalt nach: sie scheinen noch über sich selbst hinaus zu dichten; eine rätselhafte, nur schwer faßbare Unruhe lebt in ihnen weiter, in der die Seele ihres Schöpfers uns im Geheimen anredet. Sie möchte noch mehr mitteilen, noch mehr ins Wort bannen, als sich in der endgültigen Form niedergeschlagen hat. Ja, liegt nicht ein besonderer Reiz mancher Dichtung – wir brauchen nur an die Romane, Lieder, Dramen und Essais der Romantiker zu denken – in dem nur halb Gesagten, dem nur Hingeworfenen und Skizzenhaften, das über sich selbst hinausweist und die Phantasie des Lesers anregt, selber weiter zu schaffen? „Unendliche Progressivität“ haben die Frühromantiker es genannt.

Man hat Mörike unter die Romantiker gerechnet. Aber er entzieht sich jeder geschichtlichen Einordnung. Mörike ist ebensowenig oder ebensoviel Romantiker wie Klassiker. Nur wenn wir das Wesen des Klassischen in einem allgemeinen, übergeschichtlichen Sinn verstehen und damit sagen wollen, daß in der individuellen Begrenztheit einer dichterischen Schöpfung sich der Typus einer dichterischen Gattung rein darstellt, und wenn weiter dazu gehört, daß im Geheimnis der schönen Form ein unendlicher Gehalt ganz unmittelbar gegenwärtig ist, dann spüren wir, daß Mörike von Natur aus ein „Klassiker" ist –, und nirgendwo spüren wir es deutlicher als in der Novelle *„Mozart auf der Reise nach Prag"*. Die romantische Seite seines Dichtens spiegelt sich in seinem „Maler Nolten". Dazu gehört auch das Nicht-Fertig-Werden mit der Form des Romans, der immer wieder Fragment in jedem Sinne des Wortes blieb. Aber wenn der „Maler Nolten" uns auch Aufschlüsse über Mörike gibt, er bleibt mit der Mozart-Novelle verglichen „literarisch", ein geschichtliches Dokument des 19. Jahrhunderts und seiner Widersprüche. Sein einmal von uns als Hypothese angenommener Verlust wäre zu bedauern. Mit der Mozart-Novelle hingegen wäre etwas Unwiederbringliches dahin: die vollendete Selbstdarstellung und Selbstdeutung Mörikes. Wäre uns nur der „Mozart" erhalten, so könnten wir zwar Mörikes Leben in seinem Wechsel von Heiterkeit und Gram nicht mehr entziffern, aber wir wüßten doch, daß dieser Dichter zu den Unsterblichen zählt.

Daß der alte Mörike, dem die Unlust des Lebens auch das Dichten vergiftete, noch seine Mozart-Novelle schreiben konnte und warum er es konnte, wird für immer unbegreiflich bleiben. Sie ist da wie ein Wunder. Mörike hat auf diesen wenigen Seiten eine so ganz in Poesie verwandelte Deutung seiner selbst gegeben, daß ihm nichts mehr hinzuzufügen blieb, ein Seligsein des Schönen in sich selbst, ein Verwinden von Unruhe und Leiden im reinen Urbild der Dichtung, wie es schon der junge Mörike als inneres Gesetz seines Wesens in einem Brief an Waiblinger umschrieben hat.

Aber wenn Mörikes Novelle Selbstdeutung und Selbstdarstellung ist, so ist sie doch weit entfernt von jeder Selbstentblößung und Selbstzergliederung. Mörike mußte nicht erst, wie sein Freund Friedrich Theodor Vischer, auf dem Umweg über die Philosophie zu sich selbst kommen, er verwirklichte sein Wesen, indem er es spielte – die Dichtung ist nur die holdeste und die begnadetste Form dieses Spiels. Aber weil zu dieser Freude am Spiel immer auch ein schauspielerischer Zug gehört, der fast bewußtlos angenommener Masken bedarf, mußte Mörike mit seiner märchenseligen Phantasie Gestalten erfinden; sichre Männer, Sylphen, Kobolde, in die er sich scherzhaft oder dunkel raunend versteckt, so wie sich Kinder verkleiden, um ein erhöhtes Gefühl ihrer selbst zu gewinnen.

Nur in der Mozart-Novelle war es Mörike vergönnt, eine geschichtliche Figur zum Sinnbild seiner selbst zu machen – niemand war ihm vielleicht so nah verwandt wie Mozart. Mörikes Dasein ist wie eine geheimnisvolle Wiederkehr Mozarts als Dichter. Er konnte ganz selbstverständlich in diese dichterische „Rolle“ eingehen, so daß sie bruchlos eins wurde mit seinem eigenen Genius. Mörike übernimmt gleichsam die Mozartrolle im Stegreif und dichtet sie aus dem Überschwang und der geheimen Schwermut seines Wesens zu Ende. Mozart ist der Spiegel seiner schönsten Möglichkeiten und verborgensten Gefahren, aber auch ein erhöhtes Wunschbild seiner selbst.

Die Novelle erzählt eine besondere Begebenheit aus Mozarts Leben. Noch manche Einzelzüge umranken sie als zarte Arabesken, aber das Unerhörte, Einmalige und Unvergleichliche dieser Begebenheit bleibt gewahrt, alle Nebenzüge sind ihr zugeordnet. Damit wird zugleich der durch die Gattung Novelle geforderte Stil vollkommen erreicht: die Eigentümlichkeit des Mozartschen Wesens wird in der einzigartigen Begebenheit sichtbar, und die Begebenheit ist wiederum Zeichen für das Einmalige dieses Geistes.

Das „Unerhörte" der Novelle begibt sich in einer wirklichen Welt, die Mörike mit einer traulichen Behaglichkeit ausmalt. Bereits im Eingang wird nicht nur Zeit und Stunde der Reise, die das „wohlgelaunte Ehepaar" unternimmt, genau angegeben, sondern auch der Reisewagen ausführlich beschrieben, so wie das „Kostüm der beiden Passagiere". Mozart hat sich, der außerordentlichen Hitze wegen, des Rockes entledigt und sitzt vergnüglich plaudernd hemdsärmelig und barhaupt da. Mit der gleichen Hingabe wird uns die Landschaft geschildert, in der sich das Geschehen abspielt, das Schloß in seiner italienischen Bauart, der Garten, die höfische Gesellschaft und das festliche Verlobungsmahl, ebenso die in der Erinnerung auftauchende Welt des musikdurchklungenen Neapels und des schelmisch leichtsinnigen, bis ins Mundartliche hinein charakterisierten Wiens. Liebevolles Sich-Versenken in das Kleine und Übersehbare, Freude an Form und Farbe selbst des unbedeutendsten Gegenstandes, an Glanz und Duft der in die Gegenwart hineingenommenen Vergangenheit sind das Lebenselement dieser Novelle. Mörikes Menschen gehören in ihre Welt hinein, ein warmer Kontakt verbindet sie mit allen Dingen, mit Reisewagen und Tannenwald, mit Gasthof und Schloßgarten. Heiter öffnen sie sich der Welt: der sinnlich gegenwärtigen Konvention der Rokoko-Gesellschaft ebenso wie allem Gewordenen und Gewachsenen der Natur. Welches Entzücken am allegorischen Scherz, am geistreichen Geplauder!

Mit Liebe und Genauigkeit verweilt Mörike bei allen Einzelheiten und läßt ihr „sanftes Gesetz", wie es Stifter genannt hat, unmerklich, still und gedämpft durchscheinen. Die romantische Subjektivität der Selbstaussage hat sich in eine biedermeierliche Klassik gewandelt. Natur und Gesellschaft sind hier nicht Gegenpole, sondern beleben und steigern sich gegenseitig. In der freiwilligen Selbstentäußerung spiegelt sich eine Frömmigkeit zur Welt: die Dinge, auch noch die scheinbar toten und künstlichen, sind in Wahrheit lebendig, ohne daß wir klar unterscheiden können, wieweit sie durch die menschliche Seele zum Leuchten gebracht werden, oder wieweit diese Seele aus den Dingen ihre Lebensfrische und Anmut gewinnt. Es gehört zum Unbedrohten dieser Welt, daß sie einfach da ist, nirgends in Frage gestellt wird, sondern sich selbst besitzt und genießt. So gesehen gehört Mörikes Novelle zu der in Gottfried Kellers „Grünem Heinrich" sich vollendenden realistischen Dichtung, die seit dem Goetheschen Beginnen in einer vielfältig gestuften Welt die ganze Breite der Gottheit zu lesen versteht.

Es ist der Humorist Mörike, der sich in das Kleine und Unscheinbare lächelnd einlebt, es aus dem Augenblicke heraus genießt, versteht und gelten läßt, der in den Dingen noch zu Hause, noch geborgen ist. Der küssende Mozart, der den losen Schelmenmund der Franziska mit einem freibeuterischen Kuß zu schließen wagt und nachher mit der Braut den Kehraus tanzt und „sein versichertes Recht auf ihren schönen Mund in bester Form" dahinnimmt, er spiegelt ebenso diese dem erfüllten Augenblick hingegebene Lebensfreude, in der immer auch ein Stück Lebensüberschwang steckt, wie die feiernde Gesellschaft, die bis zum „Gipfel geselliger Lust" gelangt, oder bereits das „wohlgelaunte Ehepaar" des Eingangs, das sich an den Seifenblasen einer erträumten Zukunft berauscht. Von den „kleinen unschuldigen Freuden, die einem jeden täglich vor den Füßen liegen", führt hier über Stimmung, Genuß und Überfluß des Augenblicks eine einzige Kette der Lebensbejahung bis zu der hohen Woge Mozartscher Musik, die Eugenie das Gefühl höchsten Glückes zu schenken vermag. Diesem Weltgefühl ist das Dasein im schönsten und edelsten Sinne zum Genuß geworden.

Aber die Heiterkeit dieser erfüllten Lebensaugenblicke bliebe doch flach, die gefüllte Gegenständlichkeit wäre bloße katalogisierende Bestandsaufnahme, wenn nicht beides auf einen alles durchdringenden Mittelpunkt bezogen wäre. Der einzigartige Mann läßt sich nur begreifen, wenn man seine festliche Gabe der Improvisation, sein glückliches Sich-Verschwenden an den Augenblick aus den geheimen Gefahren begreift, die sein Wesen bedrohen, und hinter denen der schwermütige Schatten frühzeitiger Vernichtung lauert. Die Möglichkeit höchster Lebensbejahung und Lebenskunst wächst auf dem Grunde einer dämonisch widerspruchsvollen Natur, die nur darum das Leben wie ein Fest durchzuspielen versteht, weil sie sich bereits dem Tode verfallen ahnt. Aus dem ständig gegenwärtigen untergründigen Wissen um den nahen Abschied vom Leben springt jener tiefe Quell wie „aus hundert goldenen Röhren", der, „im Wechsel seiner Melodien unerschöpflich, alle Qual und alle Seligkeit der Menschenbrust ausströmte."

So drängt sich schon zu Beginn der Novelle „die schmerzliche Betrachtung auf, daß dieser feurige, für jeden Reiz der Welt und für das Höchste, was dem ahnenden Gemüt erreichbar ist, unglaublich empfängliche Mensch, so viel er auch in seiner kurzen Spanne Zeit erlebt, genossen und aus sich hervorgebracht, ein stetiges und rein befriedigtes Gefühl seiner selbst doch lebenslang entbehrte". Die Ursachen dieser merkwürdigen Erscheinung aber findet Mörike in „unüberwindlich eingewohnten Schwächen", die wir dennoch mit alledem notwendig in Verbindung bringen müssen, „was an Mozart der Gegenstand unserer Bewunderung ist". Hier wird bereits das ins Dämonische hinabreichende Gesetz dieser Natur sichtbar, die die Gnade des schöpferischen Spiels im Leben und in der Kunst mit einem Mangel an Lebensbewältigung, an erhaltendem Maß und an kluger Selbstbegrenzung bezahlen mußte. Eine solche verschwenderische Seele konnte im geselligen Genuß oder in der geheimnisvollen Eingebung des Schaffens nur in einer Vergeudung leben, in einer Hochflut des Daseins, die den glücklichen Augenblick bis auf die Neige auszuschöpfen verstand, aber jede andere Rücksicht notwendig vernachlässigen mußte, „es sei nun der Klugheit oder der Pflicht, der Selbsterhaltung wie der Häuslichkeit. Genießend oder schaffend kannte Mozart gleich wenig Maß und Ziel". So aber mußte die Gesundheit frühzeitig angegriffen werden. Der immer „wiederkehrende Zustand von Schwermut", „die Ahnung eines frühzeitigen Todes" sind Zeugnisse für das Doppelgesicht dieses Genius. Sinnlos sind hier Vorwürfe oder Selbstanklagen über das Zuviel an leichtsinniger Verschwendung, über den schlechten Haushalter den verspielten Gast der Kaffeehäuser, Gasthöfe und Volksfeste, über das Zuviel an Lebenssteigerung auf allen Ebenen der Menschlichkeit und das Zuwenig an vernünftigem Wil len und kluger Lenkung. Eine Ordnung, die allen Menschen sonst ziemt und frommt, würde dieses wunderbare Wesen gerade zerstören, wenn man vermocht hätte, sie ihm gewaltsam aufzudrängen. Mozart konnte nur als *Ausnahme* sein, was er war; jeder Versuch, ihn zu normalisieren, ihn allgemeingültigen Vorschriften und Geboten zu unterwerfen, wie der Vernunft, der Pflicht, der Ökonomie, muß an der Einmaligkeit seiner Natur scheitern. Zu Mozart gehörte das noch unbewußte Sich-Verströmen des Künstlers, die „geheimnisvollen Wege, auf welchen das Genie sein Spiel bewußtlos treibt". Man mag darin eine Selbstverteidigung Mörikes sehen; auch er mußte den Reichtum künstlerischer Eingebungen mit der Unzulänglichkeit seines vernünftigen Willens bezahlen. Aber während Mozart sich in der seligen Hingabe an den Augenblick verschwenderisch verausgabte, und sein Leben lang in einer Überfülle von Genuß und Schaffen an der Grenze des Todes stand, suchte sich Mörike vor dem verletzenden Zugriff der Welt durch einkapselnde Selbstbewahrung zu retten. Der eine, von der Schwermut des frühen Untergangs gezeichnet, mußte gerade darum Leben und Kunst umso holder, trunkener, glückshungriger durchspielen; der andere, von geheimer Angst vor der Übermächtigkeit des Lebens gepackt, fand das erhaltende Maß im reinen Verwinden der Kunst. – In einer glücklichen Stunde scheint Mozart alles und jedes zu gelingen, und doch wirkt auch wieder „eben alles, Schicksal und Naturell und eigne Schuld", zusammen, „den einzigen Mann nicht gedeihen zu lassen". – Diese Hintergründigkeit in der Gestalt Mozarts gibt der Dichtung ihr seltsames Doppelgesicht von überströmender Heiterkeit und verhaltener Melancholie.

Im Mittelpunkt der Novelle steht eine Begebenheit: Mozart, der im Garten eines fremden Schlosses spazieren geht, findet sich plötzlich in einer Laube in der Nähe eines Springbrunnens; das Ohr ist noch behaglich dem Geplätscher des Wassers hingegeben, während das Auge auf einen Pomeranzenbaum von mittlerer Größe geheftet ist, „der außerhalb der Reihe, einzeln, ganz dicht an seiner Seite auf dem Boden stand und voll der schönsten Früchte hing". Liebliche Erinnerungen aus der Knabenzeit werden durch diese Anschauung des Südens wachgerufen. „Nachdenklich lächelnd reicht er hinüber nach der nächsten Frucht, als wie um ihre herrliche Ründe, ihre saftige Kühle in hohler Hand zu fühlen." Im Zusammenhang mit der italienischen Jugendszene, die später berichtet wird, taucht eine längst verwischte musikalische Reminiszenz auf, der er eine Weile träumerisch nachgeht. „Jetzt glänzen seine Blicke, sie irren da und dort umher, er ist von einem Gedanken ergriffen, den er sogleich eifrig verfolgt. Zerstreut hat er zum zweitenmal die Pomeranze angefaßt, sie geht vom Zweige los und bleibt ihm in der Hand. Er sieht und sieht es nicht; ja so weit geht die künstlerische Geistabwesenheit, daß er, die duftige Frucht beständig unter der Nase hin und her wirbelnd und bald den Anfang, bald die Mitte einer Weise unhörbar zwischen den Lippen bewegend, zuletzt instinktmäßig ein emailliertes Etui aus der Seitentasche des Rocks hervorbringt, ein kleines Messer mit silbernem Heft daraus nimmt und die gelbe kugelige Masse von oben nach unten langsam durchschneidet. Es mochte ihn dabei entfernt ein dunkles Durstgefühl geleitet haben, jedoch begnügten sich die angeregten Sinne mit Einatmung des köstlichen Geruchs. Er starrt minutenlang die beiden innern Flächen an, fügt sie sachte wieder zusammen, ganz sachte, trennt und vereinigt sie wieder."

Was ist denn an dieser unscheinbaren Begebenheit so wichtig, daß sie zum Kern der Novelle werden konnte? Es geschieht doch fast nichts. Ein fremder Musiker, der sich in einem Schloßgarten verirrt hat, pflückt unerlaubterweise eine Pomeranze von einem Baum und zerteilt sie mit einem Messer in zwei Hälften. Aber dieses fast einfältige Geschehen verwandelt sich unter der Hand des Dichters in ein bedeutungsvolles Symbol, das noch die verschiedensten Geschehnisse von einer geheimen, aber überall gegenwärtigen Mitte aus bindet. Das ist nicht so zu verstehen, als ob wir hier Sinnbezüge hinter dem Vorgang selbst suchen dürften, die ihm eine allegorische Bedeutung verleihen. Es ist künstlich und allzu gescheit gedacht, wenn etwa ein Ausleger behauptet, in dem Zerschneiden der Pomeranze spiegle sich das Gewaltsame und Ungestüme des Mozartschen Geistes, eine Art gefährlicher Zerstörungstrieb, der bereits im Eingang der Erzählung mit dem unwillkürlichen Vergießen des Riechfläschchens seiner Gattin angedeutet sei. Wir müssen vielmehr beim Vorgang als Vorgang bleiben, und es gilt zu verstehen, daß es eben nicht ein beliebiger Musiker in einem beliebigen Schloßgarten ist, der einen beliebigen Pomeranzenbaum mutwillig plündert, sondern daß es sich um eine besondere Mozartsche Begebenheit handelt; wenn wir es bescheiden ausdrücken wollen, um eine Anekdote, die gerade für diesen Mann bezeichnend ist. Daher ist es auch nicht zufällig, sondern vom Schicksal gewollt, daß es nicht irgendein Pomeranzenbaum ist, an dem und mit dem sich das alles ereignet, sondern eben jener von Eugenie geliebte Baum, der schon zu verdorren drohte und der durch fürsorgliche Pflege als Überraschung zu dem Fest ihrer Verlobung gerettet wurde. Aber auch das genügt noch nicht. Denn der Pomeranzenbaum hat seine Vergangenheit, und es gehört zur Atmosphäre dieser Novelle, daß auch noch die Dinge ihre Geschichte haben und dadurch in den Schicksalsraum des Menschen hineingenommen sind. Für den Pomeranzenbaum gilt, daß er in der Familientradition mit dem hundertjährigen Gedächtnis einer ausgezeichneten Frau verbunden ist, einer Ahne der Familie, Renate Leonore, die von der geistreichen Frau von Sévigné bei einem Fest zu Trianon, „auf der Terrasse des Gartens den blühenden Orangenzweig empfing, den sie sofort auf das Geratewohl in einen Topf setzte und glücklich angewurzelt mit nach Deutschland nahm". So hat dieses von Kindern und Enkeln mit äußerster Sorgfalt gepflegte und unter ihren Augen allmählich herangewachsene Bäumchen eine tiefe Bedeutung, es ist unersetzbar. „Es konnte nächst seinem persönlichen Werte zugleich als lebendiges Symbol der feingeistigen Reize eines beinahe vergötterten Zeitalters gelten, worin wir heutzutage freilich des wahrhaft Preisenswerten wenig finden können, und das schon eine unheilvolle Zukunft in sich trug, deren welterschütternder Eintritt dem Zeitpunkt unserer harmlosen Erzählung bereits nicht ferne mehr lag."

Mit einem Male ist der harmlose Pomeranzenbaum aus einem beliebigen Gegenstand zu einem Wesen geworden, hineingestellt in die Tradition einer geistvollen, aristokratischen Familie, darüber hinaus Gleichnis der geschichtlichen Wende zwischen dem vergötterten Zeitalter des ancien régime und seiner schimmernden Lebenskunst und der im Hintergrund bereits dunkel heraufziehenden furchtbaren Zerstörung durch die Revolution. In dem Pomeranzenbaum verkörpert sich noch einmal der holde und spielerische Glanz einer souveränen Gesellschaft und einer adligen Lebensführung, die bereits von dem Schatten des Untergangs bedroht ist. Doch ist dieser allgemeine, weltgeschichtliche Ausblick ganz ins Konkrete und Intime hineingenommen. Denn es ist auch der Baum der Eugenie, aufgenommen in die hegende Liebe eines weiblichen Herzens, Sinnbild für das hochzeitliche Geschehen. In ihm gewinnt alle Hoffnung und alle Treue sichtbare Gestalt, er deutet auf die Zukunft voraus, bewahrt die Vergangenheit und setzt im Fest der Verlobung einen noch unberührten Anfang.

Das alles wird in der Novelle nur beiläufig entwickelt, gehört aber trotzdem zum innersten Kern des Geschehens. Von hier aus wird verständlich, daß eine Verletzung des Baumes durch einen unbekannten Frevler gerechte Empörung erwecken muß, daß sie zerstörerisch eingreift, nicht nur in überlieferte Sitte und Pietät, sondern auch in das festliche Beginnen eines Lebensbundes. Das völlig unvermutete, aus aller Planung und Überlieferung herausfallende Eingreifen Mozarts bedeutet aber gerade nicht Verstümmelung und Zerstörung eines sonst gehegten und liebevoll bewahrten Lebenszusammenhangs, es gibt dem Feste vielmehr eine Steigerung ins Überschwengliche und Gnadenhafte. Wenn schon der Pomeranzenbaum seine Geschichte hat, so hat auch Mozarts zerstreuter Diebstahl seine Fabel, die sich auf wunderbare, schicksalhafte Weise in die der Familie einfügt und so selbst zu einem Stück Tradition wird. Denn das Pflücken und Zerschneiden der Pomeranze geschieht ja hier nicht aus dem naheliegenden Grund, sich auf bequeme Weise an einer angenehmen Frucht zu bereichern, sondern spiegelt nur einen künstlerischen Akt in einer aus dem Unbewußten aufsteigenden Geste. Nicht das „dunkle Durstgefühl", das dabei auch mitgespielt haben mag, ist das Entscheidende, sondern der künstlerische Einfall, der beim Anblick der Frucht wieder auftaucht und sich dann in dem Liede vollendet, das Eugenie als Brautlied neben der zerschnittenen Pomeranze findet. Wenn man will, darf man auch das noch symbolisch verstehen: nur dem Genius ist es vergönnt, was in Teile auseinanderfiel, noch einmal in der höheren Einheit des Liedes zusammenzufassen.

Wie sinnlich und wie geistig zugleich ist der Vorgang! Mörike hat jede nur scheinbar unwesentliche Einzelheit genau beschrieben. Der Künstler braucht den sinnlichen Reiz, den Duft der Frucht, das Fühlen der saftigen Kühle in der hohlen Hand, das Einatmen des köstlichen Geruchs, damit die Seele in Schwingung gerate. Aber dieses Wenige an äußerem Eindruck genügt auch schon, und die Melodie steigt in der Seele auf. Wiederum ist es der Raum der Erinnerung, der traumhaft geworden ist, aus dem der lebendig gespiegelte Augenblick seine geheime Kraft empfängt.

Wir hören nachher im geselligen Gespräch und in den Scherzen des Festes von der „gemalten Symphonie", die hier aus der Vergangenheit auftauchte, und die „ein vollkommenes Gleichnis des Mozartschen Geistes selbst in seiner ganzen Heiterkeit" ist. Die Eingebung wächst aus dem Zusammenklingen von Erinnerung und Gegenwart, Erinnerung an das anmutige, beschwingte, von Musik und Tanz bewegte Bild, das der junge Mozart an einem schönen Abend am Golf von Neapel in sich aufnahm. Jenes Tanzliedchen im Sechsachteltakt entsteht, eine jener kindlichen und vor Fröhlichkeit sprühenden Weisen, eine jener „Kleinigkeiten", die „sich oft gelegentlich von selber machen". Aber gerade dieses Sich-von-selber-Machen ist höchste künstlerische Gnade. Was wie eine Kleinigkeit aussieht, trägt den einmaligen Stempel des

Genius. Mozart unter dem Pomeranzenbaum, in der Rolle des fragwürdigen Vagabunden, in der bedenklichen Situation, die sich eigentlich nicht gehört, aber zugleich in der Erinnerung an den Süden und in der Gegenwart der duftenden Pomeranze zu der holden Eingebung des hochzeitlichen Tanzliedchens begeistert: das ist der Künstler selbst in seiner reinsten Verkörperung, losgelöst von aller menschlichen Gesellschaft, im bezauberten Vergessen seiner selbst und doch ganz hingegeben an den gnadenvollen Augenblick, der nur ihm und keinem anderen so viel bedeutet, spielende, irdisch-überirdische Seele, nirgends zu Hause und doch im Paradiese.

Die Anekdoten, die später Madame Mozart einer beschwingten Gesellschaft über ihren Mann erzählt, sind im Grunde nur Arabesken, die das eigentliche Geschehen, die Mozartsche Begebenheit, umspielen und begleiten. Auch hier zeigt es sich, daß an den Dingen ihre Geschichte haftet und ihnen ihren besonderen Wert gibt. Man denke an die kleine Salzbüchse, die als ein „Symbol der Häuslichkeit und Gastlichkeit", als ein „Muster patriarchalischer Simplizität" aus dem Mozartschen Besitz als Verlobungsgeschenk in den Hausstand der Eugenie hinüberwandert. Wie viele für Mozart bezeichnende Züge werden in dieser launig vorgetragenen Erzählung sichtbar! Da haben wir die plötzliche Vorliebe für alte, schöne Stöcke, die aber so gar nichts mit praktischem Nutzen zu tun hat, sondern im Grunde nur einem Künstler-Einfall entspringt. Unwissentlich verhelfen dann doch die Stöcke, die Mozart bei jeder Gelegenheit stehen läßt, zu den vom Arzt verschriebenen Spaziergängen, die zur eigenen Genesung so dringend erforderlich sind. Da haben wir weiter den nur zart angedeuteten Ehekonflikt zwischen Frau Konstanze und Mozart und damit wieder Mozart in seiner zwiefachen Gestalt, den spielerisch dem Augenblick hingegebenen Abenteurer und zugleich den liebevollen Ehemann, der ohne die Geborgenheit im Häuslichen gar nicht zu atmen vermag. Am Ende schließlich zeigt die Geschichte von dem Salzfäßchen den komischen Einkauf eines rührend unpraktischen Künstlers, zugleich die menschliche Fürsorge für ein liebendes Paar, das durch seine Hilfe zueinander findet. Wieviel einmalig Mozartsches haftet an dem kleinen, unscheinbaren Gegenstand, wieviel künstlerische Geistesabwesenheit, Mangel an Lebenstüchtigkeit, wieviel geheime Gefährdung und menschliche Güte! Alles dies gibt dem ökonomisch Wertlosen erst seinen Wert und verwebt es in das Leben der Eugenie. Dinge und Gegenstände sind unabhängig von irdischem Zweck und Nutzen, sie spenden eine hegende und liebevolle Wärme, die aus dem menschlichen Herzen stammt, so wie auch umgekehrt die Seelen nicht vereinsamt sind oder sich in unfruchtbarer Dialektik gegenseitig zerreißen, sondern noch getragen werden von der Umwelt, in der sie stehen; von der Geschichte, in der sie wurzeln, von der Heimat, aus der sie kommen. In dieser strömenden Fülle menschlicher Begebenheiten hat jede Einzelheit Umriß und Farbe.

Zu diesem Hegenden und Bewahrenden gehört dann vor allem auch der Raum der höfischen Gesellschaft und die intime Stunde ihrer Feier, das Verlobungsfest. Dem seligen Augenblick unter dem Pomeranzenbaum folgt als humoristischer Kontrast die Wirklichkeit in Gestalt des Gärtners, des „Unholds“. Fast wird er zu einer märchenhaften Figur wie Mörikes sichrer Mann, da ihn die künstlerische Phantasie sogleich in die verkörperte Nemesis, in den „entsetzlichen Mann im galonierten blauen Rock“, verwandelt hat, dessen aus Erz gegossenes Gesicht „einigermaßen dem grausamen römischen Kaiser Tiberius ähnlich" ist. Überall, wo der Kontrast der Wirklichkeit zur träumenden Seele des Künstlers nur als Spiel genommen wird und nicht als eine schneidende Entzauberung, muß das Reale als das Komische erscheinen, als groteske Maske, nicht ernst und verbindlich, sondern als köstliches Theater, in dem jeder seine besondere Rolle spielt. Das macht Mozart so liebenswürdig und so hinreißend, daß er auch noch die Menschen seiner Umgebung, seien sie ihm freundlich oder feindlich gesinnt, in anmutige Phantasiegebilde umzuschaffen versteht. Ein ähnliches Verhältnis zur Wirklichkeit spiegelte sich ja bereits in den liebevoll ausgemalten bunten Seifenblasen einer erträumten Zukunft, die sich das Ehepaar vorzugaukeln verstand, einer Zukunft, „die leider niemals, auch nicht im bescheidensten Maße, erfüllt werden sollte", aber deren Vorstellung doch im Genuß des Augenblickes hellen Mutwillen, Lärm und Gelächter auszulösen vermochte. Der im Garten bewachte Mozart empfindet den Widerspruch von Traumglück und Wirklichkeit durchaus nicht als unüberbrückbar, sondern löst seine Situation humoristisch auf als Unseliger im Garten des Paradieses, „wie weiland Adam, nachdem er den Apfel gekostet". Selbst die peinlichen Augenblicke des Lebens werden mit einer Art göttlicher Unverschämtheit improvisierend ausgekostet! Im Zusammenstoß mit dem Gärtner ist der Auftakt gegeben zur folgenden Begegnung Mozarts mit der höfischen Gesellschaft. Aber die höfische Welt zeigt sich zunächst nicht als Gegenspieler seines Genius, sondern im beschwingenden Miteinander finden sich beide zusammen. Die Gesellschaft wird durch Mozarts Künstlertum auf den Gipfel der Lust hinaufgetragen und mit einem jener „glänzenden Musikstücke" beschenkt, „worin die reine Schönheit sich einmal, wie aus

Laune, freiwillig in den Dienst der Eleganz begibt, so aber, daß sie, gleichsam nur verhüllt in diese mehr willkürlich spielenden Formen und hinter eine Menge blendender Lichter versteckt, doch in jeder Bewegung ihren eigensten Adel verrät und ein herrliches Pathos verschwenderisch ausgießt". Das ist das Ereignis dieses Verlobungsfestes, das wie ein Stern über der ganzen Novelle leuchtet: die Schönheit begibt sich freiwillig in den Dienst der Eleganz; der verschwenderische Genius versteckt sich hinter den willkürlich spielenden Formen und den blendenden Lichtern. Die Gesellschaft hat ihren schönsten Augenblick, weil ihre allegorische Formensprache, ihre gesellige Kultur, ihr Geist und ihr Witz, durch Erziehung und Tradition gebildet, zum Instrument des Genius werden darf, der sich ihrer bedient und sie damit auf ihren Gipfel führt. Mozart spielt die Gesellschaftsregeln zwanglos mit durch, aber er gibt ihnen dabei jene liebenswürdige Anmut, jene erhöhte Stimmung, jenen einmaligen Glanz, jene Freiheit des persönlichen Ausdrucks, die sich weder lernen noch zwingen lassen. Aber auch umgekehrt: diese für die Gesellschaft einmalige und unwiederholbar glückliche Stunde, in der das Elegante elegant, Tradition Tradition bleibt und doch sich alles ungewollt und wie von selbst durch Mozart in ein liebliches, göttergleiches Spiel verwandelt, ist zugleich auch die Stunde des Genius, der mit einem Male aus seiner Einsamkeit und seiner dunklen Gefährdung gelöst ist und seinen überschwenglichen Reichtum in bereits vorhandenen und überlieferten Formen entfalten kann. Das höchst mögliche Maß an Lebenserfüllung und Lebenssteigerung ist erreicht, ohne daß es zerbricht.

Die bezaubernde Menschlichkeit dieser Geschichte mutet wie eine Rückkehr in das Paradies an. Es ist so, als ob zwei sonst für ewig getrennte Hälften sich einmal vereinigen durften. Die Gesellschaft, ein Inbegriff von Formen und Konventionen, findet – es erscheint fast paradox – ihren Mittelpunkt in der abenteuerlichen, allzu gefährdeten Künstlerseele, weil sich diese hier, ganz anders als in Goethes „Tasso“, dem Maß gefügt und die Schönheit in ihren Dienst gestellt hat. Der Genius wiederum, dem sonst immer etwas von einem Fremdling auf Erden anhaftet, findet – wenn auch nur einen Augenblick lang – den hiesigen Bereich, der weit genug ist, um ihn aufzunehmen und seinem Traum Gestalt zu geben.

Aber die Mozartnovelle ist mit der Darstellung dieser glücklichen Stunde, die sinnlichen Lebensgenuß und geistige Spielfreiheit zugleich umschließt, gewachsene Tradition und einmalige Schöpfung, noch nicht voll ausgedeutet. Die Mozartsche Musik wächst im weiteren Verlauf des Festes mit der unmittelbaren Wiedergabe ganzer Teile des „Don Juan“ weit über den Raum der Gesellschaft hinaus und droht ihn zu sprengen. Mozart ist nicht nur der glückliche Improvisator des Augenblickes, ein Spieler höchster Lebenskunst, sondern sein Wesen reicht in jene nächtlichen und dämonischen Tiefen hinab, wo die Ewigkeit uns anrührt, wo das menschliche Dasein im Tode seine Grenze findet. Diesem Mozart ist die Gesellschaft nicht mehr gewachsen. Nur Eugenie, die „sich lächelnd, sicher auf der hohen Woge“ hält und die von dem „Gefühl dieses Moments, des einzigen in dieser Art vielleicht für alle Tage ihres Lebens“ begeistert wird, vermag ihn von Anfang an zu ahnen. Die Schilderung Mozarts, der am Abend dieses festlich frohen und musikbeschwingten Tages seinen „Don Juan“ partienweise zum ersten Male zum Vortrag bringt, bleibt in der gesamten deutschen Prosa einzigartig. Hier steht die Schönheit nicht mehr im Dienst der Eleganz. Erst im tragischen Kunstwerk – es heiße „Macbeth“, „Ödipus“ oder „Don Juan“ – ist sie ganz sie selbst. Wonnevoll und zugleich in geheimer Angst wird der Mensch aus seiner Alltäglichkeit vertrieben, wenn ihn das Unendliche ergreift, „das seine Brust zusammenzieht, indem es sie ausdehnen und den Geist gewaltsam an sich reißen will“. So gewaltig ist dieser Einbruch der reinen und unbedingten Schönheit, die festliche Stunde der Begegnung von Genius und Gesellschaft ins Überirdische erhöhend, daß selbst die Verlobung Eugeniens, Inhalt und Mitte dieses Festes, fast unwirklich erscheint. Eugenie, diese einzige, wahre Zuhörerin des höchsten Schönen, war so „regungslos, wie eine Bildsäule, und in die Sache aufgelöst“, daß sie auch die von ihrem Bräutigam an sie gerichteten Worte „immer nur ungenügend zu erwidern vermochte“. Diese Verwandlung gesellschaftlicher Kunst und Schönheit in ein dämonisch sprengendes und beseligendes Ereignis erreicht ihren Höhepunkt, als Mozart „ohne weiteres die Kerzen der beiden neben ihm stehenden Armleuchter“ auslöscht und jener furchtbare Choral „Dein Lachen endet vor der Morgenröte“ durch die Totenstille des Zimmers erklang. „Wie von entlegenen Sternenkreisen fallen die Töne aus silbernen Posaunen, eiskalt, Mark und Seele durchschneidend, herunter durch die blaue Nacht.“

Für Mörike ist der Schluß des „Don Juan“ immer ein elementarer Gipfel aller Musik überhaupt gewesen. Am 15. August 1824 hatte er mit seinem Bruder August in Stuttgart einer Don-Juan-Aufführung beigewohnt. Wenige Tage „nach diesem seinem höchsten Fest“ stirbt der Bruder unerwartet an einem „Nervenschlag“. Solche Verknüpfung von Musik und Tod bedeutete für Mörike weit mehr als einen bloßen Zufall. Schon in dem Brief an Waiblinger vom Februar 1822 wird das Geisterhaft-Überwirkliche im Erlebnis der Musik fühlbar, das selig und todbedroht zugleich ist. „Wirklich tut die Musik eine unbeschreibliche Wirkung auf mich – oft ist's wie eine Krankheit, aber nur periodisch. Ich sage Dir eine bewegliche, nicht gerade traurige Musik, oft eine fröhliche, kann manchmal mein Innerstes lösen. Da versink' ich in die wehmütigsten Phantasien, wo ich die ganze Welt küssend voll Liebe umfassen möchte, wo mir das Kleinliche und Schlimme in seiner ganzen Nichtigkeit und wo mir alles in einem andern verklärten Lichte erscheint. Wenn die Musik dann abbricht, möcht' ich in meiner Empfindung von einer hohen Mauer herabstürzen, möcht' ich sterben." Wie sehr gerade Mozart diesen Schauer des Elementaren und Unheimlichen bei Mörike hervorruft, zeigt auch der Brief an den Freund Mährlen vom 5. Juni 1832, der über ein Gewitter berichtet: „In unglaublicher Schnelle stand uns das Wetter überm Kopf. Breite, gewaltige Blitze, wie ich sie nie bei Tag gesehen, fielen wie Rosenschauer in unsere weiße Stube und Schlag auf Schlag. Der alte Mozart muß in diesen Augenblicken mit dem Kapellmeister-Stäbchen unsichtbar in meinem Rücken gestanden und mir die Schulter berührt haben, denn wie der Teufel fuhr die Ouvertüre zum Titus in meiner Seele los, so unaufhaltsam, so prächtig, so durchdringend mit jenem oft wiederholten ehernen Schrei der römischen Tuba, daß sich mir beide Fäuste vor Entzücken ballten." Solche Aussagen über die Musik, die das aufgeregte Herz unverhofft „mit einem angenehmen Schrecken" trifft, scheinen noch in die Nähe der Romantik zu gehören, weil die Seele selbst, wie in dem Gedicht „An eine Äolsharfe", zum schwingenden Klang geworden ist.

Aber für die Mozart-Novelle reicht diese Deutung nicht

mehr aus. Ihre Verherrlichung der Musik darf nicht mehr als eine subjektive romantische Kunstreligion verstanden werden, bei der die Musik alle Bewegungen des Gemüts geheimnisvoll ausspricht; Musik ist hier vielmehr eine ins Übermenschliche reichende Ordnung, die ein Eigendasein führt, deren Kunstgesetz nicht aus der phantastischen Stimmung der eignen Seele, sondern nur in der Hingabe an die Wirklichkeit, die uns hier anredet, verstanden werden kann. Wohl ist das alles Verherrlichung der Kunst und der Schönheit; aber das Schöne ist hier ein irdisch-überirdisches Ereignis geworden, Dämonie der Musik, jenseits von Gut und Böse, unbegreiflich fremd und doch in sich ruhend, außerhalb unserer menschlichen Satzungen und doch mitten hinabfallend in unser Dasein, „Mark und Seele durchschneidend". Den dröhnenden furchtbaren Klängen folgt dann „der ganze lange, entsetzensvolle Dialog, durch welchen auch der Nüchternste bis an die Grenze menschlichen Vorstellens, ja über sie hinaus gerissen wird, wo wir das Übersinnliche schauen und hören und innerhalb der eigenen Brust von einem Äußersten zum andern willenlos uns hin und her geschleudert fühlen". Wenn Mozart selbst im überschäumenden Leben den Tod mit sich trägt und ihm am Ende erliegt, so spiegelt sich dieses unauflöslich Doppelte seines Wesens in jener das Übersinnliche ergreifenden Musik des „Don Juan", in jenem weiten Weg bei kürzester Frist. Hier wird der schleunige Entschluß zur Buße gefordert, gegen den dann doch die Absage erfolgt, das trotzende Auf-sich-Beharren eines ungeheuren Eigenwillens, der sich den ewigen Ordnungen nicht unterwirft. Ratlos ringt er gegen den Andrang der höllischen Mächte und geht endlich unter „mit dem vollen Ausdruck der Erhabenheit in jeder Gebärde". „Es ist ein Gefühl, ähnlich dem, womit man das prächtige Schauspiel einer unbändigen Naturkraft, den Brand eines herrlichen Schiffes anstaunt. Wir nehmen wider Willen gleichsam Partei für diese blinde Größe und teilen knirschend ihren Schmerz im reißenden Verlauf ihrer Selbstvernichtung." Was sich im „Don Juan" von Mozart spiegelt, das ist das Sprengende, Maßlose, zur Selbstvernichtung Bestimmte seines Wesens, der tragische Untergrund, aus dem heraus er leben mußte und der doch untrennbar mit der Gnade seiner erfüllten Augenblicke verbunden blieb. So ist es nicht zufällig, sondern notwendig, daß mit dem Ausklingen der Musik die Schwermut des Todes mitschwingt. Mozart erinnert sich der schmerzlichen Gedanken, die seine Seele überfielen, als diese Musik, die vom Überirdischen ins Irdische hinübertönt, geboren wurde: „Ich sagte zu mir selbst: wenn du noch diese Nacht wegstürbest und müßtest deine Partitur an diesem Punkt verlassen: ob dir's auch Ruh' im Grabe ließ?" Daß die höchste Schönheit dem Tode benachbart ist, gehört zu den Geheimnissen, die wir nicht auflösen können. Aber es ist Mörike in seiner Novelle gelungen, dieses Doppelgesicht des Schönen in der Gestalt Mozarts und seiner nur ihm gehörenden Begebenheit aufzudecken. Die Schönheit ist der höchste Jubel, die höchste Freude, aber zugleich auch der höchste Schmerz, der bereits vollzogene Tod.

Das Rätsel dieser untrennbaren Vereinigung des Schönen mit dem Schrecklichen, des Heiteren mit dem Tragischen durchzieht die Mozartnovelle und gibt ihr über das Erfüllte und Gegenwärtige von Lebensaugenblick, Festesfreude und Genuß, den geheimen, drohenden und sich am Ende in die Dämonie des Schönen auflösenden Ton. Mit einem Male haben sich die Vorzeichen verkehrt. Das Geborgene wird zum Ungeborgenen, das Beheimatetsein in den Dingen und in ihrer Geschichte wandelt sich in die Preisgabe an das Unbegreifliche. So wie hinter der vollendeten Eleganz und den geistreichen Formen der Rokokogesellschaft bereits der zerstörerische Ruin der Revolution steht, so steigt noch jenseits der Schönheit, die sich in den Dienst der Eleganz begeben und damit eine Heimat gefunden hat, die furchtbare Musik des „Don Juan“ auf, die alle Grenzen sprengt, für die es im Irdischen kein Zuhause mehr gibt, und in der das Übersinnliche, das in seiner Reinheit dem Menschen nur im Schrecken begegnen kann, sich grauenvoll und selig zugleich ereignet. Genau in dieselbe Umkehr der Vorzeichen gehört es hinein, wenn der gleiche Mozart, der in der glücklichen Stunde den Überschuß seines Genius unter dem festlichen Licht der Gesellschaft verschwenderisch zu spielen vermochte, zu jenem Gezeichneten wird, der den Tod in sich trägt.

Tiefer als alle war Eugenie von diesem Rätsel ergriffen. Sie mußte „das Edelste und Schönste, wovon ihr Herz bewegt sein konnte, nämlich das reine Glück in einem wahrhaft geliebten Mann“, „notwendig mit jener seligen Fülle in eines verschmelzen“. Auch sie wird an die Grenze geführt, von der aus die Mozart-Geschichte ihre Mörikesche Sinngebung empfängt. Im Grunde ihres Bewußtseins ist noch „hinter allem unsäglichen Reiz, durch all das geheimnisvolle Grauen der Musik hindurch“ eine Ahnung gegenwärtig, in der Gnade und Tod miteinander verknüpft sind. „Es ward ihr so gewiß, so ganz gewiß, daß dieser Mann sich schnell und unaufhaltsam in seiner eigenen Glut verzehre, daß er nur eine flüchtige Erscheinung auf der Erde sein könne, weil sie den Überfluß, den er verströmen würde, in Wahrheit nicht ertrüge.“ Damit ist die Gestalt Mozarts, des Spielers, des

Abenteurers, des frohen Genießers, des dem Augenblick hingegebenen Künstlers in einem tragischen Sinne gedeutet. Wer die Mächte des Überirdischen zu beschwören vermag, gehört diesen Mächten an und nicht mehr der Erde. Tragisch aber ist dieses Verzehrtwerden des Genius, dem das Irdische am Ende nicht mehr gewachsen ist, weil er gerade sich diesem Irdischen so besinnungslos hingab und weil er das schönste Licht, die reinste Flamme war, die auf dieser Erde aufleuchten durfte. Hiermit ist das Schöne an seiner Grenze beschworen. Wo die Schönheit sich rein und bedingungslos verwirklicht, wo sie selig in sich selbst scheint und das Leben paradiesisch verwandelt, gehört sie bereits einem entrückten Abgrund an, und die Flamme, die allen unreinen Stoff verzehrt, verzehrt zugleich sich selbst, weil die Erde den spielenden Genius, der die Pforten zum Übersinnlichen aufreißt, nicht erträgt. Damit wird die Novelle biedermeierlicher Geborgenheit und frommer Seinsbejahung zugleich zu der Dichtung der von der reinen Kunst erlebten Grenze, an der das Geborgene zurückgenommen ist in das unbegreiflich Dämonische. Die Hingabe an das erfüllte Sein entspringt erst dort, wo der Genius bereits vom Tode gezeichnet ist. Wohl scheint die ganze Novelle auf eine elegisch friedliche Weise auszuklingen, wenn Eugenie das böhmische Volksliedchen findet – eines von Mörikes schönsten Gedichten –, das ihr in dem Augenblicke der Schwermut zum Orakel werden mußte, jene Verse: „Denk' es o Seele!", die das Dasein des Menschen an dem Maß des Todes messen. Aber man darf über dem lyrischen Moll dieses Ausklanges nicht überhören, daß hier weit mehr gedichtet ist als ein bloß stimmungsmäßiger Kontrast zu einem festlichen Überschwang. Denn der dunkle Ton, der am Ende noch einmal volksliedhaft aufklingt, bildet die

Unterstimme der ganzen Geschichte, die wir immer wieder mit durchhören müssen. Der Preis, der für den höchsten Jubel im Irdischen gezahlt werden muß, für die göttergleiche Stunde, für den Einklang von Sinnen, Seele und Geist, heißt: der Tod. Er ist der Mitspieler dieser Begebenheit, der Gast, der auch beim Fest noch anwesend ist, aber auch der Genius der Mozartschen Musik, der Widersacher alles gesellschaftlichen Charmes, aller irdischen Glückseligkeit und aller überschwenglichen Trunkenheit des Augenblicks. Er bleibt unbegreiflich drohend wie ein fremder Einbruch, eine Gestalt des Schicksals und seiner Unabänderlichkeit. Und doch ist er nicht sinnlos und nur zerstörerisch, sondern er ist die Umkehr des erfüllten Heiteren in das Tragische: der Gipfel aller Lust ist der Schmerz. Das heiter beschwingte Rokokofest mündet in das übersinnliche Mysterium der tragischen Musik. Die Seligkeit der Lust aber – sie erreicht im Schönen ihre höchste Steigerung – ist nur dort ganz gegenwärtig, wo sie aus der dunklen Gottheit entspringt, die durch Mörikes Novelle als das Ungeborgene mit hindurchgeht und die die Gestalt seines Helden gezeichnet hat: aus der Gottheit des Todes.

Wir sind am Ende. Es braucht kaum noch einmal ausdrücklich gesagt zu werden, wie die Mozart-Novelle die verschiedenen Motive der Mörikeschen Dichtung zusammenfaßt und miteinander verschmilzt. Die beiden einander widersprechenden Gesichter, die uns Mörike zeigt, und die im Grunde untrennbar zusammengehören, haben nur in dieser Novelle des Alters das Maskenhafte verloren, das ihnen früher so oft anhaftete. Hier wird Mörikes wahres Antlitz sichtbar, das spielend und feierlich, naiv und geheimnisvoll, heiter und dämonisch, griechisch und christlich zugleich war. Die beiden Pole seines Wesens, Geborgenheit in der Liebe und

Ausgeliefertsein an Welt und Schicksal, seliges Spiel mit den Erscheinungen aus der Fülle des Humors und Gezeichnetsein durch den Tod, der die Seele trifft und verwandelt, beide sind hier im sprachlichen Kunstwerk der Novelle zu einem Dritten vereinigt: zur Vollendung des Schönen.

ZEITTAFEL

1804 21. Januar: Moritz von Schwind geboren.
12. Februar: Immanuel Kant gestorben.
1. Juli: George Sand geboren.
8. September: Eduard Mörike als siebtes Kind des Landarztes Karl Friedrich Mörike und seiner Frau Charlotte Dorothea in Ludwigsburg/Württemberg geboren.
21. November: Wilhelm Friedrich Waiblinger geboren.
2. Dezember: Kaiserkrönung Napoleons.

1805 Dritter Koalitionskrieg gegen Frankreich.
9. Mai: Friedrich von Schiller gestorben.
21. Oktober: Admiral Nelson siegt bei Trafalgar über die französisch-spanischen Seestreitkräfte und fällt im Gefecht.
23. Oktober: Adalbert Stifter geboren.
2. Dezember: Dreikaiserschlacht bei Austerlitz. Napoleon besiegt die russischen und österreichischen Truppen.
15. Dezember: Vertrag zu Schönbrunn zwischen Preußen und Frankreich. Schutzbündnisse.
26. Dezember: Friede von Preßburg. Österreich muß Gebiete abtreten. Bayern und Württemberg werden Königreiche.

1806 Vierter Krieg der Koalition gegen Frankreich.
12. Juli: Rheinbund unter französischer Führung gegründet.
6. August: Franz II. dankt als römisch-deutscher Kaiser ab (seit 1804 als Franz I. Kaiser von Österreich). Ende des Heiligen Römischen Reiches Deutscher Nation.
18. September: Heinrich Laube geboren.
14. Oktober: Schlacht von Jena und Auerstedt. Frankreich besiegt die preußischen Armeen.
November: Kontinentalsperre gegen England.

1807 30. Juni: Friedrich Theodor Vischer geboren.
7.-9. Juli: Friede von Tilsit. Es entstehen das Königreich Westfalen und das Großherzogtum Warschau. Danzig wird Freie Stadt, ostpreußische Gebiete gehen an Rußland.

1808-1814 Krieg Napoleons gegen Spanien und Portugal.

1808 27. Januar: David Friedrich Strauß geboren.
19. September: Theodor Mundt geboren.
Oktober: Fürstentag zu Erfurt.
Joseph Bonaparte wird König von Spanien.

1809 Krieg zwischen Österreich und Frankreich.
Tiroler Aufstand unter Andreas Hofer.
3. Februar: Felix Mendelssohn-Bartholdy geboren.
21./22. Mai: Napoleon in der Schlacht von Aspern besiegt.
31. Mai: Joseph Haydn gestorben.
Juni: Frankreich annektiert den Kirchenstaat.
5./6. Juli: Schlacht bei Wagram. Napoleon besiegt die österreichischen Truppen.

14. Oktober: Friede von Schönbrunn. Österreich muß Gebiete abtreten.

Goethe: »Die Wahlverwandtschaften.«

1810 20. Februar: Andreas Hofer in Mantua hingerichtet.

1. März: Frédéric Chopin geboren.

27. März: Kaiser Napoleon heiratet die Erzherzogin Marie-Louise von Österreich.

8. Juni: Robert Schumann geboren.

17. Juni: Ferdinand Freiligrath geboren.

1811 Mörike tritt in die Lateinschule in Ludwigsburg ein.

17. März: Karl Ferdinand Gutzkow geboren.

21. November: Heinrich von Kleist gestorben.

1812-1822 Jacob und Wilhelm Grimm: »Kinder- und Hausmärchen.«

1812 14. März: Französisch-österreichische Allianz.

Mai: Fürstentag zu Erfurt.

24. Juni: Napoleons Rußlandfeldzug beginnt.

15.-20. September: Brand von Moskau.

Oktober/November: Rückzug der Großen Armee.

30. Dezember: Neutralitätsvertrag von Tauroggen.

1813/14 Deutsche Befreiungskriege.

1813 20. Januar: Christoph Martin Wieland gestorben.

16. März: Preußen erklärt Frankreich den Krieg.

18. März: Friedrich Hebbel geboren.

5. Mai: Sören Kierkegaard geboren.

22. Mai: Richard Wagner geboren.
11. August: Österreich erklärt Frankreich den Krieg und schließt sich damit der Allianz Preußen-England an.
16.-19. Oktober: Völkerschlacht von Leipzig.
17. Oktober: Georg Büchner geboren.

1814 29. Januar: Johann Gottlieb Fichte gestorben.
6. April: Napoleon dankt ab. Verbannung nach Elba. Ludwig XVIII. wird König von Frankreich.
30. Mai: Erster Friede von Paris.
November: Eröffnung des Wiener Kongresses.
Stephenson baut die erste Dampflokomotive.

1815 21. Januar: Matthias Claudius gestorben.
1. März: Napoleon landet in Frankreich. Die »Herrschaft der Hundert Tage« beginnt.
1. April: Otto von Bismarck geboren.
8./9. Juni: Wiener Kongreßakte. Wiederherstellung des Gleichgewichts zwischen den fünf europäischen Großmächten.
10. Juni: Bundesakte. Gründung des Deutschen Bundes.
18. Juni: Schlacht von Waterloo. Blücher und Wellington besiegen Napoleon.
22. Juni: Erneute Abdankung Napoleons. Er wird nach Sankt Helena verbannt.
26. September: Hl. Allianz zwischen Zar Alexander I., Kaiser Franz I. von Österreich und König Friedrich Wilhelm III. von Preußen.
20. November: Zweiter Friede von Paris zwischen Frankreich und den Alliierten.

1817 31. Mai: Georg Herwegh geboren.

14. September: Theodor Storm geboren.

22. September: Mörikes Vater gestorben. Die Mutter übersiedelt mit den Kindern nach Stuttgart, wo Eduard Mörike in das Gymnasium illustre eintritt.

18. Oktober: Wartburgfest der Burschenschaftler.

Karl Freiherr von Drais erfindet eine Laufmaschine.

1818 5. Mai: Karl Marx geboren.

Oktober: Mörike tritt in die Klosterschule Urach über. Er lernt dort Joh. Mährlen und Wilhelm Hartlaub, den »Urfreund«, kennen.

Herbst: Kongreß von Aachen. Die Besatzungstruppen werden vorzeitig aus Frankreich abgezogen.

1819 23. März: Der Student Karl Ludwig Sand ermordet August von Kotzebue.

19. Juli: Gottfried Keller geboren.

1. August: Teplitzer Punktation. Begründung des Restaurationssystems in Deutschland. Es folgen die Karlsbader Beschlüsse (Zensur, Überwachung der Universitäten, Verbot der Burschenschaften).

30. Dezember: Theodor Fontane geboren.

Goethe: »West-östlicher Divan.«

1820 Ausbruch der Revolution in Spanien und Portugal.

29. Januar: Georg III. von England gestorben. Sein Sohn Georg IV. wird englischer König.

15. Mai: Wiener Schlußakte. Grundgesetz des Deutschen Bundes.
28. November: Friedrich Engels geboren.

1821-1829 Griechischer Unabhängigkeitskrieg.

1821 Mörike lernt Wilhelm Waiblinger kennen.
7. April: Charles Baudelaire geboren.
5. Mai: Napoleon auf Sankt Helena gestorben.
12. Dezember: Gustave Flaubert geboren.

1822 Mörike verliebt sich in seine Kusine Klärchen Neuffer.
Freundschaft mit Louis Amandus Bauer.
6. Januar: Heinrich Schliemann geboren.
26. Juni: E. T. A. Hoffmann gestorben.
26. November: Freiherr Karl August von Hardenberg gestorben.
Jahresende: Mörike für vier Jahre am Tübinger »Stift«, dem evangelisch-theologischen Seminar.
Niepce erfindet die Fotografie.

1823 In Ludwigsburg Begegnung mit Maria Meyer.
»Freundschaftsbund« mit Ludwig Bauer und Wilhelm Waiblinger.
2. Dezember: Monroe-Doktrin. Prinzip der Nichteinmischung europäischer Mächte in die Angelegenheiten der USA.

1824 19. April: George Gordon Noel, Lord Byron, gestorben.
Juli: Gesundheitlicher Zusammenbruch. Mörike kehrt nach Stuttgart zurück.
25. August: Bruder August überraschend gestorben.

4. September: Anton Bruckner geboren.
16. September: Ludwig XVIII. gestorben. Karl X. wird König von Frankreich.

1825 Mörike erfindet die »Insel Orplid«. Er lernt Friedrich Theodor Vischer und David Friedrich Strauß kennen.
11. April: Ferdinand Lassalle geboren.
19. Mai: Claude H. de Saint-Simon gestorben.
14. November: Jean Paul gestorben.
1. Dezember: Zar Alexander I. gestorben. Sein Bruder Nikolaus I. wird Nachfolger.

1826 »König Enzio« (nicht erhalten). »Der letzte König von Orplid.«
29. März: Wilhelm Liebknecht geboren.
Oktober: Mörike beendet seine theologischen Studien in Tübingen.
Dezember: Beginn der Vikariatszeit in Oberboihingen.

1827 Als Pfarrvikar in Möhringen auf den Fildern und in Köngen.
17. Februar: Johann Heinrich Pestalozzi gestorben.
26. März: Ludwig van Beethoven gestorben.
31. März: Mörikes Lieblingsschwester Luise gestorben.
Dezember: Mörike tritt einen mehrmonatigen Urlaub an.

1828/29 Russisch-Türkischer Krieg.

1828 Herbst: Mörike nimmt seine Mitarbeit an der »Spindlerschen Damenzeitschrift« des Franckschen Verlages in Stuttgart auf.

9. September: Leo Tolstoi geboren.
19. November: Franz Schubert gestorben.

1829 12. Januar: Friedrich von Schlegel gestorben.
Februar/März: Als Pfarrverweser in Pflummern.
14. August: Verlobung mit der Pfarrerstochter Luise Rau (gelöst 1833).
14. September: Friede von Adrianopel zwischen Rußland und der Türkei.
Ab Dezember: Mörike in Owen unter der Teck.

1830/31 Polnische Revolution.

1830 Enge Freundschaft mit Friedrich Theodor Vischer.
17. Januar: Wilhelm Friedrich Waiblinger gestorben.
25. Juni: Georg IV. von England gestorben. Sein Bruder Wilhelm IV. wird Nachfolger.
Juli: »Maler Nolten« nach zweijähriger Arbeit beendet.
26. Juli: Juli-Revolution in Frankreich. Karl X. dankt ab und flieht nach England. Louis Philippe wird »König der Franzosen«.
August: Revolution in Brüssel.
18. November: Belgien erklärt seine Unabhängigkeit.

1831 Mörike Pfarrverweser in Eltingen bei Leonberg.
20. Januar: Londoner Konferenz. Bestätigung der belgischen Unabhängigkeit und Neutralität.
21. Januar: Achim von Arnim gestorben.

29. Juni: Reichsfreiherr Karl vom und zum Stein gestorben.

September: Mörikes Bruder Karl wird wegen »sträflicher Ehrsucht« zu einem Jahr Festungshaft auf dem Hohenasperg verurteilt.

8. September: Wilhelm Raabe geboren.

14. November: Georg Wilhelm Friedrich Hegel gestorben.

1832 21. Januar: Mörike tritt die Stelle als Pfarrverweser in Ochsenwang auf der Alb an.

22. März: J. W. von Goethe gestorben.

27. Mai: Hambacher Fest.

August: »Maler Nolten« veröffentlicht.

21. September: Sir Walter Scott gestorben.

1833 7. März: Rahel Varnhagen von Ense gestorben.

7. Mai: Johannes Brahms geboren.

Herbst: Auflösung der Verlobung mit Luise Rau.

Entente cordiale zwischen Frankreich und England.

Oktober: Beistandspakt zwischen Rußland, Österreich und Preußen.

Gründung des Deutschen Zollvereins.

1834-1839 Karlistenkriege in Spanien.

1834 »Lucie Gelmeroth«, Novelle.

12. Febr.: Friedrich Schleiermacher gestorben.

April: Quadrupelallianz zwischen England, Frankreich, Spanien und Portugal.

3. Juli: Mörike als Pfarrer in Cleversulzbach eingesetzt.

3. August: Investitur.

1835 2. März: Kaiser Franz I. von Österreich gestorben. Ferdinand I. wird sein Nachfolger.
8. April: Wilhelm von Humboldt gestorben.
7. Dezember: Zwischen Nürnberg und Fürth fährt die erste Eisenbahn Deutschlands.

1836 »Der Schatz«, Novelle.
5. September: Ferdinand Raimund gestorben.
12. September: Christian Dietrich Grabbe gestorben.
5. Dezember: Graf August von Platen gestorben.
Putschversuch Louis Napoleons in Straßburg.

1837 Beginn der Freundschaft mit Hermann Kurz.
Mörike lernt bei Justinus Kerner Ludwig Uhland und Karl Mayer kennen.
Sieben Göttinger Professoren (»die Göttinger Sieben«) werden von König Ernst August von Hannover entlassen, da sie sich gegen die Aufhebung der Verfassung wenden.
10. Februar: Alexander Puschkin im Duell gefallen.
19. Februar: Georg Büchner gestorben.
14. Juni: Graf Giacomo Leopardi gestorben.
20. Juni: Wilhelm IV. von England gestorben. Königin Victoria besteigt den englischen Thron.
August-September: Kuraufenthalt mit Klara in Bad Mergentheim.
12. Dezember: Ludwig Börne gestorben.
Daguerre erfindet sein fotografisches Verfahren, Morse den Schreibtelegrafen.

1838 »Gedichte.«
21. August: Adelbert von Chamisso gestorben.
1839-1841 Orientalische Krise.
1839 »Iris. Eine Sammlung erzählender und dramatischer Dichtungen.«
»Der Bauer und sein Sohn«, Märchen.
22. April: Die Oper »Die Regenbrüder« mit Text von Mörike und Musik von Ignaz Lachner aufgeführt.
1840 Herausgabe der »Classischen Blumenlese. Eine Auswahl von Hymnen, Oden, Liedern, Elegien, Idyllen, Gnomen und Epigrammen der Griechen und Römer; nach den besten Verdeutschungen teilweise neu bearbeitet mit Erklärungen für alle gebildeten Leser.«
7. Januar: König Friedrich Wilhelm III. von Preußen gestorben.
Sein Sohn Friedrich Wilhelm IV. wird Nachfolger.
22. Februar: August Bebel geboren.
2. April: Emile Zola geboren.
7. Mai: Peter Iljitsch Tschaikowski geboren.
25. August: Karl Immermann gestorben.
Erneuter Putschversuch Louis Napoleons.
1841 26. April: Mörikes Mutter gestorben.
1842 18. März: Stéphane Mallarmé geboren.
23. März: Stendhál (Henri Beyle) gestorben.
28. Juli: Clemens Brentano gestorben.
1843 7. Juni: Friedrich Hölderlin gestorben.
September: Mörike als Pfarrer von Cleversulzbach pensioniert.

19. September: Mit Klara Reise zu Hartlaub nach Wermutshausen.
Englisch-französische Allianz.

1844 Herausgabe von Wilhelm Waiblingers Gedichten.
Mit Klara in Schwäbisch Hall.
30. März: Paul Verlaine geboren.
16. April: Anatole France (Anatole Thibaut) geboren.
Juli: Mißglücktes Attentat auf König Friedrich Wilhelm IV.
15. Oktober: Friedrich Nietzsche geboren.
1. November: Umzug nach Bad Mergentheim.
Weberaufstand in Schlesien.
Heine: »Deutschland. Ein Wintermärchen.«

1845 April: Im Haus des Oberstleutnants Speeth. Beginn der Beziehung zu Margarethe von Speeth.
12. Mai: August Wilhelm von Schlegel gestorben.

1846 Mörike bereist Württemberg und die Schweiz.
8. Juli: König Christian VIII. von Dänemark beansprucht Schleswig. Beginn des dänisch-deutschen Konflikts.

1847 Sonderbundeskrieg in der Schweiz.
4. November: Felix Mendelssohn-Bartholdy gestorben.

1848 Zerwürfnis mit Hermann Kurz.
Februar: Kommunistisches Manifest von Karl Marx und Friedrich Engels.
22.-24. Februar: Februarrevolution in Frank-

reich. Der Bürgerkönig dankt ab. Ausrufung der Republik.

27. Februar: Offenburger Programmpunkte. Erste Ansätze einer Revolution in Deutschland.

März-Mai: Aufstände in Wien, Berlin und München.

18. Mai: Deutsche Nationalversammlung in der Frankfurter Paulskirche.

24. Mai: Annette von Droste-Hülshoff gestorben.

23.-26. Juni: Pariser Juni-Aufstand der Arbeiter.

August: Mörike zur Kur in Bad Teinach.

4. November: Die Nationalversammlung beschließt eine neue Verfassung.

2. Dezember: Der österreichische Kaiser Ferdinand I. dankt zugunsten Franz Josephs I. ab.

5. Dezember: König Friedrich Wilhelm IV. löst die preußische Nationalversammlung auf und oktroyiert eine Verfassung.

10. Dezember: Louis Napoleon wird zum Präsidenten der französischen Republik gewählt.

1849 28. März: Deutsche Reichsverfassung wird in Frankfurt angenommen. Wahl Friedrich Wilhelms IV. von Preußen zum deutschen Kaiser.

28. April: Der preußische König lehnt die Kaiserwürde ab.

Mai: Aufstand in Dresden. Unruhen in der Pfalz und in Baden.

17. Oktober: Frédéric Chopin gestorben.

1850 31. Januar: In Preußen tritt die Verfassung in Kraft.

März/April: Erfurter Parlament.

Mai: Mißglückter Anschlag Sefeloges auf König Friedrich Wilhelm IV.

2. Juli: Friede von Berlin zwischen Preußen und Dänemark.

5. August: Guy de Maupassant geboren.

18. August: Honoré de Balzac gestorben.

22. August: Nikolaus Lenau gestorben.

1. September: In Frankfurt tritt erneut der Bundestag zusammen.

30. November: Vertrag von Olmütz zwischen Preußen und Österreich. Wiederherstellung des Deutschen Bundes.

1851 25. November: Mörike heiratet Margarethe von Speeth.

Übersiedlung nach Stuttgart. Dort als Lehrer und Professor am Königlichen Katharinenstift tätig.

2. Dezember: Staatsstreich Louis Napoleons.

Erste Weltausstellung in London.

1852 Mörike zum Ehrendoktor der Philosophischen Fakultät der Universität Tübingen ernannt.

4. März: Nikolai Gogol gestorben.

8. Mai: Londoner Protokoll. Endgültige Bereinigung der Schleswig-Holsteinischen Frage. Regelung der dänischen Erbfolge.

2. Dezember: Thronbesteigung Kaiser Napoleons III.

1853-1856 Krimkrieg zwischen Rußland und der Türkei.

1853 »Die Hand der Jezerte«, Märchen.
»Das Stuttgarter Hutzelmännlein«, Märchen.
28. April: Ludwig Tieck gestorben.

1854 Mörike nimmt den Briefwechsel mit Paul Heyse auf.
20. August: Friedrich von Schelling gestorben.
20. Oktober: Jean-Arthur Rimbaud geboren.
22. Oktober: Jeremias Gotthelf gestorben.
Heinrich Goebel erfindet die elektrische Glühbirne.

1855 2. März: Nikolaus I. von Rußland gestorben. Sein Sohn Alexander II. wird Zar.
26. April: Tochter Fanny geboren.
15./16. August: Theodor Storm zu Besuch bei Mörike.
Freundschaft mit Emanuel Geibel.
11. November: Sören Kierkegaard gestorben.
Weltausstellung in Paris.

1856 »Vier Erzählungen.«
»Mozart auf der Reise nach Prag«, Novelle.
17. Februar: Heinrich Heine gestorben.
30. März: Friede von Paris. Ende des Krimkriegs.
6. Mai: Sigmund Freud geboren.
29. Juli: Robert Schumann gestorben.

1857 28. Januar: Tochter Marie geboren.
5. September: Auguste Comte gestorben.
Beginn der ersten Weltwirtschaftskrise.

1859 20. Januar: Bettine von Arnim gestorben.
27. Januar: Friedrich Wilhelm, späterer Kaiser Wilhelm II. von Preußen, geboren.

	Frühjahr: Mörike beginnt mit der Arbeit an der zweiten Fassung des »Maler Nolten«.
	6. Mai: Alexander von Humboldt gestorben.
	11. Juni: Fürst Clemens von Metternich gestorben.
	Krieg Sardiniens und Frankreichs gegen Österreich.
1860/61	Italienische Einigung.
1861-1865	Nordamerikanischer Bürgerkrieg (Sezessionskrieg).
1861	2. Januar: Friedrich Wilhelm IV. von Preußen gestorben. Wilhelm I. wird König.
	Johann Philipp Reis erfindet das Telefon.
1862	21. Februar: Justinus Kerner gestorben.
	22. August: Claude Debussy geboren.
	15. November: Gerhart Hauptmann geboren.
	28. November: Mörike vom bayerischen König in das Kollegium des Maximiliansordens für Kunst und Wissenschaft berufen.
	Handelsvertrag zwischen Preußen und Frankreich.
	Weltausstellung in London.
1863	22. Januar: Polnischer Aufstand.
	13. August: Eugène Delacroix gestorben.
	Herbst: Mörike mit Schwester und Tochter in Bebenhausen.
1864/65	Dänischer Konflikt. Preußen und Österreich verhindern die Angliederung Schleswigs ans dänische Reich.
1864	»Anakreon und die sogenannten Anakreontischen Lieder.«

Freundschaft mit Moritz von Schwind.

Mai: Giacomo Meyerbeer gestorben.

22. August: Auf Anregung Henri Dunants wird die Genfer Konvention abgeschlossen. Gründung des Roten Kreuzes.

31. August: Ferdinand Lassalle im Duell gefallen.

28. September: Erste sozialistische Internationale in London.

1865 31. Januar: Ivan Turgenjew besucht Mörike.

1866 29. Januar: Romain Rolland geboren.

Preußen tritt aus dem Deutschen Bund aus.

15. Juni bis 26. Juli: Krieg zwischen Preußen und Österreich um die Vorherrschaft in Deutschland.

3. Juli: Preußen siegt bei Königgrätz.

23. August: Friede von Prag. Auflösung des Deutschen Bundes.

Österreich scheidet aus dem deutschen Reichsverband aus.

22. November: Mörike als Lehrer am Katharinenstift pensioniert.

1867 April: Die Luxemburg-Krise.

Bismarck verhindert die Annexion Luxemburgs durch Frankreich.

Juni: Mörike in Lorch im Remstal.

31. August: Charles Baudelaire gestorben.

Werner von Siemens entdeckt das dynamoelektrische Prinzip.

Alfred Nobel erfindet das Dynamit, José Monier den Eisenbeton.

1868	Staatsstreich in Spanien. Königin Isabella gestürzt.
	28. Januar: Adalbert Stifter gestorben.
	12. Juli: Stefan George geboren.
	6. August: Paul Claudel geboren.
1869/70	Erstes Vatikanisches Konzil.
1869	1. März: Alphonse de Lamartine gestorben.
	Nov.: Mörike kehrt nach Stuttgart zurück.
	12. November: André Gide geboren.
	17. November: Nach zehnjähriger Bauzeit wird der Suezkanal eröffnet.
1870/71	Deutsch-Französischer Krieg.
1870	Februar: Mörike übersiedelt nach Nürtingen am Neckar.
	5. März: Rosa Luxemburg geboren.
	22. April: Wladimir Iljitsch Uljanow (Lenin) geboren.
	13. Juli: Bismarcks »Emser Depesche«.
	19. Juli: Frankreich erklärt Preußen den Krieg.
	1. September: Schlacht bei Sedan. Napoleon III. gerät in deutsche Gefangenschaft.
	4. September: Ausrufung der Französischen Republik (»Dritte Republik« bis 1914).
	23. September: Prosper Mérimée gestorben.
	9. Oktober: Der Kirchenstaat kommt an Italien. Rom wird italienische Hauptstadt.
1871	Aussöhnung mit Hermann Kurz.
	18. Januar: Gründung des Deutschen Reiches. Wilhelm I. zum Kaiser proklamiert. Bismarck wird Reichskanzler.

8. Februar: Moritz von Schwind gestorben.
26. Februar: Vorfriede von Versailles. Lothringen und das Elsaß werden an das Deutsche Reich abgetreten.
18. März bis 28. Mai: Aufstand der Pariser Kommune.
27. März: Heinrich Mann geboren.
10. Mai: Friede von Frankfurt am Main. Frankreich zahlt Kriegsentschädigung und verzichtet auf Elsaß-Lothringen.
7. Juli: Marcel Proust geboren.
August: Umzug nach Stuttgart. Krise in Mörikes Ehe.
13. August: Karl Liebknecht geboren.
20. Oktober: Paul Valéry geboren.

1872 2. Januar: Ludolf Wienbarg gestorben.
21. Januar: Franz Grillparzer gestorben.

1873/74 Industriekrise (»Gründerkrise«).

1873 »Die Historie von der schönen Lau« in einer Prachtausgabe mit Illustrationen von Moritz von Schwind erschienen.
9. Januar: Napoleon III. im englischen Exil gestorben.
Endgültiger Bruch mit Margarethe.
12. September: Mörike zieht mit Klara und Marie nach Fellbach.
10. Oktober: Hermann Kurz gestorben.
22. Oktober: Dreikaiserabkommen. Konsultativpakt zwischen Österreich, Rußland und dem Deutschen Reich. Isolierung Frankreichs.
November: Mörike wieder in Stuttgart.
Weltausstellung in Wien.

1874 1. Februar: Hugo von Hofmannsthal geboren.
8. Februar: David Friedrich Strauß gestorben.
28. April: Karl Kraus geboren.
Juni bis Juli: Besuch in Bebenhausen bei Familie Walther.
Herbst: Zum letztenmal bei Wilhelm Hartlaub.
Gründung des Weltpostvereins in Bern.

1875-1878 Balkankrise.

1875 Frühjahr: Schwere Erkrankung.
7. April: Georg Herwegh gestorben.
Ende Mai: Versöhnung mit Margarethe.
4. Juni: Mörike gestorben.
6. Juni: Bestattung auf dem Stuttgarter Pragfriedhof.
Grabrede von Friedrich Theodor Vischer.
6. Juni: Thomas Mann geboren.
4. Dezember: Rainer Maria Rilke geboren.
»Krieg-in-Sicht«-Krise. Spannungen zwischen Frankreich und dem Deutschen Reich.

BIBLIOGRAPHIE

1. Werkausgaben

Mörike, E., Werke und Briefe. Historisch-kritische Gesamtausgabe. Hg. v. H.-H. Krummacher, H. Meyer u. B. Zeller. Bd. 8. Stuttgart 1976.

Eine sehr gute Literaturübersicht gibt Holthusen, a. a. O., S. 169—177; noch umfassender unterrichtet Meyer, Mörike, bes. S. 4 ff., 13 f., 18 f., 24 ff., 32 ff., 40 f., 46 f., 52, 56 ff. Die neueren Arbeiten über Mörike verzeichnet Doerksen, V. G., Die Mörike-Literatur seit 1950. Literaturbericht und Bibliographie. In: Deutsche Vierteljahrsschrift für Literaturwissenschaft und Geistesgeschichte (Stuttgart) 47 (1973), Sonderheft, S. 343—397.
Den Zeitraum 1945—1972 erfaßt Köttelwesch, C. (Hg.), Bibliographisches Handbuch der deutschen Literaturwissenschaft. 1945—1972. Bd. 2. 1830 bis zur Gegenwart. Frankfurt a. M. 1976, S. 222—235.
Die laufenden Neuerscheinungen werden jährlich zusammengefaßt bei Eppelsheimer, H. W. (Hg.), Bibliographie der deutschen Literaturwissenschaft. Frankfurt a. M. 1957 ff. — Die hier vorliegende Bibliographie beschränkt sich auf Literatur, die seit 1973 erschienen ist. Der Kurztitel »Mörike« steht für die folgende Sammel-Veröffentlichung: Doerksen, V. G. (Hg.), Eduard Mörike. (= Wege der Forschung. 446.) Darmstadt 1975.

Mörike, E., Werke. Hg. v. H. Geiger. Wiesbaden 1973.
Mörike, E., Sämtliche Gedichte. Übersetzungen. Hg. v. H. G. Göpfert. Nachwort v. G. Britting. München 1975.
Mörike, E./Schwind, M. v., Der Bauer und sein Sohn. Märchen. Tübingen 1975.
Mörike, E., Die Historie von der schönen Lau. Mit Illustrationen v. M. v. Schwind. Nachwort v. T. Dienel. Frankfurt a. M. 1974.
Mörike, E., Jahreszeiten. Hg. v. P. Lahnstein. Stuttgart 1974.
Mörike, E., Neue weltliche Lieder. Faksimile der Handschrift. Hg. v. H.-H. Krummacher, Marbach 1975.
Mörike, E., Peregrina. Version française de J.-P. Louis. Dammard 1974.
Mörike, E., Das Stuttgarter Hutzelmännlein. Ein Märchen. Nachwort v. A. Goes. Stuttgart 1976.

2. Dokumente

Zeller, B./Simon, H.-U. (Hg.), Ludwig Amandus Bauer. Briefe an Eduard Mörike. (= Marbacher Schriften. 12.) Marbach 1976.
Zeller, B. (Hg.), Eduard Mörike. 1804. 1875. 1975. Gedenkausstellung zum 100. Todestag im Schiller-Nationalmuseum Marbach a. N. Texte und Dokumente (Ausstellungskatalog). München 1975.

3. Literatur

Beck, A., Mörikes Gedicht »An einem Wintermorgen vor Sonnenaufgang«. In: Mörike, S. 270—298.
Cingolani, C. L., Eduard Mörike. Wirklichkeit und

Dichtung. Studien zur frühen Lyrik. Diss. Basel 1972/ Zürich 1973.

Corrodi, P., Das Urbild von Mörikes »Peregrina«. Kirchheim/Teck 1976.

Doerksen, V. G., »Was auch der Zeiten Wandel sonst hinnehmen mag.« The Problem of Time in Mörike's Epistolary Poetry. In: Schludermann, B./Doerksen, V. G./Glendinning, R. J./Firchow, E. S. (Hg.). Deutung und Bedeutung. Studies in German and Comparative Literature Presented to K.-W. Maurer. (=De Proprietatibus Litterarum. Ser. maior. 25.) The Hague/Paris 1973, S. 134—151.

Durr, V. O., Altersstil. Zeit und Raum in Mörikes »Bilder aus Bebenhausen«. In: The German Quarterly (Philadelphia) 48 (1975), S. 190—203.

Feise, E., Eduard Mörikes »Denk es, o Seele«. In: Mörike, S. 299—302.

Fischer, M., Eduard Mörike in Mergentheim. Bad Mergentheim ²1973.

Frey, E., Poetik des Übergangs. Zu Mörikes Gedicht »Göttliche Reminiszenz«. (= Untersuchungen zur deutschen Literaturgeschichte. 17.) Tübingen 1977.

Fritz, W. H., Mörikes Nähe. Rede bei der Gedenkfeier der Deutschen Schillergesellschaft zum 100. Todestag Mörikes. In: Jahrbuch der Deutschen Schillergesellschaft (Stuttgart) 19 (1975), S. 492—500.

Glässner, W., Eduard Mörike und der Waiblinger Oberamtsrichter Karl Mayer. In: Schwäbische Heimat (Stuttgart/Aalen) 27 (1976), S. 138—148.

Gockel, H., Venus-Libitina. Mythologische Anmerkungen zu Mörikes »Peregrina«-Zyklus. In: Wirkendes

Wort. Deutsche Sprache in Forschung und Lehre (Düsseldorf) 24 (1974), S. 46—56.

Goes, A., Mörike oder Die Zwiesprache. Rede bei der Eröffnung der Marbacher Sonderausstellung. In: Jahrbuch der Deutschen Schillergesellschaft (Stuttgart) 19 (1975), S. 479—491.

Gräter, C., Mörike in Franken. Donauwörth 1975.

Gundolf, F., Mörike als Romantiker. In: Mörike, S. 52 bis 64.

Hagen, W., Von Eduard Mörikes Leiden, Sterben, Tod und Begräbnis. In: Ludwigsburger Geschichtsblätter (Ludwigsburg) 27 (1975), S. 117—123.

Hagen, W., Legenden um Mörike. In: Ludwigsburger Geschichtsblätter (Ludwigsburg) 25 (1973), S. 111—124.

Heydebrand, R. v., Zur Anordnung der Gedichtsammlung Mörikes. Welchen Anteil hatte Hermann Kurz wirklich? In: Jahrbuch der Deutschen Schillergesellschaft (Stuttgart) 17 (1973), S. 384—394.

Höllerer, W., »Spiel und Dunkel« bei Mörike. In: Mörike, S. 320—333.

Holesovsky, H., Der Bereich des Schlosses in Mörikes Mozartnovelle. In: The German Quarterly (Philadelphia) 46 (1973), S. 185—201.

Holthusen, H. E., Eduard Mörike in Selbstzeugnissen und Bilddokumenten. (= Rowohlts Monographien. 175.) Reinbek 1971 (Neuaufl. 1975 u. 1976).

Immerwahr, R., Apokalyptische Posaunen. Die Entstehungsgeschichte von Mörikes »Mozart auf der Reise nach Prag«. In: Mörike, S. 399—425.

Jennings, L. B., Das Groteske bei Mörike. Ein nachromantisches Phänomen. In: Mörike, S. 161—185.

Jennings, L. B., Suckelborst, Wispel und Mörikes Mythopoeia. In: Euphorion. Zeitschrift für Literaturgeschichte (Heidelberg) 69 (1975), S. 320—332.

Krolow, K., Zum 100. Todestag Eduard Mörikes. In: Der Literat. Zeitschrift für Literatur und Kunst (Frankfurt a. M.) 17 (1975), S. 127 f.

Krummacher, H.-H., Ein unbekannter Beitrag Mörikes zur »Damen-Zeitung«. In: Jahrbuch der Deutschen Schillergesellschaft (Stuttgart) 19 (1975), S. 30—44.

Laage, K. E., Eine wiederentdeckte Storm-Handschrift. Notizen zum Mörike-Besuch 1835. In: Schriften der Theodor-Storm-Gesellschaft (Heide) 25 (1976), S. 75 bis 77.

Marquard, U.-S./Lesle, L. (Hg.), Eduard Mörike im Lied. Ein Verzeichnis der Vertonungen von Gedichten Eduard Mörikes, zusammengestellt zum 100. Todestag des Dichters. Hamburg 1976.

Mautner, F. H., Mörikes »Mozart auf der Reise nach Prag«. In: F. H. Mautner, Wort und Wesen. Kleinere Schriften zur Literatur und Sprache. Frankfurt a. M. 1974, S. 135—160.

Mayer, H., Ein unvermuteter Zwischenfall. In: Reich-Ranicki, M. (Hg.), Frankfurter Anthologie. Gedichte und Interpretationen. Frankfurt am Main 1976. Seite 56—58.

Maync, H., Mörike als Lyriker. In: Mörike, S. 32—51.

Meyer, H., Der Abgrund der Betrachtung. In: Mörike, S. 65—88.

Meyer, H., Eduard Mörike. ([1]1961). 2., verb. und erg. Aufl. (= Sammlung Metzler, Realienbücher für Germanisten. Abteilung Literaturgeschichte. 8.); Stuttgart 1965.

Meyer, H., Stufen der Umgestaltung des »Maler Nolten«. In: Mörike, S. 213—231.

Müller, J., Eduard Mörike, »Erinna an Sappho«. Eine Interpretation. In: Mörike, 303—319.

Nibbrig, C. L. H., Verlorene Unmittelbarkeit. Zeiterfahrung und Zeitgestaltung bei Eduard Mörike. Bonn 1973.

Nikolaisen, C., Coitus interruptus? Mörikes »An die Geliebte«. In: C. N., Rimets musikalske Klapperslange. Litteraere analyser. (= Odense University Studies in Literature. 5.) Odense 1975, S. 32—45.

Pörnbacher, K., Eduard Mörike. »Mozart auf der Reise nach Prag.« Erläuterungen und Dokumente. Stuttgart 1976.

Pörnbacher, K., »In München möcht ich halt leben!« Eduard Mörike und seine Verbindung mit München. München 1975.

Pohl, R., Zur Textgeschichte von Mörikes »Feuerreiter«. In: Mörike, S. 334—356.

Rath-Höring, E., Die Ahnen des Dichters Eduard Mörike. Stuttgart 1976.

Rennert, H. H., An Exploration of Eduard Mörike's Reading with Emphasis on Shakespeare. Diss. Washington 1975.

Reuter, H.-H., Eduard Mörike in seinem Leben und Dichten. In: Mörike, S. 89—125.

Rowley, B. A., A Long Day's Night. Ambivalent Imagery in Mörike's Lyric Poetry.

In: German Life and Letters (Oxford) 29 (1975/76), S. 109—122.

Schlaffer, H., Lyrik im Realismus. Studien über Raum und Zeit in den Gedichten Mörikes, der Droste und Liliencrons. Bonn ²1973.

Schröder, H. E., Mörike im Urteil seiner Zeitgenossen. In: H. E. S., Schiller-Nietzsche-Klages. Abhandlungen und Essays zur Geistesgeschichte der Gegenwart (= Abhandlungen zur Philosophie, Psychologie und Pädagogik 98). Bonn 1974, S. 381—385.

Schwarz, P. P., Transzendierung der Realität in Mörikes Gedichten »Gesang zu Zweien in der Nacht« und »Auf eine Christblume«. In: Sprachkunst. Beiträge zur Literaturwissenschaft (Wien) 5 (1974), S. 196—210.

Sengle, F., Annette von Droste-Hülshoff und Mörike. Zeitgenossenschaft und Individualität der Dichter. In: Kleine Beiträge zur Droste-Forschung (Dülmen) 3 (1974/75), S. 9—24.

Sengle, F., Mörike, sentimentalischer Weg zum Naiven. In: Günther, V. J./Koopmann, H./Pütz, P./Schrimpf, H. J. (Hg.), Untersuchungen zur Literatur als Geschichte. Festschrift B. v. Wiese. Berlin 1973, S. 249 bis 258.

Sengle, F., La terapeutica de Mörike contra el »Mal del Siglo« y sus consecuencias para la poesia. In: Filologia moderna (Madrid) 14 (1973), N. 49, S. 3—28.

Spitzer, L., Wiederum Mörikes Gedicht »Auf eine Lampe«. Mit einer Nachschrift von E. Staiger. In: Mörike, S. 254—269.

Staiger, E., Ein Briefwechsel mit Martin Heidegger

(über Mörikes Gedicht »Auf eine Lampe«). In: Mörike, S. 241—253.

Staiger, E., »Das verlassene Mägdelein«. In: Mörike, S. 232—240.

Steinmetz, H., Eduard Mörikes Erzählungen. In: Mörike, S. 426—445.

Stern, M., Mörikes »Märchen vom sichern Mann«. In: Mörike, S. 357—379.

Storz, G., Eduard Mörike — der Dichter zwischen den Zeiten. In: Jahrbuch der Deutschen Schillergesellschaft (Stuttgart) 20 (1976), S. 492—503.

Storz, G., »Maler Nolten«. In: Mörike, S. 186—212.

Taraba, W. F., Die Rolle der »Zeit« und des »Schicksals« in Eduard Mörikes »Maler Nolten«. In: Mörike, S. 129—160.

Turner, D., Romantic Motifs in Mörike's »Früh im Wagen«. In: Best, A. D./Last, R. W. (Hg.), Essays Presented to Dr. Baier. (= New German Studies.) Hull 1976, S. 41—54.

Vischer, F. Th., Gedichte von Eduard Mörike. In: Mörike, S. 3—32.

Wiese, B. v., »Mozart auf der Reise nach Prag«. In: Mörike, S. 380—398.

Woods, J. M., Memory and Inspiration in Mörike's »Mozart auf der Reise nach Prag.« In: Revue des langues vivantes (Bruxelles) 41 (1975), S. 6—14.

PERSONENVERZEICHNIS

VERZEICHNIS DER WERKE UND DER GESTALTEN IN MÖRIKES DICHTUNG

WERKE:

GEDICHTE:

GESTALTEN: